개인정보보호를 위한
국제적 협력에 관한 연구

개인정보보호를 위한

국제적 협력에
관한 연구

ⓒ 이광현, 2024

초판 1쇄 발행 2024년 4월 9일

지은이	이광현
펴낸이	이기봉
편집	좋은땅 편집팀
펴낸곳	도서출판 좋은땅
주소	서울특별시 마포구 양화로12길 26 지월드빌딩 (서교동 395-7)
전화	02)374-8616~7
팩스	02)374-8614
이메일	gworldbook@naver.com
홈페이지	www.g-world.co.kr

ISBN   979-11-388-2951-9 (93360)

개인정보보호를 위한

국제적 협력에
관한 연구

이광현 지음

좋은땅

서문

　이미 다수의 국가들이 개인정보와 프라이버시 보호를 위한 국내법 제정을 추진하였으며, 그 집행을 위한 권한을 관련 기관에 부여하고 있다. 국제적인 차원에서도 이미 1970년대부터 이러한 노력을 해 오고 있었으며, 이후에도 OECD와 유럽평의회, EU, APEC 등을 통해 계속해서 진행되어 오고 있다. 하지만 전 세계적으로 국가 간 정보 이동이 증가하면서 개인정보와 프라이버시 침해 위험도 커지게 되었으며, 국내적 보호에 중점을 둔 기존의 보호 체계로는 실효성 있는 보호를 할 수 없게 되었다. 특히, 각국의 개인정보보호법이 실효성을 발휘하기 위해서는 법률의 효과적인 집행을 위한 국제적인 차원의 협력이 필요하게 되었다. 국가 간의 협력을 위해 유럽평의회와 EU, OECD 그리고 APEC에서 이루어진 노력들은 지역적 협정에 그치거나 비공식적인 합의에 그치고 있지만 집행을 위한 국가 간 협력을 보다 용이하게 한다는 데 의의가 있다. 특히, 1980년 OECD 가이드라인은 국경 간 정보 이동이 국제적인 상거래에서 중요한 역할을 하게 됨에 따라, 개인정보와 프라이버시를 보호하면서도 이로 인해 개인정보의 국경 간 이동이 방해받지 않도록 보호와 이용의 균형을 유지하기 위한 시도를 하였다. 이러한 균형을 유지하기 위해서는 개인정보와 프라이버시 침해가 발생하였을 때 이를 해결하기 위한 국가 간 협력적 집행 조치가 이루어질 수 있는 체제 마련이 필요하다. 특히, 개인정보보호법의 집행을 위한 국제적 협력 체계가 마련되는 경우에는 개인의 지리적 위치에 상관없이 효과적으로 개인정보보호 목적을 달성할 수 있게 될 것이다.

　개인정보가 국경 간 이동하는 경우에 이를 어떻게 보호할 것인지에 관한 문제에 관해서 국가들은 많은 우려를 해 오고 있었다. 세계적으로도 OECD, 유럽평의회, UN, EU, APEC과 같은 국제기구를 통해 개인정보보호를 위한 노력을 해 오고 있다. 하지만 인터넷의 성장과 개인정보의 이동의 증가로 개인정보가 위협받을 수 있는 경우가 더욱 빈번해지게 되었으며, 이러한 변화에 대응하여 개인정보를 보호하기 위해서는 보다 체계화된 전 세계적 협력이 필요하게 되었다. 하지만 개인정보보호를 위해 설치된 각국의 집행기관의 권한과 기능이 국가 간의 관계에서 협력을 달성하기에 충분하지 않을 뿐만 아니라 국제적 협력을 요구하는 국제기구들의 문서도 효과적인 협력을 달성하기에는 문제점을 노출하고 있다.

개인정보보호를 위해 설치된 각국의 집행기관들은 위반에 대한 집행조치를 함에 있어 서로 간에 차이점을 가지고 있으며, 이러한 차이는 집행기관 간 협력에서 장애로 나타날 수 있다. 또한 개인정보보호를 위한 기본법 또는 개별법을 제정하고 있는 각국의 법 제도상의 차이와 정보보호 집행기관의 독립성 여부도 국가 간 협력에 있어 또 다른 장애 요인이 될 수 있다. 개인정보 침해와 관련된 민원을 제기함에 있어서도 국가별로 민원신청 자격, 방법, 내용에 있어서 차이가 있으며, 우선시되는 신청사항에서도 차이가 있다. 개인정보 침해에 대한 제재와 구제에 있어서도 개인정보 집행기관이 직접 제재를 하거나, 검사 또는 법원을 통해 제재를 하는 경우도 있다. 또한 1980년 OECD 가이드라인의 보호원칙을 국내법에 반영한 범위도 국가마다 차이가 있으며, 이는 곧 개인정보 집행기관의 권한의 범위와도 직결될 수 있는 문제이다.

각국 개인정보 집행기관의 초국경적인 협력 가능성에 있어서는 이들 집행기관이 외국의 정보관리자 또는 정보주체에게 위반 또는 구제에 필요한 조치를 취할 수 있는지 여부가 문제되며, 외국의 집행당국에 대하여 개인정보 침해조사의 개시를 통지하거나 이와 관련된 정보를 공유할 수 있는지도 문제된다. 이러한 문제에 대한 각국 집행기관 간 권한의 범위에는 차이가 있으며, 이와 관련된 법 체제나 가용자원의 부족, 공식적인 접촉창구의 부재, 공통적인 집행 우선사항 결정 문제도 초국경적 협력에 장애가 될 수 있다. 지금까지 언급한 바와 같이 각국 개인정보 집행기관의 국내적 측면과 초국경적 측면에서의 협력을 어렵게 하는 요인들로 인해서 개인정보 집행기관들은 국제적이거나 지역적인 협력활동에 참여하는 것을 고려해 볼 필요가 있다.

개인정보보호를 위한 국제적 또는 지역적 협력활동은 OECD, 유럽평의회, EU, APEC을 통해 이루어져 왔으며, 특히 EU 지침과 유럽평의회 108협약과 같이 유럽에서의 단일 법 체제는 초국경적 성격의 위반에 대해서 집행기관 간에 협력할 수 있게 하는 광범위한 공동 집행조치를 위해 사용되고 있다. 개인정보보호를 위한 국제적 지역적 협력활동들을 통해, 개인정보보호를 위한 기본원칙을 정하고, 이러한 원칙을 각국 국내법에 반영하도록 하여, 개인정보를 보호하고자 하는 각 국가들 간에 개인정보보호와 관련된 공통의 이해관계를 형성하여 국제적인 협력의 토대를 마련할 수 있다. 특히, 동등한 수준의 보호를 하지 않는 국가로의 개인정보 이전을 금지하면서 개인정보보호와 관련된 실체적 규범의 조화를 통해 국가 간 정보 이동을 도모함으로써, 실체적 규범의 핵심원칙을 반영한 국내법을 제정하도록 하여 온라인상의 행위로 인해 발생하는 관할권 충돌문제의 발생 가능성을 낮출 수 있다. 또한 개인정보보호를 위한 국제적 지역적 협력활동에서 제시하는 기준에 따라 각 국가들은 정보보호 집행기관을 설치하고, 이들 기관들 간에 협력하도록 할 수 있다. 개인정보보호에 전문화된 집행기관을 설치하게 되면, 이들 기관 간에는 물론이고, 이들 기관이 참여하는 양자 간 또는 다자간 기구를 통하여 개인정보 관련 법률정보는 물론이고 집행기관과 관련된 일반정보를 교환함으로써 국가 간의 협력관계를 유지할 수 있다. 결국, 개인정보보호를 위한 국제적 지역적 협력활동의 최종적인 목적은 국가들 간에 개인정보보호에 관한 공통의 이해관계를 형성하여 국제적인 협력의 토대를 마련하고, 정보보호 집행기관 간에 협력관계를 구축하도록 하여 개인정보보호를 위한 국제적인 협력적 집행체제를 마련하기 위한 것이라고 할 수 있다.

국가 간의 협력적 집행체제 마련을 위한 노력은 국제적 지역적 차원에서 이루어져 왔다. 지역적 차원에서의 노력은 미국-EU와 미국-스위스 간에 체결한 세이프하버협정, 각국의 집행기관 간에 체결된 MOU 등 여러 분야에서 다양하게 이루어지고 있다. 국제적 차원에서의 노력은 현재까지는 OECD를 중심으로 국경 간 사기와 스팸 방지, 개인정보보호 분야에서 이루어져 왔다. OECD 차원에서의 국제적인 협력적 집행체제 마련을 위한 노력은 국경 간 사기와 스팸 방지 분야와 같이 대다수 국가들이 집행 문제에 있어 공통적인 관심사항으로 하는 분야에서 먼저 이루어졌다. 이 분야에서는 국제적인 협력체제 마련을 위해서 집행기관의 권한, 정보 수집, 공유, 협력 결과의 집행 여부, 집행 우선순위 등과 관련된 협력 정책의 지침을 규정하고 있다. 이와 유사한 지침이 개인정보보호 분야의 OECD 국경 간 협력권고에 반영되었다. 개인정보보호 분야의 국경 간 협력권고에 관한 OECD의 지침은 국제적 협력체제 마련을 위해 국내에서 필요한 조치와 초국경적 관계에서 필요한 조치에 관한 내용을 담고 있다.

국경 간 협력권고에 관한 OECD 지침이 담고 있는 국제적인 협력적 집행체제 마련을 위해 가장 필요한 방안으로 요구되는 것은 국내에서는 물론이고 초국경적인 관계에서 개인정보를 보호하고 개인정보의 국경 간 이동을 보장할 수 있도록 적절하고 동등한 권한을 행사할 수 있는 개인정보보호를 전문으로 하는 독립된 집행기관을 각 국가들이 설치하는 것이다. 또한 설치된 집행기관들에게 초국경적인 관계에서 서로 협력할 수 있는 충분한 권한을 법률로서 부여하여, 협력권한의 행사와 관련해서 투명성과 신속성, 공정성을 확보할 수 있다. 특히, 인터넷 환경에서 발생하는 침해의 특성은 각 국가들의 대응에 신속성과 효율성을 요하는 것들이 많다. 따라서 초국경적인 협력 절차상에 일정계획 (time frames)을 도입함으로써 신속성을 확보할 수 있는데, 이를 위해서는 협력기준에 관한 양자협정이나 다자간 협정을 고려해 볼 수도 있다.

개인정보보호를 위한 국제적인 협력적 집행체제라는 것은 그 자체로 국가들에게 긍정적인 의미를 줄 수 있다. 정보와 통신 기술이 발달과 융합을 거치는 과정에서 개인정보에 대한 침해위험이 계속해서 증가하는 경향을 보이고 있다. 국제적인 협력적 집행체제는 정보의 자유로운 이동에 기반한 세계 경제에 필요한 신뢰성을 증진할 수 있을 뿐만 아니라 개인정보 침해위험을 경감할 수 있다. 보다 강화된 국제적인 협력적 집행체제를 구축하기 위해서는 개인정보보호에 관한 포괄적인 국제조약이나 국제적 협력 기준에 관한 국제조약의 체결이 필요할 것이나, 국제조약의 체결이 어려운 현 상황에서는 각국 정보보호 집행기관에 의한 협력적 집행체제 구축이 그 대안이 될 수 있다.

본고를 탈고한 지는 상당히 오래전 일이나 본고에서 다루는 내용은 국경 간 정보 이동의 국제적인 상거래에서의 역할이 더욱 중요해지고 있는 현재에 있어서도 여전히 의미가 있다고 생각한다. 따라서 이 책에 사용된 통계는 시대적으로 상당히 오래된 것이나 개인정보보호 문제가 대두된 초창기의 발전 상황을 파악할 수 있다는 데 의미가 있는 것이어서 그대로 사용하였다. 이 책은 저자의 박사 학위 논문을 책으로 옮기는 것이며 개인정보보호 문제에 관심을 갖고 입문하고자 하는 학생, 초학자, 담당 실무자가 해당 내용을 보다 쉽게 접하도록 하기 위한 것이다.

　　당시 저자의 박사 학위 논문의 지도교수이신 박노형 선생님께서는 벌써 올해로 정년을 맞이하게 되었다. 정년 이후에도 선생님의 보다 왕성한 활동을 기대하며 부족한 제자에게 큰 가르침을 주신 데 대해 깊은 감사의 말씀을 올린다.

목차

서문   ··· 5

제1장 서론   **23**

제1절   연구 목적   ··· 24
제2절   연구 방법과 이 책의 구성   ··· 27

제2장 인터넷과 정보   **31**

제1절   인터넷의 성장과 정보생활환경의 변화   ··· 32
제2절   정보화의 명암   ··· 42

제3장 개인정보보호   **51**

제1절   프라이버시와 개인정보   ··· 52
제2절   국내보호 방식   ··· 62
제3절   국외 이전 관련 보호   ··· 73

제4장 인터넷과 관할권   **89**

제1절   인터넷상의 법 적용   ··· 91

제2절 관할의 결정   ··· 96
제3절 인터넷 관할의 특징과 개인정보보호   ··· 114

제5장 개인정보의 국제적 보호   **129**

제1절 비구속적 지침   ··· 131
제2절 구속적 법규범   ··· 158
제3절 평가   ··· 175

제6장 개인정보보호를 위한 협력 방안   **179**

제1절 서설   ··· 180
제2절 개인정보보호 분야의 국제적 협력   ··· 185
제3절 개인정보보호를 위한 협력 체제의 개발   ··· 194
제4절 소결   ··· 215

제7장 결론   **219**

부록 – Ⅰ   ··· 225
부록 – Ⅱ   ··· 234
참고문헌   ··· 244

세부 목차

서문   ⋯ 5

목차   ⋯ 10

세부 목차   ⋯ 12

그림&표 목차   ⋯ 19

약어표   ⋯ 20

제1장   서론   **23**

제1절   연구 목적   ⋯ 24

제2절   연구 방법과 이 책의 구성   ⋯ 27

    Ⅰ. 연구 방법   ⋯ 27

    Ⅱ. 이 책의 구성   ⋯ 28

제2장   인터넷과 정보   **31**

제1절   인터넷의 성장과 정보생활환경의 변화   ⋯ 32

    Ⅰ. 서설   ⋯ 32

    Ⅱ. 인터넷서비스의 확대   ⋯ 33

    Ⅲ. 정보생활환경의 변화   ⋯ 36

        1. 개인

        2. 기업

        3. 정부

        4. 아웃소싱 활성화

        5. 정보통신기술 융합

제2절　정보화의 명암 ··· 42

　Ⅰ. 새로운 가치 창출 ··· 42

　Ⅱ. 프라이버시의 위기 ··· 44

　　1. 개인정보의 2차사용 우려

　　2. 정보보안의 허점

　　3. 위협의 확대

제3장　개인정보보호 **51**

제1절　프라이버시와 개인정보 ··· 52

　Ⅰ. 프라이버시 ··· 52

　　1. 개념

　　2. 국제적 보호

　Ⅱ. 개인정보 ··· 55

　　1. 개념

　　2. 보호의 시작

　Ⅲ. 프라이버시와 개인정보보호 ··· 58

제2절　국내보호 방식 ··· 62

　Ⅰ. 입법적 방식 ··· 62

　　1. 기본법 방식

　　2. 개별법 방식

　Ⅱ. 비입법적 방식 ··· 69

　　1. 자율규제

　　2. 기술적 조치

제3절　국외 이전 관련 보호 ··· 73

　Ⅰ. 적절성 판단 ··· 73

　Ⅱ. 계약 ··· 75

　Ⅲ. 동의 ··· 76

Ⅳ. 세이프하버체제   … 77

   1. 세이프하버원칙

   2. 가입조건과 집행

   3. 체결 사례

     1) 미국-EU 세이프하버

     2) 미국-스위스 세이프하버

Ⅴ. 항공기 탑승객 여객 예약 기록   … 83

Ⅵ. 우리나라 관련 제도   … 84

제4장   인터넷과 관할권   89

제1절   인터넷상의 법 적용   … 91

   Ⅰ. 인터넷 활동의 특징   … 91

   Ⅱ. 인터넷과 국내 규제의 한계   … 92

제2절   관할의 결정   … 96

   Ⅰ. 관할권의 개념   … 96

   Ⅱ. 관할권 결정 기준   … 98

    1. 민사관할

     1) 민사관할의 확대

     2) 인터넷과 민사관할

    2. 형사관할

     1) 형사관할의 확대

      (1) 객관적 속지주의

      (2) 합리적 효과주의

     2) 인터넷과 형사관할

    3. 평가

제3절   인터넷 관할의 특징과 개인정보보호   … 114

   Ⅰ. 관할권의 중복   … 114

Ⅱ. 규제의 예측 불가능성 ··· 116

Ⅲ. 수정된 속지주의 ··· 117

Ⅳ. 집행관할의 한계 ··· 119

Ⅴ. 집행 협력 ··· 122

Ⅵ. 합리적 선택 ··· 123

Ⅶ. 개인정보보호를 위한 해결과제 ··· 125

제5장   개인정보의 국제적 보호   129

제1절   비구속적 지침 ··· 131

Ⅰ. OECD 가이드라인 ··· 131

1. 채택 배경

2. 개인정보보호 원칙

1) 수집제한

2) 충실성

3) 수집목적

4) 이용제한

5) 보안

6) 공개

7) 참가

8) 책임

3. 국외 이전 관련 원칙

1) 보호이익 존중

2) 보안

3) 이전의 자유

4) 이익의 균형

5) 협력

Ⅱ. UN 가이드라인 ··· 144

1. 채택 배경

2. 개인정보보호 원칙

    1) 보호원칙

    2) 인권 관련 보호원칙

      (1) 수집기준

      (2) 소수민족 보호정책

Ⅲ. APEC 정보보호체제　　　　　　　　　　… 151

  1. 채택 배경

  2. 개인정보보호 원칙

    1) 보호원칙

    2) 이행절차

  3. 국외 이전 관련 원칙

    1) 협력

    2) 구제

제2절　　**구속적 법규범**　　　　　　　　　　… 158

  Ⅰ. 유럽평의회 108협약　　　　　　　　　… 158

  1. 채택 배경

  2. 개인정보보호 원칙

    1) 보호원칙

    2) 분야별 권고

  3. 국외 이전 관련 원칙

    1) 협력

    2) 지원

    3) 정보이용 제한

    4) 지원의 거절

  Ⅱ. EU 지침　　　　　　　　　　　　　　… 169

  1. 채택 배경

  2. 개인정보보호 원칙

  3. 국외 이전 관련 원칙

          1) 적절성

          2) 감독기관

          3) 비밀유지

          4) 개인정보보호작업반

제3절 평가   ··· 175

제6장 개인정보보호를 위한 협력 방안   **179**

제1절 서설   ··· 180

제2절 개인정보보호분야의 국제적 협력   ··· 185

    Ⅰ. 국내조치   ··· 187

      1. 대상과 목적

      2. 고려사항

      3. 권한제공

      4. 제도정비

    Ⅱ. 협력   ··· 189

      1. 상호지원

      2. 공동노력

      3. 기타 협력

    Ⅲ. 평가   ··· 192

제3절 개인정보보호를 위한 협력 체제의 개발   ··· 194

    Ⅰ. 독립된 정보보호기관의 설치   ··· 194

      1. EU 지침의 기준

      2. 파리원칙의 기준

      3. 정보보호기관의 국제기준

      4. 우리나라의 기관

1) 한국인터넷진흥원

2) 공공기관개인정보보호심의위원회

3) 금융위원회

4) 개인정보보호위원회

5. 평가

II. 국가 간 협력적 집행 체제 개발 ··· 204

1. 협력적 집행 사례

1) FTC v. Internic.com 사건

2) FTC v. CSCT, Inc., et al. 사건

2. 평가

III. 국내 입법 ··· 210

1. 국내조치

1) 정보공유

2) 조사권한

3) 비밀유지

2. 협력

제4절　소결 ··· 215

제7장　**결론** 219

부록 - Ⅰ ··· 225
부록 - Ⅱ ··· 234
참고문헌 ··· 244

그림 & 표 목차

[그림 1] OECD 국가의 인터넷 가입자 수의 변화 ··· 33

[그림 2] 광대역통신망의 비용과 속도의 변화 ··· 34

[그림 3] 인터넷 호스트 수 변화 ··· 35

[그림 4] OECD 국가의 통신기술에 따른 인터넷 접속 속도 ··· 36

[그림 5] 개인정보보호의 분야 ··· 60

[표 1] 국제적 개인정보보호원칙 ··· 150

[표 2] CBPRs 이행 프로젝트의 요소 ··· 154

약어표

ACCC	Australian Competition and Consumer Commission
ADR	Alternative Dispute Resolution
AOL	America Online
APEC	Asia-Pacific Economic Cooperation
ASPAC	Associations of Asia-Pacific Region
BBBOnline	Better Business Bureau Online
B2C	Business-to-Consumer or Business-to-Customer
CAI	Commission d'accès à l'information du Québec
CB	Credit Bureau
CBPRs	Cross-Border Privacy Rules
CNIL	Commission Nationale de l'informatique et des Libertés
CoE	Council of Europe
COFEPRIS	Comision Federal para la Proteccion contra Riesgos Sanitarios
CPO	Chief Privacy Officer
CSN	Consumer Sentinel Network
CSOM	Concluding Senior Officials' Meeting
DIFC	Dubai International Financial Centre
DSL	Digital Subscriber Line
ECSG	Electronic Commerce Steering Group
EEA	European Economic Area
ENIAC	Electronic Numerical Integrator and Calculator
ETS	European Treaty Series
EU	European Union
FADP	Federal Act on Data Protection
FDPIC	Federal Data Protection and Information Commissioner
FOIA	Freedom of Information Act
FTC	Federal Trade Commission
FTCA	Federal Trade Commission Act
ICCP	Committee for Information, Computer and Communications Policy
ICPEN	International Consumer Protection and Enforcement Network
ICT	Information and Communications Technology
ISC	Internet Society of China
IT	Information Technology

개인정보보호를 위한 국제적 협력에 관한 연구

ITA	International Trade Administration
ITU	International Telecommunications Union
JIPDEC	Japan Information Processing Development Corporation
KISA	Korea Information Security Agency
LICRA	International League against Racism and Anti-Semitism
MIC	Ministry of Information and Communication
MINN. J. GLOBAL TRADE	Minnesota Journal of Global Trade
MOU	Memorandum Of Understanding
MUCH	Mexico-U.S.-Canada Health Fraud Work Group
NIA	National Information Society Agency
NW. J. INT'L L.&BUS.	Northwestern Journal of International Law&Business
OECD	Organisation for Economic Cooperation and Development
OPA	Online Privacy Alliance
PANZA+	Privacy Agencies of New Zealand and Australia plus Hong Kong and Korea
PLI/PAT	Practising Law Institute Patents, Copyrights, Trademarks, and Literary Property Course Handbook Series
PLPR	Privacy Law and Policy Reporter
PNR	Passenger Name Record
P2P	Peer to Peer
RFID	Radio-Frequency Identification
RFPA	Right to Financial Privacy Act
TCC	Trilateral Cooperation Charter
TEMP. INT'L&COMP. L. J.	Temple International&Comparative Law Journal
T-PD	The Consultative Committee of the Convention for the Protection of Individuals with regard to Automatic Processing of Personal Data
UEJF	Union of French Jewish students
UN	United Nations
USCIB	United States Council for International Business
USDOC	United States Department of Commerce
USDOT	United States Department of Transportation
VA. J. INT'L L.	Virginia Journal of International Law
VPPA	Video Privacy Protection Act
WHITTIER L. REV.	Whittier Law Review
WorldLII	World Legal Information Institute
WPISP	Working Party on Information Security and Privacy

제 1 장

서론

제1절

연구 목적

　1947년 미국에서 최초의 컴퓨터인 ENIAC(Electronic Numerical Integrator and Calculator)이 개발된 이후, 1948년 트랜지스터의 발명으로 1950년대 후반에는 컴퓨터를 기업이나 공공부문에서도 이용할 수 있게 되었다.[1] 1960년대 중반 이후의 반도체와 집적회로의 발명으로 컴퓨터에 대한 의존도가 급속하게 증가하였으며, 1970년대 이후에는 개인용 컴퓨터를 이용할 수 있기까지 빠른 발전 속도를 보였다.[2]

　빠르게 확산된 컴퓨터의 정보처리 속도와 처리량은 기업 활동의 새로운 분야를 열게 하였으며, 고객정보를 대량으로 처리하여 맞춤형 마케팅에 이용할 수 있게 되었다. 정부기관에서도 컴퓨터를 이용하여 예산의 집행과 조세업무 등에 사용하게 되면서 대량의 개인정보를 무차별적으로 처리하게 되었다. 여러 종류의 개인정보가 기업들의 거래대상이 되기도 하였으며, 심지어는 공공기관에서도 기업들을 상대로 개인정보를 거래하기도 하였다.[3] 개인의 금융정보, 건강정보, 사생활에 관한 정보 등이 기업의 마케팅을 위한 하나의 자산으로 거래되기까지 이르게 되었다. 이와 같은 상황에서 각 국가별로 개인의 정보와 프라이버시 보호를 위한 국내법을 제정하기 시작하였다. 이후 정보통신기술의 발달에 따라 정보가 해외로 이전되어 처리되는 사례가 빈번해짐에 따라, 정보의 국외 이전과 관련한 보호문제가 대두하였고 개인정보 집행당국은 초국경적 성격의 위반 문제를 다루어야 할 필요성에 직면하게 되었다.

---

1) Ian J. Lloyd, 『*Information Technology Law*』(4th ed., Oxford Univ. Press, 2004), pp. 1-2.
2) *Ibid*.
3) Simson Garfinkel, 한국데이터베이스진흥센터 옮김, 『데이터베이스 제국』(한빛미디어, 2001), p. 257, *et seq*.

마이크로소프트사의 *Dot Net Passport* 서비스 사례에서는 인터넷 환경에서 직면할 수 있는 개인정보보호 위반의 초국경적 특성을 찾아볼 수 있다. 마이크로소프트사는 FTC로부터 *Dot Net Passport* 서비스[4]에 대해 포괄적인 정보보안프로그램을 설치하도록 요구받았고 이에 대한 조치를 한 이후였다.[5] 하지만 같은 시기에 EU의 제29조 작업반은 *Dot Net Passport* 서비스의 정보보안과 관련된 내용의 정보를 마이크로소프트사에 요구하였으며, 결과적으로 *Dot Net Passport* 서비스가 필요 이상의 개인정보를 수집하고 있으며, EU 지침[6]에 맞도록 조치를 취할 것을 요구하였다.[7] 마이크로소프트사에 대한 미국과 EU의 규제는 모두 각자의 법규범에 따른 조치로서 초국경적인 행위에 대하여 서로 상이한 각자의 기준을 적용한 것이다.

국가들은 자국의 국내법을 적용하여 자국민을 보호하고자 하나, 국가의 집행권한은 그 영토적 속성으로 인해서 다른 국가의 동의가 없으면 다른 국가의 영토 내에서 그 권한을 행사할 수 없다. 또한, 인터넷은 그 자체로 익명성과 지리적 편재성이라는 특성을 갖는 것이므로, 인터넷을 통한 활동에 기존의 관할권 결정을 위한 기준을 적용하는 데는 한계가 있으며, 인터넷 활동에 대한 관할권 주장은 관할권의 중복이나 집행에 있어서 여러 가지 문제를 야기하게 된다. 하지만 인터넷 이용에 따른 경제적 가치와 편의성은 자국민에 대한 피해와 구제의 어려움에도 불구하고 쉽게 포기할 수 없는 것이 현실

---

[4] *Dot Net Passport* 서비스는 암호로 보호된 사이트를 쉽게 돌아다닐 수 있도록 한 ID시스템이다. 마이크로소프트에 신원확인용 개인신상정보를 등록하고 *Dot Net Passport* ID와 비밀번호로 여러 사이트에 들어가면 해당 사이트에 자동으로 필요한 개인정보가 전달된다.

[5] *Microsoft Settles FTC Charges Alleging False Security and Privacy Promises*, 〈http://www.consumeraffairs.com/news02/msft.html〉(검색일: 2008. 8. 19.).

[6] EU 지침 제4조는 유럽에 설립된 기업뿐만 아니라 유럽에서 정보처리 장비나 도구를 이용하는 모든 기업에 적용된다. EU *Directive, 95/46/EC*, art. 4. 또한, EU 당국자들은 EU 지침을 EU 시민으로부터 정보를 수집하는 거의 모든 기업에게 적용할 수 있는 것으로 해석하고 있다. Article 29 Data Protection Working Party, *Privacy on the Internet- An integrated EU Approach to On-line Data Protection-*, Nov. 21, 2000, 〈http://ec.europa.eu/justice_home/fsj/privacy/docs/wpdocs/2000/wp37en.pdf〉(검색일: 2008. 8. 19.).

[7] Article 29 Data Protection Working Party, *Working Document on on-line authentication services*, Jan. 29, 2003.

이다. 따라서 국가들은 자국의 국내법을 통해 자국민을 효과적으로 보호함과 동시에 인터넷이라는 매체가 지니는 잠재적 가치를 유지해 나갈 수 있는 방안을 모색하기 시작하였다.

국가들은 개인정보를 효과적으로 보호하면서도 국경 간 정보 이동이 계속해서 이루어질 수 있는 방안에 관해서 국제기구를 통해 논의하였고, 그 결과 국제적인 협력을 통해서만 이러한 목적을 달성할 수 있다는 인식을 같이하게 되었다. 국가들은 OECD, 유럽평의회, UN, EU, APEC에서의 논의를 통해 각국 개인정보보호 규범의 조화와 국가들의 협력을 통해 공동의 목적을 달성할 수 있음을 확인하였다. 하지만 실제로는 각국 집행기관의 권한과 상이한 법 체제 그리고 가용한 자원의 제약 등으로 인해 국가 간 협력에 장애 요인이 많음을 인식하게 되었다. 그럼에도 불구하고 인터넷의 성장과 범세계적인 정보이동량의 증가로 개인정보 침해위험이 커져 가는 현실에서 개인정보보호를 위한 체계적이며 광범위한 협력의 필요성이 극대화되고 있다. 또한 집행을 위한 국제적인 협력은 개인정보보호에 대한 신뢰성과 국가 간 정보이동을 보장함으로써 세계 경제의 성장에도 긍정적인 효과를 줄 수 있다. 따라서 이 책의 목적은 국가들이 개인정보를 보호하고 국경 간 정보이동을 지속할 수 있도록 하기 위해 필요한 효과적인 협력방안을 제시하는 것이다.

연구 방법과 이 책의 구성

I. 연구 방법

이 책은 개인정보보호를 위한 국제적 협력에 관한 연구로서, 우선 개인정보를 보호해야 할 배경을 이해하고자 인터넷의 성장이 정보에 미치는 영향을 파악하고자 하였고, 이를 위해 OECD와 같은 국제기구의 통계와 관련 서적, 웹사이트, 간행물 등을 조사하였다. 개인정보와 유사한 개념으로부터 개인정보를 구별하여 연구의 목적 범위를 분명히 하기 위해서 개인정보 및 유사한 개념을 다루고 있는 관련 문헌을 참고하였고, 특히 개인정보와 프라이버시의 범위에 관한 영국의 판례를 참고로 개인정보보호의 범위를 규정짓고자 하였다. 여기에서 더 나아가 개인정보를 보호하고자 하는 각국의 입법례를 조사하여 비교하였다. 하지만 개인정보를 보호하고자 하는 각국의 국내법은 인터넷의 매체적 특성상 필연적으로 관할권의 충돌을 야기하게 되는데 이에 대한 문제점과 해결책을 제시하기 위하여 인터넷과 관련된 관할권 문제를 조사하였다. 인터넷과 관련된 관할권 문제를 조사하는 데 있어서는 관할권 문제를 다루고 있는 관련 문헌과 판례를 토대로 하여, 인터넷 환경에서 각 국가들의 관할권 결정을 위한 노력이 어떻게 진행되어 왔는지 서술하였다. 개인정보를 보호하고 국가 간 정보이동을 보장하기 위한 국제적인 보호에 관한 서술은 OECD, UN, APEC, 유럽평의회, EU와 같은 국제기구를 중심으로 구속력이 없는 지침과 구속적인 법규범으로 구분하여 관련 내용을 서술하고 비교 검토하였다. 개인정보보호를 위한 집행과 관련한 국제적 협력은 전 세계적인 협력을 의도하고 준비된 OECD의 개인정보보호 분야에서의 국경 간 협력권고를 중심으로 서술하였다. 이러한 자료들을 토대로 개인정보보호를 위한 효과적이고 실효성 있는 방안을 제언하기 위해 협력의 주체가 되는 개인정보 집행기관에 관한 기준이나 유사하다고 판단할 수 있는 집행기관 간의 협력사례와 입법례를 조사하고 검토하였다.

II. 이 책의 구성

이 책은 모두 7장으로 구성되어 있다. 제1장에서는 이 책의 연구 목적과 연구의 방법 및 이 책의 구성에 관하여 간략하게 소개를 하고, 제2장에서는 이 책의 주제와 관련된 배경을 이해하기 위해서 인터넷이 어떻게 성장하고 있으며, 이로 인해 정보생활환경이 어떻게 변화해 왔는지 개인과 기업, 정부의 측면에서 기술하였다. 또한 이러한 변화가 가져올 수 있는 긍정적인 측면과 부정적인 측면에 관해서 소개하면서, 앞으로도 이러한 변화가 개인의 정보와 프라이버시와 관련해서 어떠한 문제점을 야기하게 될지 기술하였다.

제3장에서는 정보화 사회에서 프라이버시는 어떻게 해석될 수 있으며, 개인정보와는 어떠한 차이점을 가지는지, 그리고 개인정보와 프라이버시를 보호하기 위한 국가들의 접근 방식은 무엇인지 기술함으로써, 이 책이 연구의 대상으로 하는 개인정보보호의 범위를 명확하게 할 수 있다. 또한 개인정보의 국외 이전과 관련된 국가들의 국내법이나 국가 간 접근방식을 소개하면서, 국가들이 다른 국가와의 관계에서 개인정보를 보호하기 위해 자국의 기준을 적용하고자 하며, 이는 인터넷 관련 사건의 관할권 문제와 관련될 수 있음을 시사하였다.

제4장에서는 인터넷이라는 매체를 통해서 전 세계적으로 이동하는 개인정보를 보호하기 위해 국가들이 자국법을 적용하는 데 있어서 발생하는 문제를 다루었다. 여기서 다루는 문제는 인터넷 환경에서의 관할권 문제로서 인터넷에서 이루어지는 활동의 규범적 측면에서의 특성과 국내법의 규제적 한계의 측면에서 접근하였다. 또한 국가들이 자국의 관할권 확보를 위해서 어떠한 노력을 해 왔는지 미국의 주(州) 간 사건에서 나타

난 주요 판례의 이론을 중심으로 민사관할과 형사관할을 구분하여 검토하였다. 이와 같은 내용을 토대로 인터넷 환경에 맞는 관할권 이론의 변화가 요구되고 있음을 지적하였고, 개인정보보호와 관련해서는 관할권의 한계를 극복하기 위해 어떠한 노력이 있어야 하는지 그 대책 마련이 필요함을 기술하였다.

제5장에서는 개인정보보호를 위한 국제기구들의 구속적, 비구속적 문서들의 내용을 소개함으로써, 이러한 문서들이 개인정보의 보호와 국외 이전과 관련해서 어떠한 원칙들을 적용하고자 하며, 초국경적인 관계에서 발생하는 개인정보 침해를 방지하고 조치를 취하기 위해 필요한 요건들은 무엇인지 자세하게 검토하고 있다. 여기서 검토된 기준과 요건들은 개인정보보호를 위한 국제적 협력에 있어서 중요한 기준으로 작용할 수 있으며, 이 책에서 제시하고자 하는 국제적인 협력적 집행체제 마련을 위한 기본 토대가 된다.

제6장에서는 지금까지 언급한 내용을 토대로 외국에서 기인한 개인정보 침해에 대해서 국내법상의 보호를 집행하기 위해서는 다른 국가와의 협력이 필요하며, 이를 위해서는 OECD의 국경 간 협력권고에서 요구하는 협력정책을 고려하여 국제적 기준에 맞는 정보보호 집행기관의 설치와 이들 집행기관 간의 효율적인 협력을 위한 협력적 집행체제가 마련되어야 한다는 점을 강조하고 있다. 또한 국제적인 협력적 집행체제의 마련을 위해서는 세 가지 측면에서 접근할 수 있음을 제시하고 있다.

제7장에서는 이 책에서 주장하고자 하는 전체적인 맥락을 종합하면서 제6장에서 제시한 바를 토대로 인터넷 환경에서 발생할 수 있는 개인정보 침해 문제에 국가들이 효과적으로 대응하기 위해서는 통일적인 접근 기준에 의해서 설치된 개인정보 집행기관과 이들 집행기관 간의 협력적 집행체제 구축을 통해 협력할 수 있음을 제시하였고, 신속성과 효율성을 위해 필요한 추가적인 고려 사항을 언급하면서 이 책을 끝맺고 있다.

제 2 장

인터넷과 정보

인터넷의 성장과 정보생활환경의 변화

Ⅰ. 서설

정보통신기술의 발달, 특히 인터넷을 이용한 기업 활동 확대로 인해 한 국가 내에서 다른 국가로 이전하는 정보가 그 양에 있어서나 규모 면에서 과거와 비교할 수 없을 만큼 급격하게 성장하고 있다.[8] 다국적 기업의 직원인사기록 이전이나 국제적 금융·교육서비스 제공, 그리고 인터넷을 통한 전자상거래 등에 의해 개인정보의 국경 간(cross-border)[9] 이동이 쉴 새 없이 무한히 진행되고 있다. 인터넷 가입자 수와 인터넷 전송량 (traffic) 및 통신의 국제적 통과비용의 변화가 이와 같은 현상의 배경으로 작용하였다고 볼 수 있다.

OECD 회원국이 제출한 자료를 토대로 작성된 통계자료[10]를 보면 정보통신기술과 인터넷의 발달이 개인, 기업, 국가 활동에 가져오게 된 변화를 파악할 수 있으며, 정보화가

---

8) 1980년도에 'OECD 가이드라인'이 처음 채택되던 당시만 해도 개인정보의 국외 이전은 상호 확인된 당사자들 간의 대량 정보 이전으로서 이를 확인할 수 있었다. 하지만 인터넷 환경에서의 지속적인 기술 혁신과 사회 발전으로 인해 통신과 정보 이전에 대한 정확한 건수를 파악하는 것이 거의 불가능하게 되었다.
OECD, *Report on the Cross-Border Enforcement of Privacy Laws*, 2006, p. 6, 〈http://www.oecd. org/dataoecd/17/43/37558845.pdf〉(검색일: 2008. 7. 1.).

9) 개인정보의 주체인 개인과 그 정보를 받아서 처리하는 기업이 서로 다른 국가에 위치하면서 계속적으로 정보를 주고받는 것을 말한다. 이 경우 개인의 정보가 국외로 이전하여 정보의 이전국과 수령국 간 국내 법률의 적용이 문제되는 경우가 발생하게 된다.

10) OECD, *The Future of the Internet Economy: A statistical profile*, OECD Ministerial meeting on the Future of the Internet Economy, in Seoul on June 17-18, 2008. 〈http://www.oecd.org/ dataoecd/44/56/40827598.pdf〉(검색일: 2008. 7. 23.).

가져올 명암을 예측할 수 있다.

II. 인터넷서비스의 확대

OECD 통계자료에 따르면 2000년도 대비 2006년도의 인터넷서비스 가입자 수는 꾸준히 증가하여 불과 6년 만에 2배에 이르고 있다. [그림 1] 특히 주목할 만한 점은 정보통신기술의 발달로 초고속 광대역[11] 통신기술이 등장함으로써 통신비용은 낮아지고 속도는 증가하게 되었다는 것이다. 2006년과 2007년도 사이에 DSL[12]과 케이블 광대역통신망[13]의 속도가 각각 29%와 27% 상승한 데 반하여 비용은 각각 19%와 16%가 하락하였다. [그림 2]

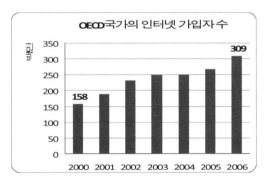

[그림 1] OECD 국가의 인터넷 가입자 수의 변화[14]

---

11) 대역폭(Bandwidth)은 특정 시간 동안 인터넷을 통해 전송할 수 있는 정보량을 말한다. 대역폭이 커질수록 전송 속도는 빨라지며 무한 대역폭(infinite bandwidth)이면 장소나 메시지 용량과 상관없이 순식간에 전송이 이루어지게 된다. Jack Goldsmith and Tim Wu, *Who Controls the Internet?: Illusions of a Borderless World*(Oxford Univ. Press, 2008), p. 53, *et seq.*

12) 디지털 가입자 회선(Digital Subscriber Line), DSL은 지역 전화망을 통해 디지털 데이터 전송을 제공하는 기술의 계열이다. 보통 소비자 DSL 서비스의 다운로드 속도는 DSL 기술, 선 상태, 서비스 수준에 따라 초당 512킬로비트에서 초당 24000킬로비트까지 다양하다.

13) 광대역통신망은 한 개의 동축 케이블로 유선 텔레비전의 송수신은 물론, 보내는 쪽과 받는 쪽이 대화할 수 있는 화상전화, 데이터 통신, 팩시밀리, 신문 따위의 다양한 통신이 가능한 통신망이다.

14) OECD, *The Future of the Internet Economy: A Statical Profile*, *supra* note 9, p. 7.

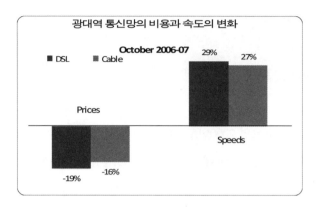

[그림 2] 광대역통신망의 비용과 속도의 변화[15)]

또한 광대역통신을 이용한 인터넷접속방식(Broadband)은 빠른 속도로 기존의 모뎀을 이용한 인터넷접속방식(Dial-up Internet)을 대체하였으며, 2000년도 대비 2006년도에는 OECD 국가의 광대역인터넷 가입자 수는 11배에 이르는 증가세를 보였다. 그리하여 2006년도에는 OECD 국가의 인터넷 가입자 가운데 64% 이상이 광대역통신망을 통하여 인터넷에 접속하고 있다.[16)] 인터넷 호스트(host)[17)]도 그 수가 1999년도에 비하여 2008년도에는 13배가 증가하였다.[18)] [그림 3]

---

15) *Ibid*, p. 10.

16) *Ibid*, p. 11.

17) 호스트(host)란 네트워크상의 다른 컴퓨터와 통신을 가능하게 하는 컴퓨터를 말한다. 인터넷 호스트는 'IP address'라고 하는 특정 인터넷 주소와 'Domain Name'을 가진다.

18) com이나 net의 이름을 갖고 있는 호스트(generic domain)의 수가 전체 호스트의 절반 이상을 차지하고 있으며, fr이나 kr의 국가 도메인(country domain)을 갖는 OECD 국가의 호스트 수도 세계 전체 호스트 수의 3분의 1이상을 차지하고 있다. OECD, *The Future of the Internet Economy: A Statical Profile*, *supra* note 9, p. 7.

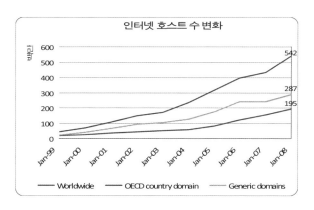

[그림 3] 인터넷 호스트 수 변화[19]

 광대역통신과 같은 새로운 통신기술과 인터넷이 결합함으로써 인터넷의 사용 잠재력은 더욱 커지게 되었는데, 이는 새로운 통신기술이 갖는 빠른 속도에서 기인한다. 2007년도의 광섬유(fibres)케이블을 이용한 업로드 속도는 DSL보다 40배 빠르며 기존의 케이블통신기술에 비하면 무려 80배 이상의 빠른 속도를 갖고 있다.[20] [그림 4] 2007년 현재 OECD 국가 가운데 2억 3천 5백만 명이 광대역통신에 가입하고 있다.[21]

 지금까지 살펴본 정보통신환경의 변화, 특히 인터넷서비스의 확대는 개인, 기업, 정부의 일상적 활동이나 정보통신기술의 이용 전망에 영향을 미치는 배경으로 작용하게 된다. 인터넷서비스가 일상적인 개인, 기업, 정부의 활동과 기술에 미치는 영향을 살펴봄으로써 이러한 일상적 활동들을 통해서 얼마나 많은 정보가 국경 간을 이동할 수 있으며, 기업들에게 새로이 다가서는 정보의 의미가 무엇인지 파악할 수 있다.

---

19) *Ibid.*

20) 이와 같이 인터넷 접속 속도의 급격한 성장으로 정보가 세계를 한 바퀴 돌아서 움직이는 시간이나 정보가 바로 옆방으로 가까운 거리를 이동하는 것이나 모두 한 번의 클릭으로 실시간으로 이루어지는 환경에 이르게 되었다.

21) 이는 전체 인터넷 가입자 수를 100으로 보았을 때 평균적으로 20에 달하는 수가 광대역통신에 가입하고 있다는 것을 보여 주는 것이다. OECD, *The Future of the Internet Economy: A Statical Profile*, *supra* note 9, p. 11.

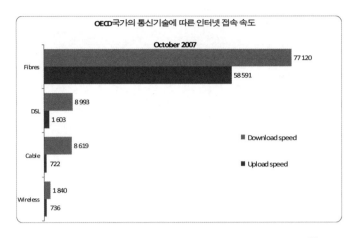

[그림 4] OECD 국가의 통신기술에 따른 인터넷 접속 속도[22]

Ⅲ. 정보생활환경의 변화

1. 개인

인터넷은 전통적인 생활습관들을 바꾸어 놓고 있다. 메일 보내기, 전화 걸기, 쇼핑, 은행 업무, 음악 감상과 게임 등의 일상적인 활동들이 인터넷을 통해 온라인상에서 이루어지고 있다. 2007년 현재 OECD 국가에서 성인 사용자의 평균 57%가 이메일을 보내거나 전화를 걸기 위해 인터넷을 사용하고 있다.[23] 인터넷을 통한 전화 통화는 현재는 상대적으로 그 비율이 낮게 나타나고 있으나 광대역통신망의 성장과 함께 가파른 상승이 예상된다. 2004년도와 2007년도 사이에 인터넷전화인 Skype의 가입자 수가 50배 이상 증가하고 있다.[24]

또한 2007년 현재 OECD 국가 국민 가운데 평균 26%가 인터넷을 통해 상품과 서비스를 주문하거나 구매하고 있다.[25] 이외에도 OECD 국가 국민 가운데 30% 이상이 인터넷

---

22) *Ibid*, p. 10.
23) *Ibid*, p. 13.
24) *Ibid*.
25) *Ibid*.

상에서 은행서비스를 이용하고 있으며, OECD 국가 성인 4명 가운데 1명은 인터넷상에서 음악을 다운로드하거나 게임을 즐기고 있다.[26] 또한 웹 2.0(participative Web)[27] 서비스 구조하에서 인터넷 이용자들은 단지 정보에 접근하는 데 머물지 않고 문자, 음성, 영상, 그리고 이들이 결합된 형태의 콘텐츠 생산에 적극적으로 참여하여 인터넷 상에서 양방향으로 정보를 주고받으며 공유하고 있다.[28]

OECD 국가 인터넷 사용자 가운데 평균적으로 18%가 자신의 홈페이지(Web pages)를 운영하고 있으며, 2007년 현재 유럽에서는 평균 17% 이상의 인터넷 사용자가 P2P(Peer to Peer)사이트[29]를 통해 영화와 음악 등의 파일을 공유하고 있다. 일본에서는 블로그(blog)[30] 가입자 수가 3천 5백만 명에 달한다. 또한 인터넷 사용자들은 여행과 숙박서비스 그리고 건강정보 검색에도 인터넷을 이용하고 있는데 기존의 협대역통신망 (narrowband)[31] 사용에 비하여 각각 24%와 20% 이상의 인터넷 사용 증가를 보였다.[32]

이와 같이 개인은 일상적으로 세계 다른 사람들과 연결되어 있어서 카페(cafe),[33] 블

---

26) *Ibid*, p. 14.

27) 누구나 손쉽게 정보를 생산하고 인터넷에서 공유할 수 있는 사용자 참여 중심의 인터넷 환경을 말한다. 인터넷상에서 정보를 모아 보여 주기만 하는 웹 1.0에 비해서 웹 2.0은 사용자가 직접 정보를 다룰 수 있어 정보를 더 쉽게 공유할 수 있도록 만들어졌다. 웹 2.0의 예로는 블로그(blog), 위키피디아 (Wikipedia), 네이버(nhn) 지식iN, 네이트(nate) Q&A 등이 있다. 웹 2.0에 관한 자세한 내용은 백선기, 최민재, 김위근, 『인터넷 공간의 진화와 미디어 콘텐츠』(커뮤니케이션북스, 2007), p. 129. *et seq.* 참조.

28) OECD, *The Future of the Internet Economy: A Statical Profile*, supra note 9, p. 15.

29) 인터넷에서 개인과 개인이 직접 연결되어 파일을 공유하는 것으로서 기존의 서버와 클라이언트 개념이나 공급자와 소비자 개념에서 벗어나 개인 컴퓨터끼리 직접 연결하고 검색함으로써 모든 참여자가 공급자인 동시에 수요자가 되는 형태의 웹사이트.

30) 웹(web)로그(log)의 줄임말로, 일반인들이 자신의 관심사에 따라 일기, 칼럼, 기사 등을 자유롭게 올릴 수 있을 뿐 아니라, 개인출판, 개인방송, 커뮤니티까지 다양한 형태를 취하는 1인 미디어이다.

31) 보통 광대역이라는 용어의 반대 개념으로 사용되며, 일반적으로 좁은 대역폭의 주파수 내에서 음성정보를 전송하는 통신매체나 채널을 의미한다.

32) OECD, *The Future of the Internet Economy: A Statical Profile*, supra note 9, p. 16.

33) 포털사이트에는 수많은 카페가 개설되어 있는데, 인터넷이 급속히 보급되면서 사이버공간 속의 동호인 모임이나 그 공간 자체를 카페라고 부르기도 한다. 비슷한 관심과 취미를 가진 사람들이 사이버상에서 만나 서로 정보를 교환하고 의견을 개진한다.

로그(blog)³⁴⁾ 등을 통해 다른 누구와도 개인의 신상, 선호하는 것, 음악 등을 평가할 수 있고 온라인 경매를 통해 다른 개인으로부터 물건을 구매할 수도 있다. 또한 전자상거래를 통해 외국 기업과 상품 구매와 여행 계약을 체결할 수 있으며, 전 세계에 펼쳐진 정교한 금융망을 통해 어디에서나 신용카드를 사용할 수 있다. 하지만 개인의 입장에서 보면 인터넷서비스의 편리성의 이면에는 서비스 이용에 필요한 개인정보가 타인에게 노출되거나 해커(hacker)³⁵⁾의 침입을 받게 될 기회도 그만큼 증가하게 된 것이다.

2. 기업

정보통신기술의 발달로 다국적 기업은 세계 각국에 산재한 기업 간에 광대역통신망을 통해 서로 연결할 수 있게 되었으며 각 기업이 가지고 있는 여러 가지 정보를 국외로 이전할 수 있게 되었다. 이를 통해 기업의 효율적 운영을 위해서 특정 기능을 한 곳에 집중시켜서 관리하는 것이 가능하게 되었다.³⁶⁾ 예를 들어, 다국적 기업은 재고정보(inventory data)와 같은 비개인정보(non-personal information)와, 고객개인정보 또는 직원인사정보와 같은 개인정보(personal information)를 효율적인 기업 활동을 위해 중앙데이터베이스에 저장하도록 하며, 세계 모든 계열사에서 접근이 가능하다. 또한 이와 같은 정보

---

34) 초기 블로그는 정기적으로 업데이트되는 짧은 게시물로 구성된 웹 페이지였으나, 이것은 블로거(blogger)의 관심을 끄는 웹사이트나 온라인 뉴스를 링크해 주는 것이 보통이었다. 하지만 1990년대 말 블로깅이 인기를 끌면서 블로그는 공적이든 사적이든 일상 사건들에 관한 주제별 게시물들로 구성되는 온라인 일지 형태로 확대되었다. Steve Jones, 이재현 옮김, 『디지털 시대의 문화와 예술과 법률의 최신지식』(커뮤니케이션북스, 2006), p. 212. *et seq.* 참조.

35) 한국정보보호진흥원의 「정보시스템 해킹 현황과 대응」(1996)에 따르면, 해커(hacker)란 "컴퓨터 시스템 내부구조와 동작 따위에 심취하여 이를 알고자 노력하는 사람으로서 대부분 뛰어난 컴퓨터 및 통신 실력을 가진 사람들"로 정의했다. 따라서 해커는 컴퓨터나 네트워크 따위에 대해 탐구를 즐기는 사람일 뿐이며, 이들과 다른 침입자이며 파괴자인 크래커(cracker)는 구별해야 한다. 또 정보의 공유를 주장한다는 점에서 해커를 정보사회주의자로 보는 시각도 있다. 그러나 일반적으로 해커라고 하면, 다른 컴퓨터에 불법으로 침입하여 자료의 불법 열람·변조·파괴 따위의 행위를 하는 침입자·파괴자를 통칭하는 부정적인 의미로 더 많이 쓰인다. 이 침입자·파괴자라는 점에서 해커는 크래커와 혼동되기도 한다.

36) 예를 들면, 특정 기업의 한 계열사는 전체 기업의 인사기록정보의 처리에 대해서 책임을 지고, 다른 계열사가 판촉이나 판매와 관련한 데이터베이스를 관리하는 것이다.

의 집중은 효율적인 기업 관리를 위해 필요한 것이기도 하지만 24시간 소비자서비스 제공을 위해서도 필요하다.[37] 정보의 집중을 통한 새로운 서비스의 창출은 곧 기업의 경쟁력과 직결된다. 고객서비스의 효율성과 편리성을 위해서 고객서비스센터에서는 기업의 고객개인정보데이터베이스에 접근할 수 있을 뿐만 아니라, 담당 부서의 후속조치 또는 수리 기사의 파견을 위해서 기업의 직원인사정보에도 접근할 수 있다. 하지만 기업의 중앙데이터베이스에 개인정보를 축적하여 세계 어디에서라도 접근할 수 있도록 하는 것은 조직 내부에서든 외부의 해커에 의해서든 개인정보가 유출될 위험이 존재하며 유출에 대한 책임소재가 분명하지 않게 되는 문제와 유출경로 파악에 어려움이 있다.

3. 정부

전자정부(E-government)[38]의 운영은 국민과 정부의 관계를 보다 더 향상 시킬 수 있다. 정부 차원에서도 행정서비스의 국내적 운용 효율성을 향상하고 국민에게 보다 높은 품질의 서비스를 제공하기 위해 정부행정서비스를 인터넷을 통하여 전자적으로 전달 및 제공하고 있다.

2007년 현재 OECD 국가 국민 가운데 30% 이상이 공공기관과의 관계에서 인터넷을 이용하고 있으며, 단순히 정부기관으로부터 정보를 얻는 데 그치지 않고 온라인상에서의 조세의 신고·납부(on-line tax declarations) 등 보다 복잡한 형태의 서비스를 이용하고 있으며 이러한 경향은 빠르게 성장하고 있다.[39] 또한 유럽에서는 정부 간 국경 통제와 같은 여러 가지 이유로 개인정보를 교환하고 있다.

---

37) 인터넷의 성장과 통신비용 인하 등으로 24시간 고객서비스(follow the sun business model)의 출현이 가능하였다.

38) 정보통신기술을 활용하여 행정활동의 모든 과정을 혁신함으로써 정부의 업무처리가 효율적이고 생산적으로 개선되고, 정부의 고객인 국민에 대하여 질 높은 행정서비스를 제공하는 지식정보사회형 정부를 말하며, 24시간 원스톱서비스가 가능하다. 우리나라 전자정부 웹사이트 〈http://www.korea.go.kr〉에서는 전체 행정기관의 주요 정보 약 2만여 개를 선별 제공하고 있다. 분야별, 대상자별, 생활 맞춤 서비스를 제공하므로 여러 곳을 찾거나 검색하지 않아도 빠르게 필요로 하는 정보에 접근할 수 있다.

39) OECD, *The Future of the Internet Economy: A Statical Profile, supra* note 9, p. 18.

4. 아웃소싱 활성화

기존에는 한곳에 집중화되었던 임금 처리, 신용조회, 소비자서비스, 기술 지원 등의 기능들이 아웃소싱(outsourcing)[40]을 통하여 전 세계에 분산되어 다양한 지역의 전문지식을 활용할 수 있게 되었다. 신용카드거래의 처리, 전화요금청구 그리고 의료기록 등이 저비용과 전문지식 이용을 위해 아웃소싱 되고 있다. 또한 많은 기업들이 해외 소비자서비스센터를 설치하여 실시간 지원서비스를 함으로써 소비자의 기대에 부응하고 있다. 해외 소비자서비스센터, 일명 콜센터의 해외 설치는 필연적으로 개인정보의 국외 이전 문제를 동반하기 때문에 그 운용에 있어서 각국 정보보호법의 적용상의 문제가 발생한다.[41]

5. 정보통신기술 융합

케이블, 통신, 이동통신망이 인터넷 기반의 IP(Internet Protocol)[42]로 통합되어 가는 정보통신기술(ICT)[43]의 융합[44]은 정보통신기술 간의 경계를 모호하게 만들고 있다. 2006년 현재 전 세계 휴대전화 가입자 수는 25억 명 이상이며, 이 가운데 36%가 OECD

---

40) 기업 업무의 일부를 경영 효과 및 효율의 극대화를 위해 제3자에게 위탁 처리하는 것을 말한다. 다른 의미로는 외부 전산 전문업체가 고객의 정보처리업무 일부나 전부를 장기간 운영, 관리하는 것을 뜻하기도 한다. 이는 기술 진보가 가속화되고 경쟁이 심화되면서 기업 내부조직을 통한 경제활동비용보다 아웃소싱을 통한 거래비용이 적게 든다는 점 때문에 전 세계 기업들 사이에 급속히 확산되었다.

41) 예를 들면, EU 내의 우리나라 기업이 제3국에 콜센터를 운영하거나 우리나라 내의 모기업과 고객정보를 공유하는 경우 EU 지침상의 적절성 요건을 충족시키는가 하는 법률적 문제가 발생한다.

42) 송신 호스트와 수신 호스트가 패킷 교환 네트워크(Packet Switching Network)에서 정보를 주고받는데 사용하는 정보 위주의 규약. 인터넷상에서 장치들이 서로를 인식하고 통신을 하기 위해서 사용하는 IP 주소를 줄여서 IP로 부르기도 하나 IP는 인터넷규약 자체를 가리키는 말이기 때문에 엄밀하게는 구별해야 한다.

43) 정보통신기술(情報通信技術, ICT, Information and Communications Technology) 또는 정보기술(情報技術, IT, Information Technology)은 전기 통신, 방송, 컴퓨팅(정보처리, 컴퓨터 네트워크, 컴퓨터 하드웨어, 컴퓨터 소프트웨어, 멀티미디어), 통신망 등 사회 기반을 형성하는 유·무형의 기술 분야이다. 넓은 의미의 정보통신기술이란 정보의 수집, 가공, 저장, 검색, 송신, 수신 등 정보 유통의 모든 과정에 사용되는 기술 수단을 총체적으로 표현하는 개념이다.

44) 디지털혁명과 방송통신의 융합에 관한 내용은 Jonathan E. Nuechterlein&Philip J. Weiser, 『Digital Crossroads-American Telecommunications Policy in the Internet Age』, M.I.T., 2005, p. 23. et seq. 참조.

국가의 국민인데, 이들 가운데 50% 이상은 인터넷 접속이 가능한 휴대전화를 보유하고 있다.[45] 정보통신 융합기술에 따른 휴대전화의 이용환경 변화로 휴대전화를 이용한 인터넷과 이메일 이용이 증가하고 있다.[46]

IPTV[47]와 디지털 텔레비전(Digital Television)[48]의 등장도 ICT 융합의 좋은 예가 된다. 이미 2005년도에 독일, 노르웨이, 스웨덴, 캐나다에서는 30% 이상의 가구가 디지털 텔레비전을 시청하고 있는 것으로 나타나고 있으며, 영국과 미국에서도 각각 전체 가구의 62%와 42%가 디지털 텔레비전을 시청하고 있는 것으로 나타나고 있다.[49] 이제 차세대 네트워크는 음성, 영상, 정보를 동일한 기반시설을 통해 운반 가능하게 될 것이다. 우리나라도 2012년 말 디지털방송으로의 전환을 추진하였다.[50] 또한 네트워크와 연결된 RFID[51]와 센서의 배치로 인해 정보 이동이 멈추지 않고 기하급수적으로 성장할 가능성이 있다.

---

45) OECD, *The Future of the Internet Economy: A Statical Profile*, *supra* note 9, p. 12.

46) *Ibid*.

47) IPTV(Internet Protocol TV)는 영상압축을 포함한 디지털 신호처리기술과 광대역 신호전송기술에 의해 등장한 신규 서비스로, 홍콩과 일본에서는 '광대역TV', 영국에서는 'Telco TV', 프랑스에서는 'TV over DSL'이라고 칭한다. 국내에서는 사업자별, 규제기관별로 공식적이고 명백하게 정의하고 있지는 않지만, 방송통신위원회는 "IPTV는 텔레비전 등 방송프로그램을 인터넷망을 이용하여 공중에게 보내 주는 다채널방송"이라고 정의하여, 네트워크보다는 방송프로그램을 강조하고 이를 공중에 보내기 때문에 IPTV를 방송으로 정의하고 있다. 자세한 내용은 김국진, 최성진, 『IPTV』(나남, 2008), p. 27. *et seq.* 참조.

48) 방송국에서 보내는 아날로그신호를 디지털신호로 바꾸어 줌으로써 고품질의 영상과 소리를 재생할 수 있다. 디지털 텔레비전의 방송신호 기억, 처리 기능으로 다중화면, 정지화면, 확대화면, 반복화면 등 여러 가지 기능을 추가할 수 있다.

49) OECD, *The Future of the Internet Economy: A Statical Profile*, *supra* note 9, p. 12.

50) 최시중, "2012년 아날로그 종료 … 디지털강국 도약", 이데일리(2009. 9. 11.), 〈http://news.chosun. com/site/data/html_dir/2009/09/11/2009091100986.html?srchCol=news&srchUrl=news1〉(검색일: 2009. 9. 15.).

51) RFID(Radio-Frequency IDentification)란 전파를 이용해 먼 거리에서 정보를 인식하는 기술을 말한다. 여기에는 RFID 태그(이하, 태그)와, RFID 판독기(이하, 판독기)가 필요하다. 태그는 안테나와 집적회로로 이루어지는데, 집적회로 안에 정보를 기록하고 안테나를 통해 판독기에 정보를 송신한다. 이 정보는 태그가 부착된 대상을 식별하는 데 이용된다.

제2절

정보화의 명암

Ⅰ. 새로운 가치 창출

앞서 언급한 바와 같이 전자상거래, 전자정부활동, 온라인뱅킹, 기업인사정보관리 등을 통해 정보 이동이 쉼 없이 진행되고 있다. 정보통신기술의 발달 정도에 따라 얼마든지 새로운 형태의 정보 이동이 가능하며, 개인, 기업, 정부에 의해서 얼마든지 다양한 형태로 발생할 수 있다.[52] 이와 같이 발달된 정보통신환경속에서 개인, 기업, 정부의 활동을 통해 이동하는 수많은 정보는 기업에게 새로운 의미로 다가서게 된다.

정보보호에 관한 EU 지침[53]에 의해 제기된 정보의 국외 이전 문제에 대응하기 위해 1998년 11월 4일 미상무부(United States Department of Commerce: 이하, USDOC)는 세이프 하버(Safe Harbour)원칙[54]의 초안 작성을 위해 관련 기업들의 견해를 수집하였다. 1998년 11월 18일 미 상무부 전자상거래 특별조사단(Task Force on Electronic Commerce)

---

[52] 2007년 현재 OECD 국가 국민 30% 이상이 조세 등의 신고를 위해 전자정부의 인터넷서비스를 이용하고 있으며, 기업들도 조세환급을 받기 위해 인터넷서비스를 이용하고 있다. 또한 인터넷 사용으로 인터넷뱅킹의 사용비율도 기존에 비하여 26% 증가하였으며, 인터넷은 원격교육의 새로운 수단이 되고 있다. OECD 국가 기업 25% 이상이 직원교육과 훈련에 이러닝(e-learning)을 이용하고 있다. 건강 관련 정보를 찾기 위한 인터넷 사용도 매우 빈번하다. OECD, *The Future of the Internet Economy: A Statical Profile, supra* note 9, pp. 16-19.

[53] EU, *Directive 95/46/EC of the European Parliament and of the Council of 24 October 1995 on the protection of individuals with regard to the processing of personal data and on the free movement of such data*, 〈http://ec.europa.eu/justice_home/fsj/privacy/law/index_en.htm〉(검색일: 2008. 5. 8.).

[54] 미국 내 기업들이 준수해야 할 7가지 원칙을 규정한 것으로 통지(notice), 선택(choice), 제3자 전송(onward transfer), 보안(security), 정보의 보전(data integrity), 접근(access), 집행(enforcement)에 관한 원칙이다.

에 보내온 *Dun&Bradstreet*사[55]의 의견은 기업에게 정보가 어떠한 의미를 갖는가와 관련하여 주목할 만하다. 동 의견에서 *Dun&Bradstreet*사는 "우리가 고객들에게 제공하는 정보는 고객들이 올바른 의사결정을 하는 과정에서 매우 중요하며, 따라서 우리와 같은 기업에 있어서 정보는 살아 있는 혈액(life blood)과 같은 것이다."라고 표현하고 있다.[56] 특히, 세계 여러 곳에 사무소를 가지고 있는 다국적기업의 경우는 각 사무소 간에 방대한 양의 정보공유가 일상화되어 가고 있다는 사실도 기업에게 정보가 어떤 의미로 다가서는지 알 수 있게 한다.[57]

정보의 중요성에 대한 또 다른 견해는 APEC 정보보호체제(APEC Privacy Framework)[58]의 중요성에 대한 APEC 전자상거래운영그룹(Electronic Commerce Steering Group: 이하, ECSG)[59]의 견해에서도 표현되고 있다. ECSG는 정보를 "오늘날 대부분의 경제활동에 있어서 그 성장을 촉진하는 전자화폐(digital currency)"로 표현하고 있다.[60] 따라서 APEC정보보호체제가 책임 있는 정보이전을 촉진하여 무역을 증진하고 전자상거래를 활성화할 것으로 기대하고 있다.

---

55) *Dun&Bradstreet*사는 38개국 이상에 그 사무소를 두고 있으며, 약 15,000명을 고용하고 있다. EU 내에서는 모든 회원국에 사무소를 두고 있으며, 약 4,000명을 고용하고 있다. 동 사는 1841년에 설립되었으며 기업들에게 다른 기업들의 경영정보를 제공하여 상거래를 활성화한다. *Dun&Bradstreet*사는 공공부문, 민간부문으로 부터의 정보의 수집과 217개국으로부터 5,000만 건 이상의 기업 정보를 직접 수집하고 있고, 매년 이러한 정보 수집 활동에 3억 6천만 달러 이상을 투자하고 있다.

56) ITA, *Public Comments on Safe Harbour Principles as of Nov. 1998*, 〈http://www.ita.doc.gov/ecom/menu.htm〉(검색일: 2008. 7. 22.).

57) 2007년 현재 OECD 국가들 가운데 10인 이상을 고용하고 있는 기업의 5곳 가운데 4곳은 인터넷에 접속하고 있다. OECD, *The Future of the Internet Economy: A Statical Profile*, supra note 9, p. 24.

58) APEC 정보보호체제는 APEC 국가에서 개인정보를 보호하기 위해 이행해야 할 최소 기준을 정한 것이다.

59) ECSG는 APEC 지역 내에서 예측가능하고 투명하고 일관된 법적 정책적 환경을 조성하여 전자상거래 발전과 이용을 증진하며, APEC 국가 간 전자상거래활동의 조정자 역할을 한다.

60) APEC, *APEC Privacy Framework*, Issued by the APEC Electronic Commerce Steering Group, 〈http://www.ministerjusticeandcustoms.gov.au/www/agd/rwpattach.nsf/VAP/(03995EABC73F94816C2AF4AA2645824B)~APEC+Privacy+Framework.pdf/$file/APEC+Privacy+Framework.pdf〉(검색일: 2008. 7. 18.).

이러한 인식을 종합하여 보면, 정보는 단지 정보로서 그 기능을 다하는 것이 아니라 오늘날 정보는 기업의 생존과 경제활동을 위해서 반드시 필요한 것이라는 새로운 의미를 갖게 된다.

II. 프라이버시의 위기

인터넷의 성장과 통신비용 인하 등으로 국외 이전 정보량이 극적으로 증가하고 있다. 이러한 현상은 기업이나 개인에게 낮은 비용과 높은 효율성 그리고 편의성 제고라는 관점에서는 모두 혜택이 될 수 있다. 하지만 그 이면에서는 다양한 행위자들이 문자와 숫자, 음성과 이미지, 또는 이러한 정보들이 결합된 형태의 정보를 전자상거래, 전자정부 활동, 온라인뱅킹, 기업인사정보관리, 원격교육, 온라인 도박, 온라인 공동체활동, 보건 관련 활동 등을 통해 초고속으로 광범위한 지역에 걸쳐서 이전하게 됨으로써 개인정보와 관련하여 개인이나 기업이 가해자나 피해자가 될 수 있는 위험이 증가하였다.

실제로 OECD 자료에 따르면 대부분의 인터넷 사용자들이 온라인상에서 구매를 주저하게 되는 요인으로 보안(security), 신뢰성(trust) 그리고 프라이버시(privacy)에 대한 우려를 꼽고 있다.[61] 개인정보가 안전하게 다루어질 것이라는 신뢰성이 확보되면 프라이버시에 대한 우려로 온라인 활동을 주저하게 되는 일은 없을 것이다. 프라이버시에 대한 우려를 야기하는 대표적인 사례는 개인정보 2차사용과 관련된 문제와 보안 문제가 검토대상이 될 수 있다. 실제로 정보통신기술의 발달에 따라 개인정보의 이용과 관련한 프라이버시 보호 문제가 대두되었는데 이에 관해서는 제3장에서 상세히 다루도록 한다.

---

[61] 유럽에서는 인터넷 사용자의 30% 이상이 보안에 대한 우려 때문에 온라인상에서 구매를 하지 않으며, 중국에서는 인터넷 사용자의 약 절반가량이 신뢰성에 대한 우려로 온라인에서의 구매를 하지 않는다. 2005년에는 EU 기업들 가운데 40% 이상이 지불과 관련한 보안 문제가 인터넷 상에서의 판매에 있어 매우 중요한 장애가 되고 있다고 보고하였다. OECD, *The Future of the Internet Economy: A Statical Profile*, supra note 9, p. 30.

개인정보보호를 위한 국제적 협력에 관한 연구

1. 개인정보의 2차사용 우려

기업이 일단 수집한 개인정보를 어떻게 사용하는지에 대해서 개인이 알기는 쉽지 않다. 따라서 소비자인 개인이 기업들의 정보처리를 효과적으로 감시할 수 없는 상황하에서, 기업들은 개인정보를 남용할 기회를 갖게 된다. 이런 상황에서 오늘날과 같이 기업에 의한 정보처리가 쉽고 빈번해 짐에 따라 개인의 프라이버시 보호가 문제되고 있다. 다음 두 건의 사례는 기업들이 일단 수집한 개인정보가 그 이용목적이 종료한 이후에 개인의 의사에 반하여 어떻게 남용될 수 있는가를 보여 주고 있다.

GeoCities 사건[62]은 미국 연방거래위원회(Federal Trade Commission: 이하, FTC)가 기업들의 온라인상의 프라이버시 보호 관행과 관련하여 최초로 집행 조치를 취했던 사건이다. *GeoCities*는 개인 홈페이지를 호스트하면서 자사에 등록한 성인과 아동에게 이메일 주소를 제공하는 웹사이트의 운영자이다. 동 사는 자사의 웹사이트에 신규 회원가입 시 이름, 주소, 성별, 나이 등의 개인 식별정보를 제공하도록 요구하고 사용자의 관심사항에 대한 추가 정보도 요청하였다. 하지만 *GeoCities*의 프라이버시 정책에 따르면 이렇게 수집된 개인정보는 본인의 동의 없이 제3자와 공유하지 않는다고 공표하고 있었는데, 사실은 가입자들의 개인정보가 *GeoCities*에 의해서 제3자에게 판매, 대여 또는 공개되고 있었다. *GeoCities*가 제3자에게 판매, 대여, 공개한 정보는 정보주체가 동의하지 않은 목적을 위해서 사용된 것이었다. [63]

또 하나의 유사한 사례는 FTC가 온라인 장난감 소매 업체인 *Toysmart.com*을 상대로 소송을 제기했던 사건[64]이다. FTC는 온라인 소매업자인 *Toysmart.com*의 파산관리인이 동 사의 고객연락정보목록(contact list)을 판매하지 못하도록 소송을 제기하였다. FTC에 따르면 이러한 개인정보의 판매는 웹사이트에서 수집된 고객의 개인정보를 제3자와 공유하지 않는다는 *Toysmart.com*사의 개인정보보호정책과 배치되는 것이었다. [65]

---

62)   *In re GeoCities*(F.T.C. Feb. 5, 1999)(No. C-3850).
63)   *Ibid*, paras. 12-14.
64)   *FTC v. Toysmart*, U.S. District Court, Massachusetts, Case No. 00-11341-RGS.
65)   *Ibid*, para. 9.

2. 정보보안의 허점

광대역통신망 또는 인터넷을 통한 상시접속(always-on connectivity)이 가능하게 됨에 따라 사용자들에게 온라인 환경에서 정보보안과 개인정보보호가 중요한 문제로 대두하였다. 정도의 차이는 있어도 개인정보의 남용이나 카드를 사용한 부정 지불 (fraudulent payment) 그리고 컴퓨터 바이러스 등에 의한 위험이 여러 국가에서 나타나고 있다.[66]

우리나라의 경우 해킹 발생 건수가 2005년과 2006년도에 각각 약 33,000여 건과 26,000 여 건 있었으며, 2006년도에는 전년도에 비하여 건수는 하락하였으나, 웹사이트가 악성 코드(malware) 은닉사이트, 피싱(phishing) 경유지로 악용되는 등 그 위험도는 증가하고 있다. 또한 이와 같은 보안문제와 관련하여 2006년도의 개인정보침해 신고 건수는 약 23,000여 건에 달하였다.[67]

정보보안과 개인정보유출은 외부 해커에 의해서도 발생할 수 있지만, 기업 내부의 관리 소홀이나 해외 아웃소싱 과정에서도 발생할 수 있다.

우리나라에서 발생한 2006년 2월 '리니지' 게임 명의도용 사건, 2008년 2월 옥션 해킹 사건 그리고 2008년 7월의 네이트닷컴 회원정보 판매광고 사건은 모두 중국 해커가 우리나라 내의 인터넷 업체를 해킹하여 소비자의 개인정보를 유출한 사건이다. 2006년 2월 발생한 '리니지' 게임 명의도용 가입 사건은 그 유출 경로와 배후가 밝혀지지 않고 있으며, 막연히 중국 해커에 의해서 저질러졌을 것이라는 추측만 낳고 있다.[68]

2008년 2월에는 세계 최대의 온라인 경매 업체인 이베이(e-Bay.com)의 자회사인 옥션이 보안시스템에 침입한 중국 해커에 의해 회원 1,081만 명의 개인정보가 유출되는 사상 최악의 해킹사고를 당했다.[69] 유출된 개인정보에는 회원들의 주민등록번호와 이름, 전

---

66) OECD, *The Future of the Internet Economy: A Statical Profile*, supra note 9, p. 31.

67) 한국정보사회진흥원(NIA), 『국가정보화백서』, 2007.

68) '리니지' 개인정보 유출경로 추측만 난무, 조선일보(2006. 2. 14.), 〈http://www.chosun.com/economy/news/200602/200602140652.html〉(검색일: 2009. 3. 26.).

69) 옥션 해킹사고 정보유출, 무려 '1081만명', 조선일보(2008. 4. 17.), 〈http://news.chosun.com/site/

화번호, 환불정보와 은행 계좌번호 등의 금융정보가 포함되어 있어서 보이스피싱 등의 범죄에 악용될 경우 추가 피해까지 우려된다.[70] 옥션 가입자 2만 673명은 옥선을 상대로 개인정보 유출에 대한 손해배상을 청구하는 집단소송을 제기했으며, 피해자들이 요구한 손해배상 청구액은 총 413억 원에 달하였다.[71] 2008년 7월경에는 자신이 해커라고 주장하는 한 네티즌이 중국 사이트에 우리나라 네이트닷컴(nate.com) 회원 1,200만 명의 고객정보를 빼냈으며 중국 돈 100만 위안(약 1억 5,000만 원)에 판매하겠다는 광고를 실제 개인정보 샘플과 함께 게재한 적이 있다.[72] 이 소식을 접한 SK커뮤니케이션즈는 비상이 걸렸고, 만일 이와 같은 광고가 사실이라면 옥선에서 1,081만 명의 개인정보가 유출된 사건을 뛰어넘는 사상 최대의 개인정보 유출사건이 될 것이었다. 하지만 광고를 올린 중국 네티즌은 더 이상의 회원정보를 공개하지 않은 채 광고를 내렸다.

미국에서는 2006년 6월 독일에 있는 컴퓨터 해커가 4,800명의 공공주택 거주자들에 관한 정보를 담고 있는 미국 내의 지방정부기관의 컴퓨터시스템에 침입한 사건이 있었다.[73]

외부의 해커에 의해서 소비자의 개인정보가 유출되는 사건 외에도 기업 내부의 관리 소홀로 인해 개인정보가 유출된 사건이 있었다. 그 예로 인터넷 검색 사이트 구글(Google.com)에 우리나라 국민의 주민등록번호와 휴대전화번호 등의 개인정보가 노출된 사건이 있다.[74] 노출된 주민등록번호는 국내뿐만 아니라 해외에서도 휴대전화나

data/html_dir/2008/04/17/2008041700945.html〉(검색일: 2009. 3. 26.).

70) 옥선 해킹사고 … 주민번호·환불정보도 유출 추정, 조선일보(2008. 4. 5.), 〈http://news.chosun.com/site/data/html_dir/2008/02/05/2008020500951.html〉(검색일: 2009. 3. 26.).

71) 고객정보 유출 관련 옥선, 413억 소송당해, 조선일보(2008. 6. 20.), 〈http://srchdb1.chosun.com/pdf/i_service/read_body.jsp?ID=2008062000034&srchCol=pdf&srchUrl=pdf3〉(검색일: 2009. 3. 26.).

72) 포털들, 중국발 괴해커 몸살, 조선일보(2008. 7. 9.), 〈http://news.chosun.com/site/data/html_dir/2008/07/09/2008070901439.html〉(2009. 3. 26.).

73) *Breaches Put Residents At Risk for Identity Fraud*, Monterey County Herald(2006. 6. 28.), 〈http://www.montereyherald.com/mld/montereyherald/news/15133805.htm〉(검색일: 2009. 3. 26.); *Computer and Data Theft Victims, California Computer Thefts/Breaches Put Residents at Risk in Los Angeles Country*(2006. 7. 28.), 〈http://computersecurity.blogspot.com/2006_07_23_archive.html〉(검색일: 2009. 3. 26.).

74) 구글 엔 주민번호가 '우글', 조선일보(2008. 9. 22.), 〈http://issue.chosun.com/site/data/html_

신용카드 불법 개통에 악용될 수 있다. 미국에서는 100,000명이 넘는 미 해군 병사의 개인정보가 해군 공식 웹사이트에 노출된 사건이 있었다.[75]

기업 직원의 해외여행 중에도 개인정보가 유출되는 사건이 발행할 수 있다. 2006년 6월 영국 근교를 여행 중이던 미국 신용조회사 직원의 휴대용 컴퓨터가 열차 안에서 도난당하는 사건이 있었다.[76] 도난당한 컴퓨터의 하드디스크에는 2,500명에 이르는 미국인 고용자의 이름과 사회보장번호가 담겨 있었다. 영국 관계 당국이 도난 사건에 대하여 수사하였으나, 도난당한 휴대용 컴퓨터가 회수되지 않아 피해자에 대한 2차 피해가 우려된다.

이상의 사건들은 외부의 해커에 의해서든 조직 내부의 관리 소홀에 의해서든 개인정보가 노출됨으로써, 이후에 다른 목적으로 악용될 여지를 남기게 되었다고 할 수 있다.

또한 기업의 해외 아웃소싱과 관련하여 보안문제와 개인정보유출이 발생한 사례도 있다. 2005년에 인도에서 영국 은행이 운영하는 콜센터에서 고객의 비밀번호, 주소, 전화번호, 신용카드 사용내역, 여권, 운전면허 등의 고객 개인정보가 콜센터 직원에 의해서 유출되었다.[77] 이러한 개인정보보호 위반으로 인해 영국 은행은 1998년 영국 정보보호법 위반으로 기소될 수 있을 것이나, 개인정보보호법을 제정하지 않고 있는 인도에서 발생한 이러한 범죄에 대하여 영국이 어떠한 관할권을 가질 수 있을지는 명확하지 않다.

지금까지의 사례를 살펴보면서 가장 중요한 것은 정보보안은 정보를 처리하는 과정에서 반드시 지켜져야 한다는 것이다. 미국의 경우 FTC는 정보보안규칙을 지키지 않는 기업은 기업 이미지와 경제적으로 대가를 치를 수 있음을 경고하였다.[78] 실제로 2006년도

---

dir/2008/09/22/2008092200783.html〉(검색일: 2009. 3. 26.).

75) *Naval Safety Center Finds Personal Data on Web Site*, US Navy(2006. 7. 7.), 〈http://www.news.navy.mil/search/display.asp?story_id=24568〉(검색일: 2009. 4. 1.).

76) *Equifax laptop with employee data stolen*, msnbc(2006. 6. 20.), 〈http://www.msnbc.msn.com/id/13437723〉(검색일: 2009. 4. 1.).

77) *Banks at risk of ID theft charges*, thisismoney(2005. 6. 24.), 〈http://www.thisismoney.co.uk/saving-and-banking/article.html?in_article_id=401667&in_page_id=7〉(검색일: 2009. 4. 1.).

78) Mark F. Foley, 「FTC Lessons to Avoid Unfair and Deceptive Trade Practices when Conducting Internet Commerce」, *Wisconsin Lawyer*, Vol. 81, No. 3, Mar. 2008, p. 13.

에 FTC는 *CardSystems Solutions, Inc.*에 대하여 수천만에 달하는 고객의 민감한 정보를 보호하기 위한 적절한 조치를 취하지 않은 것이 연방법 위반의 불공정 행위라고 하였다. 또한 이러한 보안조치 위반 사건으로 인하여 약 4,000만 명에 달하는 고객의 카드 사용 정보가 유출되었으며 수백만 달러가 부정한 지불에 사용되는 피해가 발생하였다.[79]

정보보안 위반과 개인정보유출이 곧 개인에게 금융상 또는 그와 관련된 손해를 야기하는 것은 아닐 것이다. 하지만 일단 손해가 발생하면 상당한 정도에 이르게 될 것이다. 해커에 의해서든 부주의에 의해서든 유출된 정보에 의해서 야기되는 위험은 전 세계 어느 국가에서라도 발생할 가능성이 있다. 이러한 정보보안 위험에 대응하기 위한 국제적 협력이라는 관점에서 보면 각국이 접수한 사례들을 관련 국제기구[80]에 보고하지 않고 있는 것은 또 다른 문제점으로 지적될 수 있다.[81]

3. 위협의 확대

개인에 관한 정보를 수집, 분석, 배포할 수 있는 정보통신기술이 발달함에 따라 프라이버시보호를 위한 입법이 필요하다. 또한 의학적 연구와 치료, 통신, 운송시스템과 금융에 있어 새로운 발전 양상은 개인으로부터 발생하는 정보 수준의 급격한 증가로 나타나고 있다. 특히, 광대역통신망을 통해 연결된 컴퓨터를 통해 어떠한 개인에 대해서도 포괄적인 정보파일 생성이 가능하다. 또한 정보통신기술의 힘, 능력, 속도 등이 빠르게 성장함에 따라 프라이버시 침해와 그 가능성의 범위도 확대되어 가고 있다.[82] 정보통신기술의 능력과 비용 측면 외에도 세계화(globalization), 융합화(convergence), 다중매체(multi-media)의 등장은 프라이버시 침해를 확산시키는 중요한 경향으로 등장하였

---

79) FTC, *CardSystems Solutions Settles FTC Charges*, ⟨http://www.ftc.gov/opa/2006/02/cardsystems_r.shtm⟩(검색일: 2009. 4. 5.).

80) 예를 들어, APEC, OECD, UN을 중심으로 관련 국가 간 공동대응을 위한 협력을 이루어 나갈 수 있다.

81) OECD, *Report*, *supra* note 7, p. 8, ⟨http://www.oecd.org/dataoecd/17/43/37558845.pdf⟩(검색일: 2008. 7. 1.).

82) 제2장 제1절 참조.

다.[83] 한 여론조사에 따르면 최근 프라이버시 침해에 대한 우려가 커지고 있으며,[84] 이는 다수 국가들로 하여금 자국민의 프라이버시보호 법률을 제정하도록 하는 계기가 되고 있다.

제3장에서는 정보화 사회에 있어 프라이버시를 어떻게 해석하며 개인정보의 보호와 어떤 유사성과 차이점을 가지는지, 또한 프라이버시 보호를 위해 국가들이 채택하고 있는 방법은 무엇인지 검토해 보고자 한다.

---

83) 세계화로 인해 정보 이동의 지리적 한계가 사라졌으며 특히, 인터넷의 발달은 세계화 기술의 가장 좋은 예가 된다. 기술의 융합은 시스템 간의 기술적 장벽을 사라지게 하였고 현대적 정보시스템은 다른 시스템과 상호작용할 수 있을 뿐만 아니라 다른 형태의 정보를 상호교환 및 처리할 수 있다. 다중매체의 출현은 정보와 이미지 전송 및 표현의 다양한 형태를 통합하여 특정 형태로 수집된 정보가 다른 형태로 쉽게 변화할 수 있다. David Banisar and Simon Davies, 「Global Trends in Privacy Protection: An International Survey of Privacy, Data Protection, and Surveillance Laws and Developments」, *John Marshall Journal of Computer&Information Law*, Fall, 1999, p. 5.

84) Simon Davies, 『Re-engineering the Right to Privacy: How Privacy has been Transformed from a Right to a Commodity, in Technology and Privacy: The New Landscape』 143(Philip E. Agre&Marc Rotenberg eds., 1997); Susannah Fox, et al., 「Trust and privacy online: Why Americans want to rewrite the rules」, *The Internet Life Report*(The Pew Internet&American Life Project, Aug. 20, 2000), 〈http://www.pewinternet.org/pdfs/PIP_Trust_Privacy_Report.pdf〉(검색일: 2008. 1. 14.) 참조.

제 3 장

개인정보보호

프라이버시와 개인정보

개인정보보호와 프라이버시권은 많은 부분 유사한 성격을 갖는다고 할 수 있다. 하지만 반드시 동일하다고 할 수는 없다. 예를 들어, 기업이나 기관이 계약을 체결하면서 특정 정보의 비밀성을 유지하고 그러한 정보의 취급에 제한을 가하고자 하는 경우가 있을 것인데, 그러한 정보가 중요한 것이고 상호신뢰를 바탕으로 한 관계에서 공개된 것이라면 법적으로 그 비밀성이 보호되어야 한다고 여길 것이다. [85] 개인정보가 비밀성을 보호받는다는 것은 정보수신자가 그러한 정보를 공개해서도 안 되며, 정보수신자 자신이 제공된 목적 외로 이용해서는 안 된다는 것을 말한다. 따라서 개인정보보호를 위해서는 개인정보가 비밀성을 갖는 것인지에 대한 판단이 필요할 것이나, 프라이버시권의 주장에 의해서는 이러한 개인정보의 비밀성이 준수될 여지가 없게 될 것이다. 이러한 관점에서 볼 때 개인정보보호와 프라이버시는 구별될 수 있는 개념으로 간주할 수 있다.

Ⅰ. 프라이버시

1. 개념

프라이버시[86]의 정의는 배경과 상황에 따라 매우 다양하며 특히, 개인정보를 다루는

---

85) 예를 들어, 의사와 환자와의 관계에서 발생하는 의료정보 또는 금융기관과의 관계에서 발생하는 금융정보 등이 있으며, 비밀성을 유지해야 하는 정보는 그 이상 존재할 수 있다.

86) 프라이버시의 역사적 유래는 매우 오래되었으나 그것을 정의하고 규명하는 것은 쉽지 않다. 초기 히브리 문명, 고대 그리스와 고대 중국에서도 실질적인 프라이버시보호가 발견되고 있으나, 이들 보호의 대부분은 한적한 장소에 홀로 있을 권리(right to solitude)에 중점을 두고 있다. James Michael,

관점에서 프라이버시를 해석하는 국가에서는 프라이버시 개념이 개인정보보호와 동일한 것이 된다. 프라이버시보호는 때로는 사회가 어느 정도로 개인의 일상사에 간섭할수 있는가에 대한 한계를 긋는 수단이 되기도 한다.[87]

프라이버시는 정보 프라이버시(information privacy),[88] 신체프라이버시(bodily privacy),[89] 통신프라이버시(privacy of communications),[90] 공간프라이버시(territorial privacy)[91]와 같은 여러 측면을 가지고 있어서 단일한 정의를 내리기가 쉽지 않음에도 인권에서 프라이버시의 한 측면을 발견할 수 있다.[92]

1890년대부터 프라이버시는 개인이 홀로 있을 권리(right to be alone)로서 민주주의의 가장 소중한 자유로서 헌법에 반영되어야 한다고 주장되기도 하였고,[93] 인간 존엄성과 결사의 자유나 표현의 자유와 같은 다른 중요한 가치의 근거가 되는 중요한 가치이자 기본적 인권(basic human right)이며 모든 사람의 합리적인 기대(reasonable expectation)라고 주장되기도 하였다.[94] 프라이버시는 사람들이 그 생각이나 행동을 다른 사람에게 어떤 상황에서 어느 정도까지 노출시킬지를 자유로이 선택할 수 있기 바라

『Privacy and Human Rights: an International and Comparative Study』 1, 1994; Richard Hixson, 『Privacy in a Public Society: Human Rights in Conflict』 3, 1987; Barrington Moore, 『Privacy: Studies in Social and Cultural History』, 1984. 참조.

87) Simon Davies, 『Big Brother: Britain's Web of Surveillance and the New Technological Order』(Pan Books, London, 1996), p. 23.

88) 신용정보와 의료기록 등과 같이 개인정보의 수집과 취급을 규율하는 규칙들의 제정을 포함하는 정보프라이버시.

89) 약물검사와 구강검사 등과 같은 침해적 절차에 대해서 사람의 육체적 존재의 보호에 관한 신체의 프라이버시.

90) 우편, 전화, 전자메일, 기타 통신 형태의 보안과 프라이버시에 적용되는 통신의 프라이버시.

91) 가정과 작업장 또는 공공장소와 같은 기타 환경으로의 침입에 한계를 설정하는 것에 관한 공간프라이버시.

92) Fernando Volio, 「Legal personality, privacy and the family」 in 『The International Bill of Rights: The Covenant on Civil and Political Rights』 190(Louis Henkin ed., 1981)(New York: Columbia University Press, 1981), p. 191.

93) Samuel Warren and Louis Brandeis, 「The right to privacy」 Harvard Law Review 4, 1890, pp. 193-220.

94) Australian Privacy Charter Group, The Australian Privacy Charter, University of New South Wales Law School, 1994, Preamble.

는 것이라고 정의되기도 하며,[95] 인간의 인격에 관한 것으로서 불가침의 인격, 개인의 독립성, 존엄성, 명예 등을 보호한다고 주장되기도 한다.[96] 더 나아가 프라이버시를 보다 세분하여 비밀성(secrecy), 익명의 상태(anonymity), 홀로 있는 상태(solitude)의 세 가지 요소로 구성된다고 주장하기도 한다.[97] 하지만 어디에서도 완전히 만족할 만한 규범적 정의를 찾아보기 어렵다. 그럼에도 프라이버시라는 것은 직접적인 물리적 수단이나 정보의 공개에 의해 개인의 삶이나 일상이 침해받지 않도록 할 개인의 권리라고 정의할 수 있다.[98]

2. 국제적 보호

국제적으로는 1948년 '세계인권선언'(Universal Declaration of Human Rights)이 현대적 프라이버시의 기준이 될 수 있다.[99] 동 선언에서는 "어느 누구도 그의 사생활, 가족, 주거 또는 통신에 대한 자의적인 간섭을 받지 않으며, 그의 명예나 신망을 침해당하지 않는다. 누구나 이러한 간섭이나 침해에 대해서 법의 보호를 받을 권리를 갖는다."고 규정하고 있다.[100] 다른 국제적 인권규약에서도 프라이버시를 하나의 권리로서 다루고 있다. '시민적 정치적 권리에 관한 국제규약',[101] '이주 노동자에 관한 협약',[102] '아동 권리 협약'[103]에서도 이와 유사한 규정을 두고 있다.

---

95) Alan F. Westin, 『Privacy and Freedom』, Atheneum, 1967, p. 7.

96) Edward Bloustein, 「Privacy as an Aspect of Human Dignity」, N.Y.U. Law Review, Vol. 39(1964), p. 971.

97) Ruth Gavison, 「Privacy and the Limits of Law」, Yale L.J. 89, 1980, p. 421, 428.

98) Report of the Committee on Privacy and Related Matters, Cmnd. 1102(Chairman David Calcutt, Q.C.), 1997, p. 7

99) U.N. Universal Declaration of Human Rights, G.A. res. 217A(III)(Dec. 10, 1948).

100) Ibid, art. 12.

101) International Covenant on Civil and Political Rights, G.A. res. 2200A(XXI), 21 U.N. GAOR Supp. (No. 16) at 52, U.N. Doc. A/6316(1966), 999 U.N.T.S. 171(Mar. 23, 1976 발효), art.17. 우리나라에서는 1990년 3월 16일 국회비준동의를 거쳐 1990년 7월 10일 정식 발효(조약 제1007호)하였다.

102) International Convention on the Protection of the Rights of All Migrant Workers and Members of Their Families, G.A. res. 45/158(Dec. 18, 1990)(July 1, 2003 발효), art. 14.

103) Convention on the Rights of the Child, G.A. res. 44/25(Nov. 20, 1989)(Sep. 2, 1990 발효), art.16. 우

지역적으로는 다양한 조약들이 이런 권리들을 법률적으로 집행할 수 있도록 하고 있다. 1950년 '유럽인권협약'에서는 "모든 사람은 그의 사생활과 가족생활, 그의 가정과 통신을 존중받을 권리를 가지며, 이러한 권리의 행사가 법률과 민주 사회에 필요한 경우의 예외를 제외하고는, 공권력에 의해서 방해받아서는 안 된다."고 규정하고 있다.[104] 유럽인권법원은 정부기관이 보유하는 개인정보에 대해서 개인이 접근할 수 있도록 절차를 확보하도록 하였으며,[105] '유럽인권협약' 제8조의 보호범위를 정부의 행위뿐만 아니라 민간의 행위를 정부가 금지해야 한다고 판단하는 경우에도 적용하도록 확대하였다.[106] 유럽인권법원은 '유럽인권협약' 제8조 제1항의 프라이버시 권리는 *Halford* 사건에서처럼 직장 내에서의 사적인 전화통화가 도청 등의 방해를 받지 않을 개인의 권리[107]와 *Gaskin* 사건에서처럼 개인이 특정 정보에 접근할 권리 등을 포함하는 것으로 판결한 바가 있는데,[108] 동 법원의 해석에 의하면 프라이버시권이란 방해받지 않을 소극적 권리와 특정한 정보를 요구할 수 있는 적극적 권리를 모두 가지는 것으로 이해될 수 있다. 다른 지역적 조약에서도 프라이버시를 보호하도록 하고 있는데, '미주인권협약'에서는 '세계인권선언'과 유사한 프라이버시 권리를 규정하고 있다.[109]

II. 개인정보

1. 개념

개인정보(personal data)는 이러한 정보가 현재 생존하고 있는 개인과 관련된 것으로

리나라에서는 1991년 12월 20일 발효(조약 제1072호)하였다.

104) *Convention for the Protection of Human Rights and Fundamental Freedoms*, Rome, 4. XI. 1950, art. 8.

105) *Gaskin v. The United Kingdom*, European Court of Human Rights(July 7, 1989).

106) *Leander v Sweden*(9248/81), European Court of Human Rights(Mar. 26, 1987).

107) *Halford v United Kingdom*(20605/92) European Court of Human Rights(June 25, 1997).

108) *Gaskin v. the United Kingdom*, *supra* note 104.

109) *American Convention on Human Rights*, Signed at the Inter-American Specialized Conference on Human Rights, San Josi, Costa Rica(Nov. 22, 1969), art. 11.

그러한 개인을 식별할 수 있는 것을 말한다.[110] 개인을 식별할 수 있는 정보라는 것은 그러한 정보만으로 또는 그러한 정보가 다른 정보와 함께함으로써 식별될 수 있는 생존하는 개인과 관련된 정보를 의미한다.[111] 관련 기록에 담겨 있는 개인에 관한 모든 정보는 개인정보의 범위에 포함되며, 사실상의 정보뿐만 아니라 개인에 관한 견해나 평판에 대한 정보도 포함된다.[112] 한 가지 덧붙이자면, 어떤 기관의 한쪽 부서에서 가지고 있는 정보가 개인을 직접 식별할 수 있는 것은 아니지만 그 기관에서 가지고 있는 다른 정보와 조합되는 경우 개인을 식별할 수 있게 되는 정보 또한 개인정보로 다룬다.[113] 이것은 개인정보임을 판단함에 있어서 어떠한 기관이 손에 넣을 수 있는 모든 정보를 고려해야 한다는 것을 의미한다.[114] 예를 들면, 기관의 어떤 직원은 익명화된 기록에만 접근한 반면 그 기관의 다른 부서에선 식별자를 보여 주는 조회표(look-up table)에 접근한 경우에 그 정보는 개인정보가 된다. 그 이유는 그 기관의 누군가가 이러한 정보의 두 요소를 조합할 수 있을 것이기 때문이다.[115] 철저하게 익명성이 보장된 정보는 개인정보가 아닐 수도 있으나 철저하게 익명성이 보장된 정보를 생산하는 것은 극히 어렵다.[116]

개인정보에 속하는 정보 가운데 특별한 보호를 필요로 하는 정보에 대해서는 '민감한 개인정보(sensitive personal data)'로 분류하여 보호하는 경우가 있는데,[117] 이런 정보에 해당하는 것으로는 인종이나 민족적 출신에 관한 정보, 정치적 성향에 관한 정보, 종교 또는 이와 유사한 신앙을 갖고 있는지에 관한 정보, 노조 가입 여부에 관한 정보, 신체적 또는 정신적 건강이나 이상 유무에 관한 정보, 성적 성향에 관한 정보, 위법행위나 그러

---

110) *Directive 95/46/EC*, art. 2; UK *Data Protection Act* 1998, sec. 1(1); Article 29 Data Protection Working Party, *Opinion 4/2007 on the concept of personal data*(June 20, 2009).

111) *Ibid*.

112) Richard Morgan and Ruth Boardman, 『*Data Protection Strategy: Implementing Data Protection Compliance*』(Sweet&Maxwell, 2003), pp. 5-6.

113) *Ibid*, p. 6.

114) *Ibid*.

115) *Ibid*.

116) *Ibid*.

117) UK *Data Protection Act* 1998, sec. 2.

한 위법행위의 혐의 또는 위법행위로 인한 소송에 관한 정보 등이 포함된다.[118] 민감한 개인정보에 속하는 것은 특별한 보호의 대상이 된다.[119]

2. 보호의 시작

이미 1960-70년대에 정보통신기술이 발달하면서 프라이버시 권리에 대한 관심은 증가하고 있었으나, 개인정보의 수집 및 취급과 관련하여 이를 규율할 구체적인 규범을 요구하게 된 것은 컴퓨터시스템의 뛰어난 감시능력 때문이라고 할 수 있다.[120] 이러한 점에서 1970년 제정된 독일 헤세주(Land of Hesse)의 정보보호법은 프라이버시보호 분야의 최초의 현대적 입법이었다.[121]

국제적으로는 1980년 OECD 가이드라인[122]과 1981년 유럽평의회(Council of Europe) 108협약[123]이 개인정보의 보호를 위해 채택되었다. 이들 두 건의 문서는 각국이 개인정보보호 입법을 하는 데 중요한 영향을 미치는 것으로서 특히, OECD 가이드라인은 개인정보(personal data)[124]와 정보관리자(data controller)[125]의 정의를 최초로 도입하였을 뿐만 아니라,[126] OECD 회원국은 물론 비회원국의 입법의 기준으로 이용되고 있다.[127]

---

118) *Ibid.*

119) Richard Morgan and Ruth Boardman, *supra* note 111, pp. 6-7; UK *Data Protection Act* 1998, schedule 3. 참조.

120) David Banisar and Simon Davies, 「Global Trends in Privacy Protection: An International Survey of Privacy, Data Protection, and Surveillance Laws and Developments」, *John Marshall Journal of Computer&Information Law*, Fall, 1999, p. 10.

121) 그 이후에 스웨덴(1973), 미국(1974), 독일(1977), 프랑스(1978)에서 정보보호 목적의 국내법 제정이 있었다. Flaherty, David, 『*Protecting Privacy in Surveillance Societies*』(1989). 참조.

122) OECD, *Guidelines on the Protection of Privacy and Transborder Flows of Personal Data*, adopted on Sep. 23, 1980.

123) 유럽평의회, *Convention for the Protection of Individuals with regard to Automatic Processing of Personal Data*(ETS No. 108), Jan. 28, 1981 in Strasbourg.

124) 신원이 확인된 또는 신원이 확인될 수 있는 사람과 관련된 정보.

125) 개인데이터의 내용과 용도를 결정하는 사람.

126) Richard Morgan and Ruth Boardman, *supra* note 111, p. 239.

127) David Banisar and Simon Davies, *supra* note 119, p. 11; 특히, OECD 8개 원칙[① 수집제한

현재 전 세계 60개국 이상이 개인정보를 보호하기 위한 입법을 하고 있다.[128]

III. 프라이버시와 개인정보보호

프라이버시보호와 개인정보보호는 서로 유사하지만 반드시 동일하지는 않다. 왜냐하면, 개인정보보호는 정보의 이용과 관련된 것인 반면에 프라이버시보호는 단지 정보의 이용에 관한 것뿐만 아니라, 사적인 공간에 대한 여러 가지 침해에 대해서도 적용되기 때문이다. 또한, 프라이버시보호와 개인정보보호가 서로 유사하지만 꼭 동일하지는 않다는 것은 공공기관이 개인정보보호법을 준수하였지만 여전히 인권법의 위반 가능성에 대한 위험이 존재한다는 것을 의미한다. 이런 가능성은 *Gaskin* 사건에서 더욱 분명해진다.[129]

*Gaskin*은 영국인으로 1959년 12월 2일 출생하였는데, 그의 모친이 사망한 후에 1960년 9월 1일부로 관련법에 의하여 성인이 될 때까지 리버풀시의회의 관리하에 있게 되었다. 관련 규정에 의하여 시당국은 *Gaskin*의 보육에 관한 미공개 기록을 보관하도록 되어 있었다. 그의 부친에 의해서 양육된 1주 내지 5개월에 걸치는 5차례의 기간을 제외

(Collection Limitation Principle), ② 정보충실성(Data Quality Principle), ③ 수집목적의 명확화(Purpose Specification Principle), ④ 이용제한(Use Limitation Principle), ⑤ 안전한 보호(Security Safeguards Principle), ⑥ 공개성(Openness Principle), ⑦ 개인참가(Individual Participation Principle), ⑧ 책임(Accountability Principle)]이 정보보호의 기준이 되고 있다. 일본의 경우, '개인정보의 보호에 관한 기본 방침'(2004. 4. 2.)에서 OECD 8개 원칙과 거의 동일한 규정을 두고 있다.

128) 개인정보의 수집, 이용, 공개를 규율하는 개인정보보호 입법을 하고 있는 국가는 아시아 지역에서는 호주, 일본, 홍콩, 마카우, 뉴질랜드, 한국, 대만, 유럽에서는 EU 27개 회원국과 알바니아, 보스니아, 헤르체고비나, 크로아티아, 아이슬란드, 리히텐슈타인, 마케도니아, 노르웨이, 러시아연방, 스위스, 중동·아프리카 지역에서는 이스라엘, 모리셔스, 튀니지, 아랍에미리트(두바이 국제금융센터), 북·남미 지역에서는 아르헨티나, 캐나다, 칠레, 파라과이, 페루, 미국, 우루과이 등이 있으며, 프라이버시법의 제정에 관하여 논의 중에 있거나 고려하고 있는 국가로는 바베이도스, 볼리비아, 브라질, 중국, 코스타리카, 에콰도르, 인도, 요르단, 레바논, 말레이시아, 멕시코, 모로코, 파키스탄, 파나마, 싱가포르, 남아프리카공화국, 스리랑카, 탄자니아, 태국, 트리니다드토바고, 터키, 우크라이나, 베네수엘라가 있다.

129) *Gaskin v. The United Kingdom*, *supra* note 104.

하면, 그는 1974년 8월 18일까지 자원봉사단체에 의해서 보육되었다. 당시 *Gaskin*은 강도와 절도 등의 여러 죄목으로 리버풀 소년법원에서 유죄를 선고받았고, 법원은 관련법에 의거해서 시당국에 그에 대한 관리명령을 내렸다. 1977년 12월 2일 *Gaskin*이 성년에 달함으로서 리버풀시의회의 관리가 종료되었다. *Gaskin*은 시당국의 관리하에 있는 동안 관련 규정에 의하여 여러 양부모에게 맡겨졌으며, 그러한 규정에 의해 시당국은 그의 보육에 관한 미공개 기록을 보관할 의무가 있었다.[130]

*Gaskin*은 보육 중에 학대를 받았다고 주장하였으며, 그가 이제 성년이 되었으므로 그가 가진 문제를 해결하고 그의 과거를 알기 위해서는 그가 어디에서 누구에 의해 어떠한 환경에서 자랐는지를 알고자 하였다. 하지만 리버풀시의회는 *Gaskin*의 파일에 기록된 정보는 파일 작성자들의 동의를 얻어야만 *Gaskin*에게 공개할 수 있다고 하였다.[131] 파일 작성자들의 일부만이 공개에 동의하여 *Gaskin*의 파일 가운데 일부만이 제공되었다. *Gaskin*은 리버풀시의회가 보관하는 그의 모든 보육기록에 대한 접근을 거부하는 것은 개인의 사생활과 가족생활을 존중받을 권리에 관한 유럽인권협약 제8조와 정보를 얻을 권리를 규정한 제10조를 위반하는 것이라고 주장하였다.[132]

동 사건에서 *Gaskin*은 리버풀시의회가 보관하고 있는 사회보장기록의 공개를 요구했으나, 당시 사회보장기록은 서류 형태로 보관되고 있었기 때문에 1984년 정보보호법이 적용되지 않았다.[133] 리버풀시의회는 기록을 공개하려고 하였지만 *Gaskin*의 보호를 담당했던 담당자의 신상이 공개되기 때문에 그렇게 할 수 없었다. 당시 의회는 관련 개인의 동의에 의해서만 정보를 공개할 수 있었다. 동 사건에서 당시 *Gaskin*의 보호와 관련

---

130) *Ibid*, para. 10.

131) *Ibid*, paras. 11-12.

132) *Ibid*, para. 30. 제10조 위반 주장에 대해서는 만장일치로 위반이 없다고 판결하였다. *Ibid*, paras. 50-53. 유럽인권법원의 해석에 의하면 유럽인권협약이 프라이버시권을 인정하되(제8조), 공공기관이 보유한 정보에 대한 일반적 접근권을 인정하고 있는 것은 아니라고(제10조) 한다. *Leander v. Sweden*, 9 E.H.R.R. 433(Mar. 26, 1987), para. 74. 참조.

133) 1984년 데이터보호법은 전산화된 기록(automated records)에만 적용되었다. 따라서 수기로 작성된 문서에 대해서는 정보에 대한 접근권이 인정되지 않는다.

한 몇몇 사람은 소식을 알 수 없었고, 그 외 관련된 다른 사람들은 동의를 거부하였다. *Gaskin*은 이에 대해 자신의 사회보장기록은 부모에 대한 기억을 대신하는 것이며, 따라서 그러한 정보가 공개되어야 한다고 주장하였다. 결과적으로 유럽인권법원은 의회가 비록 당시의 정보보호법상의 의무를 성실하게 준수하였다고는 하나, 동 의회가 *Gaskin*의 기록을 공개하지 않은 것은 유럽인권협약 제8조[134]에서 규정하고 있는 *Gaskin*의 권리를 침해한 것이라고 판결하였다.[135] 이후 1998년 정보보호법은 1984년 정보보호법에 비하여 그 적용의 폭이 확대됨으로써[136] 정보보호법을 준수하는 조치가 인권법상의 요건에 부적합하게 될 가능성이 많이 감소하였다.

프라이버시와 개인정보에 관한 이상의 논의들을 종합하여 보면 다음과 같이 도식화할 수 있다. [그림 5]

[그림 5] 개인정보보호의 분야

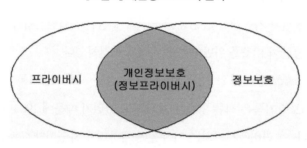

---

134) *Convention for the Protection of Human Rights and Fundamental Freedoms*, *supra* note 103, art. 8(Right to respect for private and family life).

    1. Everyone has the right to respect for his private and family life, his home and his correspondence.

    2. There shall be no interference by a public authority with the exercise of this right except such as is in accordance with the law and is necessary in a democratic society in the interests of national security, public safety or the economic well-being of the country, for the prevention of disorder or crime, for the protection of health or morals, or for the protection of the rights and freedoms of others.

135) *Gaskin v. The United Kingdom*, *supra* note 104, paras. 34-37, 43-49.

136) 1984년 정보보호법은 자동처리정보만을 적용대상으로 하고 있었으나 1998년 정보보호법은 자동처리정보뿐만 아니라 수작업문서(manual data)까지 적용대상으로 확대함으로써 수작업문서에 대한 정보주체의 접근권을 인정하고 있다. UK, *Data Protection Act* 1998, Part Ⅰ, 1(1)(c); Peter Carey, 『*Data Protection, A Practical Guide to UK and EU Law*』(2nd ed., Oxford Univ. Press, 2004), p. 14. 참조.

정보보호(fair information practice or information security)의 모든 분야에는 직접적으로 프라이버시보호 문제와 관련이 없는 사안도 고려되어야 한다.[137] 하지만 개인정보보호 또는 정보프라이버시(data privacy or information privacy)의 올바른 범위는 프라이버시(privacy)와 정보보호가 상호 중첩되는 부분이 된다. 이는 곧 이 책이 의도하고 있는 분야이기도 하다.

개인정보보호 또는 정보프라이버시는 개인정보의 취급과 관련된 활동을 제어할 수 있는 권리를 개인이 요구하는 것을 의미한다. 또한 앞서 언급한 바와 같이 개인정보를 다루는 관점에서 프라이버시를 해석하는 국가에서는 프라이버시 개념이 곧 개인정보보호와 하나로 합쳐져 동일 개념화하게 된다.[138] *Gaskin* 사건 이후의 1998년 영국 정보보호법은 이러한 경향을 반영한 것으로 생각된다. 또한 프라이버시보호는 인권보호의 측면을 갖는 것이나 개인정보보호는 이를 위한 새로운 권리를 창설하는 것이 아니라 프라이버시 보호 범위 내에 있는 것이다. *Durant v. F.S.A.* 사건[139]에서 영국법원은 1998년 정보보호법상의 접근권[140]은 개인으로 하여금 정보관리자가 개인의 프라이버시를 침해하지 않고 합법적으로 정보를 처리하고 있는지 감시하기 위한 것이라고 하여 이러한 입장을 분명히 하였다.[141] 따라서 정보보호법상의 접근권도 개인과 관련된 모든 정보에 대한 접근을 자동적으로 허용하는 것은 아니며 직접적으로 개인을 언급하고 있는 정보에만 접근권이 허용되는 것으로 해석되어야 한다.

---

137) 기업 간 전자상거래시장(B2B Markets, 이하 B2B 또는 B2B시장)에서 나타날 수 있는 정보보호와 정보보안(privacy and security) 문제가 고려되어야 한다. B2B시장에서 종종 나타나고 있는 정보보호문제는 컴퓨터의 사용과 관련하여 발생할 수 있는 보안문제에 너무 안이하게 대처함으로써 나타나고 있으며, 결국 이러한 안이한 보안의식으로 인해 보호되어야 할 정보의 저장 상태가 열악하게 되고, 결국 그러한 정보가 유출되는 것이다. 특히 구매자와 공급자 간에 그리고 B2B시장 내에서 공유하고 있는 정보는 얼마든지 정보보호문제와 관련된 우려를 일으키기에 충분하다고 할 수 있다.

138) 제3장 제1절 I. 1. 참조.

139) *Michael John Durant v. Financial Services Authority*, UK Court of Appeal, Case No. B2/2002/2636(Dec. 8, 2003).

140) UK, *Data Protection Act* 1998, art. 7.

141) *Michael John Durant v. Financial Services Authority*, *supra* note 138, para. 27.

국내보호 방식

프라이버시와 개인정보보호를 위한 입법 방식은 각국의 이해관계에 따라 매우 다양하다. 예를 들어, EU는 유럽의 통합을 위해 단일한 지침[142]을 채택함으로써 회원국들이 유사한 개인정보보호 기본법을 채택할 수 있도록 하고 있다. 미국의 경우에는 개인정보보호 문제에 있어 기업의 자율성을 최대한 보장해 주고자 필요한 분야에서 개별적 입법을 통한 보호를 하고 있다. APEC 국가들은 EU와의 전자상거래 활성화를 도모하고자 EU 지침과 유사한 내용을 담은 기본법을 제정하고자 한다. 또한 내용 면에 있어서도 우리나라를 비롯하여 EU, 일본 등은 OECD 8원칙[143]을 반영하고 있으나, 이 또한 각국의 실정이 반영되어 국가마다 차이를 보이고 있다. 그럼에도 불구하고 각국의 입법 방식과 내용에서 공통적인 부분을 발견할 수 있는데, 대부분의 국가가 위반 시 집행을 담보하기 위해 기본법이나 개별법을 통한 입법적 방식을 선호하고 있으며, 자율규제나 기술적 조치 등과 같은 방법은 법률을 보충하기 위한 수단으로 사용하고 있다는 것이다. 또한 이와 같은 입법의 내용은 개인정보를 안전하게 보호함과 동시에 효과적으로 이용하기 위한 내용들을 담고 있다.

Ⅰ. 입법적 방식

1. 기본법 방식

공공부문과 민간부문에 의한 개인정보의 수집, 이용, 배포를 규율하는 포괄적 입법을

---

142) EU, *Directive, 95/46/EC*.
143) 제5장 참조.

통해 개인정보를 보호하는 방식이 선호되고 있다.[144] 유럽평의회 회원국은 공공부문과 민간부문을 규율하는 입법을 하고 있으며,[145] 회원국은 아니지만 옵서버자격이 있는 국가들도 공공부문 또는 민간부문에 적용될 기본법[146]을 제정하고 있다. 회원이나 옵서버 자격을 가지지 않은 기타 지역에서도 공공부문과 민간부문에 적용될 기본법을 제정하고 있다.[147] 유럽에서 개인정보보호와 관련한 기본법 제정이 활발한 것은 과거에 행해졌던 불법적인 프라이버시 침해라든지 EU 가입과 관련이 있다.[148]

유럽에서는 유럽평의회 108협약(이하, 108협약)[149] 체결과 EU 정보보호지침(이하, EU 지침)[150] 채택으로 유럽 국가들 간 기본법에서 유사성을 보인다. 하지만 EU 회원국과 EU 회원국이 아닌 유럽평의회 회원국 간에는 차이점이 나타나기도 한다. 이러한 유사성과 차이점은 기본법의 적용범위와 관련해서 나타나고 있다.[151]

---

144) David Banisar and Simon Davies, *supra* note 119, p. 13.

145) 유럽에서의 개인정보 보호에 대한 접근방식을 검토함에 있어서 유럽회의 회원국의 접근방식이 대표성을 갖는다고 생각한다. 왜냐하면 유럽회의 회원국(47개국)의 일부가 EU의 전 회원국(27개국)을 구성하고 있기 때문이다.

146) 유럽 국가들은 민간부문과 공공부문을 포괄하여 적용될 기본법을 제정하고 있으나 비유럽권 국가들의 경우에는 그렇지 못한 경우가 있다. 하지만 이 책에서 기본법이라 함은 유럽식의 포괄적 기본법뿐만 아니라 비유럽권 국가들에서 나타나는 민간부문에 광범위하게 걸쳐서 적용될 수 있는 국내법에 대해서도 기본법의 범주에 속하는 것으로 한다.

147) 유럽평의회, 〈http://www.coe.int/t/e/legal_affairs/legal_co-operation/data_protection/documents/national%20laws/1NATIONAlLAWS_en.asp#TopOfPage〉(검색일: 2009. 4. 1.). 참조.

148) David Banisar and Simon Davies, *supra* note 119, p.13; 중유럽, 남미, 남아프리카 국가들은 과거 독제체제하에서 자행된 프라이버시 침해를 구제하기 위해 기본법을 제정하였으며, 크로아티아, 마케도니아, 터키는 향후 EU 가입을 희망하여 기본법을 제정하고 있다. 또한 APEC 국가와 캐나다는 EU 국가와의 전자상거래 활성화를 위해 기본법 제정을 선택하고 있다. EU 수준의 기본법 제정은 전자상거래에 있어 개인정보 해외 이전의 조건과 소비자신뢰성을 만족시킬 수 있을 것이다.

149) 유럽평의회, *Convention for the protection of individuals with regard to automatic processing of personal data*(ETS No. 108, 1981. 1. 28., 발효일: 1985. 10. 1.).

150) EU, *Directive 95/46/EC of the European Parliament and of the Council of 24 October 1995 on the protection of individuals with regard to the processing of personal data and on the free movement of such data.*

151) 유럽평의회 회원국 가운데 EU 회원국으로서 EU 지침을 이행한 국가들 사이에서는 법률 규정상의 유사성이 매우 강하였으며, 이행 조치를 하지 않은 국가와의 관계에서는 차이점이 발견되었다. 또한 유럽평

유럽에서와 다르게 비유럽권(圈)[152] 국가에서는 기본법의 규정이 국가별로 차이가 있다.[153] 아시아권(圈) 국가인 홍콩,[154] 일본,[155] 뉴질랜드[156]에서는 민간부문에서의 개인정보처리를 규율하고 있으며, 호주[157]는 고용인의 정보를 제외한 민간부문을 규율하고

의회 회원국 가운데 유럽평의회 108협약에 비준한 국가와 비준하지 않은 국가 간의 법률 규정에 유사성과 차이점이 있다. 유럽평의회 회원국은 개인정보보호 법률의 적용 범위를 공공부문과 민간부문에 포괄적으로 적용하고 있다. 유럽평의회 회원국 대부분이 컴퓨터에 의해 자동 처리되는 정보와 수작업 문서철(manual data)에 모두 적용 가능한 법률을 채택하고 있는 반면에, 아일랜드, 몰도바, 산마리노는 수작업 문서철은 적용 범위에 포함하지 않는 것으로 규정하고 있다. 또한 자연인에 관한 정보에 대해서 대부분의 회원국이 적용 범위에 포함하고 있으나, 법인에 대한 정보의 보호에 대해서는 차이를 보이고 있다. 즉, 대부분의 유럽평의회 회원국은 자연인에 관한 정보는 보호 범위에 포함하고 법인의 정보에 대해서는 적용 범위에 넣지 않고 있다. 하지만 오스트리아, 불가리아, 프랑스, 덴마크, 아이슬란드, 이탈리아, 리히텐슈타인, 룩셈부르크, 폴란드, 루마니아, 산마리노, 스위스, 마케도니아는 자연인에 대해서 뿐만 아니라 법인에 대한 정보도 보호 범위에 포함하고 있다. 유럽평의회, *supra* note 146 참조.

152) EU 또는 유럽평의회의 회원국인 유럽 국가에 속하지 않는 아시아, 미주, 아프리카, 중동권 국가를 말한다.

153) 비유럽권(圈)에서는 OECD 8개 원칙을 기본법에 반영하고 있으나, 각국의 실정을 반영하고 있어서 규정상 차이점이 있다.

154) 홍콩, *Personal Data (Privacy) Ordinance*(1995), 〈http://www.pcpd.org.hk/english/ordinance/down.html〉(검색일: 2009. 1. 19.).

155) 일본, 個人情報の保護に関する法律, *Act on the Protection of Personal Information*(Tentative translation)(2003), 〈http://www5.cao.go.jp/seikatsu/kojin/foreign/act.pdf〉(검색일: 2009. 1. 19.). 일본의 개인정보보호법의 체계는 우선 큰 틀에서 개인정보보호의 기본이념과 국가 등의 책임과 시행 정책을 규정하고 개인정보보호의 기본방식을 규정한다. 구체적으로 들어가서 민간부문과 공적부문으로 나뉘는데, 민간부문에서는 개인정보 취급사업자의 의무 등을 규정하고 각 분야별 조치를 규정한다. 공적부문에 있어서는 국가의 행정기관과 독립행정법인 등은 법률로서 규율하고 지방공공단체 등은 조례로서 규율한다. 다시 말해서 일본의 개인정보보호법의 체계는 동 법에 의해서 국가적 차원에서 이행되는 규칙들과 각 행정기관의 장이 담당하고 있는 사업부문에 적용할 상세한 가이드라인으로 이분되어 있다고 할 수 있다. 개인정보보호법상의 의무를 확인하고자 하는 기업은 각 사업부문에 적용할 가이드라인을 참고하고 그 행동에 따라 개인정보보호법을 해석해야 할 것이다. 이러한 법의 체계는 독립적인 규제기관이나 법무장관에 의해서 강제되는 각 분야별 법률에 의한 미국식 제도와 독립적인 데이터 보호기관에 의해 강제되는 포괄적인 입법을 하고 있는 EU 모델 간의 균형을 이루었다고도 할 수 있다. 특히, 일본에서의 기업 활동에 있어서 각 사업부문에 적용될 가이드라인은 특히 민간부문에 있어서의 개인정보보호와 특별한 이해관계를 갖는다.

156) 뉴질랜드, *Privacy Act* 1993, 〈http://www.legislation.govt.nz/act/public/1993/0028/latest/DLM296639.html〉(검색일: 2009. 2. 3.).

157) 호주, *Privacy Act* 1988, 〈http://www.comlaw.gov.au/ComLaw/Legislation/ActCompilation1.nsf/0/

있다. 우리나라[158]와 대만[159]도 민간부문에 대해서 규율하고 있다.

미주권(圈) 국가인 아르헨티나[160]는 EU 지침과 유사한 기본법을 제정하였지만 공유 데이터베이스에 포함된 개인정보의 수집, 이용, 공개만을 규율하고 있다. 칠레[161]는 공공부문과 민간부문의 개인정보의 처리와 이용을 규율하고 있으며 정부기관에 의한 정보의 이용뿐만 아니라 금융, 상업, 은행 정보의 이용을 규율한다. 캐나다[162]의 연방 법률은 일반적으로 통신, 방송, 주(州) 간 또는 국제 운송, 항공, 은행, 핵에너지 분야에 종사하는 기업의 고용인 정보를 제외한 그 외의 기업의 고용인 정보에 대해서는 적용되지 않는다. 또한 연방 법률과 실질적으로 유사한 것으로 간주되는 법률을 제정하고 있는

D3C265274169345ACA25736E001DB439/$file/Privacy1988_WD02HYP.pdf〉(검색일: 2009. 1. 19.).

158) 정보통신망이용촉진및정보보호등에관한법률(2006), 〈http://likms.assembly.go.kr/law/jsp/Law. jsp?WORK_TYPE=LAW_BON&LAW_ID=A0027&PROM_NO=09119&PROM_DT=20080613&〉(검색일: 2009. 4. 1.).

우리나라의 경우 정보통신망이용촉진및정보보호등에관한법률과 공공기관의개인정보보호에관한법률이 각각 민간부문과 공공부문에서의 기본법으로 기능한다고 볼 수 있다. 특히, 우리나라의 정보통신망이용촉진및정보보호등에관한법률(이하, 정보통신망법)은 개인의 프라이버시보호를 위해 사업자의 개인정보 수집 및 이용제공에 따른 제반 사항을 규정함으로써 민간영역의 종합적인 개인정보보호를 그 목적으로 하고 있다. 특히, 최근의 정보통신기술의 발달로 인해 인터넷 등 정보통신서비스를 통한 개인정보의 수집과 이용이 급증함에 따라 정부는 정보통신서비스제공자 등 기업들에게 합리적인 개인정보보호 준수의무를 부여하여 정보통신망의 이용을 활성화하고 개인정보의 적법한 이용을 보장하며 부당한 개인정보의 침해로 인한 개인의 피해를 최소화할 수 있도록 한다. 우리나라의 개인정보보호 관련 국내 법규는 정보통신망법과 동법 시행령 및 시행규칙을 비롯하여 신용정보의 이용 및 보호에 관한 법률, 전자상거래 등에서의 소비자보호에 관한 법률, 개인정보보호지침(방송통신위원회고시 제2008-2호), 개인정보의 기술적 관리적 보호조치 기준(방송통신위원회고시 제2008-3호)이 있다. 저자가 본고 작성 당시 민간부문과 공공부문을 포괄하는 유럽식의 개인정보보호법이 입법 추진 중이었다.

159) 대만, *Computer-Processed personal Data Protection Law*(Unofficial Translation)(1995), 〈http://www.coe.int/t/e/legal_affairs/legal_co-operation/data_protection/documents/national%20laws/1Taiwan-CP-DPLaw.pdf〉(검색일: 2009. 1. 19.).

160) 아르헨티나, *Personal Data Protection Act*(2000), 〈http://www.habeasdata.org/Data-Protection-Act-Argentina-Law-25326〉(검색일: 2009. 4. 1.).

161) 칠레, *Act on the Protection of Personal Data*(1999), 〈http://www.privacyexchange.org/legal/nat/omni/chilesum.html〉(검색일: 2009. 1. 19.).

162) 캐나다, *Privacy Act*(1983), 〈http://laws.justice.gc.ca/en/P-21/index.html〉(검색일: 2009. 1. 19.).

주(州)를 제외하고는, 상업활동 과정에서 발생하는 모든 민간부문의 기업들에 의한 개인정보의 수집, 이용, 공개를 규율하고 있다.

아프리카권(圈) 국가인 튀니지[163]와 모리셔스[164]는 포괄적인 기본법을 채택하고 있다. 튀니지는 EU 지침과 유사한 법률을 두고 있는 최초의 아프리카 국가로서 정보처리 및 국외 이전과 관련하여, 각각 사전 동의가 없는 경우와 국가 안보에 영향을 미치는 경우에는 이전을 금지하고 있다.[165] 하지만 EU와 달리, 국민에 대한 감시와 언론의 자유에 대한 제한을 허용하고 있다. 모리셔스는 계약상 의무의 이행에 요구되는 정보를 제외하고는 개인정보의 수집, 이용, 이전에는 통지(notice)와 적극적 동의(opt-in consent)가 모두 요구된다.

중동권(圈) 국가인 이스라엘[166]과 아랍에미리트(Dubai International Financial Centre)[167]는 개인정보처리와 국외 이전을 위해 정보보호당국의 허가, 계약상의 보호조항, 적극적 동의를 요구하는 규정을 두고 있다. EU 지침에서는 개인정보처리는 원칙적으로 금지되며 예외적으로, 개인의 동의, 계약 이행을 위해 필요한 경우, 국내법 의무 준수, 개인정보 수집단체의 합법적 이익이 프라이버시보호 이익에 우선하는 경우 중에 하나를 충족하는 경우에만 처리할 수 있는 것으로 규정하고 있다.[168]

---

163) 튀니지, *Loi portant sur la Protection des Données à Caractère Personnel*(2004), 〈http://www.jurisitetunisie.com/tunisie/codes/ce/pdmenu.html〉(검색일: 2009. 1. 19.).

164) 모리셔스, *The Data Protection Act* 2004, 〈http://www.gov.mu/portal/goc/telecomit/files/dpa04.doc〉(검색일: 2009. 1. 19.).

165) PrivacySpot, 〈http://privacyspot.com/?q=node/view/281〉(검색일: 2009. 1. 19.). 참조.

166) Practical Law Company, 〈http://crossborder.practicallaw.com/2-240-2952〉(검색일: 2009. 1. 19.). 참조.

167) Privacy International, 〈http://www.privacyinternational.org/article.shtml?cmd%5B347%5D=x-347-559480〉(검색일: 2009. 1. 19.). 참조.

168) EU, *Directive 95/46/EC*, *supra* note 149, Recital(30).
Whereas, in order to be lawful, the processing of personal data must in addition be carried out with the consent of the data subject or be necessary for the conclusion or performance of a contract binding on the data subject, or as a legal requirement, or for the performance of a task carried out in the public interest or in the exercise of official authority, or in the legitimate interests of a natural or legal person, provided that the interests or the rights and freedoms of the data subject are not

적용범위와 관련해서 EU 지침에서는 '개인정보'를 '식별된 또는 식별가능한 자연인에 관한 모든 정보'라고 정의하고 있다.[169] EU 지침에서 '식별가능한 사람(identifiable person)'이란 그 사람을 식별하기 위해 정보관리자 또는 다른 사람에 의해서 합리적으로 사용될 수 있을 것 같은 모든 수단을 고려하여, 직접 또는 간접으로 식별될 수 있는 사람을 말한다.[170] 유럽과 비유럽권 대부분 국가들은 컴퓨터에 의해 자동 처리되는 정보와 수작업 문서철(manual data)을 모두 보호하고 있다. 하지만 우리나라를 비롯하여 이스라엘, 홍콩에서는 자동 처리되는 정보만 보호대상으로 하고 있다.[171] 하지만 본고 작성 당시 우리나라에서 공표된 개인정보보호법(제정안)에서는 자동처리 정보뿐만 아니라 수작업 정보도 그 적용대상으로 함으로써 개인정보의 보호범위를 확대하고 있었다.[172] 유럽과 비유럽권 국가 대부분이 자연인에 관한 정보에 대해서만 보호의 대상으로 하고 있으나, 칠레, 파라과이는 법인에 대해서도 보호 대상에 포함하고 있다.[173]

OECD 8개 원칙은 유럽과 비유럽권 국가들 모두에서 국내법에 반영되어 있다. 하지만 실제 적용범위와 대상은 다양하다. OECD보고서[174]에 따르면 우리나라를 비롯하여 EU·EEA 국가들, 일본 등은 OECD가 제시하는 원칙들 가운데 공개성과 투명성, 정보 내용의 충실성, 수집과 이용, 정보보안조치, 정보주체의 접근권, 정보의 국외 이전 문제를 모두 공통적으로 다루고 있다.[175] 하지만 국내법에서 다루고 있는 원칙들에서 공통

---

overriding; …

169) *Ibid*, Article 2(a).
'personal data' shall mean any information relating to an identified or identifiable natural person('data subject'); … ;

170) *Ibid*, Recital(26).
… ; whereas, to determine whether a person is identifiable, account should be taken of all the means likely reasonably to be used either by the controller or by any other person to identify the said person; …

171) 유럽평의회, *supra* note 146 참조.

172) 개인정보보호법제정안(입법예고), 행정안전부, 제2조 참조.

173) *Supra* note 170.

174) OECD, *Report*, *supra* note 7.

175) *Ibid*, pp. 17-18.

점을 발견할 수 있다고 하더라도 각국의 역사적, 문화적, 법적 배경으로 인해 동일한 원칙의 해석도 달라질 수 있음은 주의해야 한다.[176]

기본법의 제정은 개인정보보호와 관련된 일반적인 보호를 제공할 수 있는 장점이 있다. 하지만 일반적인 보호원칙을 의료기록, 경찰범죄기록, 금융거래정보, 소비자신용기록, 통신, 유전정보, 보험서비스 등 다양한 분야의 구체적인 요구에 적용하기엔 한계가 있다.

2. 개별법 방식

개인정보보호를 위한 기본법을 제정하지 않고 보호가 필요한 분야별(sector specific)로 개별 입법을 통해서 해결하는 것으로서[177] 미국이 취하는 보호 방식이다.[178] 특정 산업에서 개인정보보호를 위해 제정된 법률은 당해 산업에 대해서만 효력을 가지며 당해 산업 이외의 분야에서는 실체법적인 의미를 갖지 못한다.[179]

미국은 비디오 대여 기록이나 개인금융정보 등의 특정 분야를 규율하는 개별법을 두고 있다.[180] 비디오프라이버시보호법(Video Privacy Protection Act: 이하, VPPA),[181] 금융프라이버시법(Right to Financial Privacy Act: 이하, RFPA)[182] 그리고 1974년 프라이

---

176) *Ibid.*

177) 미국은 공공부문을 규율할 기본법은 제정하고 있으나 민간부문을 규율하는 기본법은 두고 있지 않다. 이 책에서는 민간부문을 규율할 기본법의 유무를 기준으로 삼고 있으므로 미국의 경우에는 민간부문의 기본법이 제정되어 있지 않으므로 개별법을 통한 보호를 취하는 범주에 속하는 것으로 한다.

178) Mark S. Merkow and James Breithaupt, 『*The E-Privacy Imperative: Protect Your Customers' Internet Privacy and Ensure Your Company's Survival in the Electronic Age*』(Amacom, 2002), p. 75.

179) *Ibid.*

180) *Ibid*, pp. 75-76.

181) *Video Privacy Protection Act of 1988*, Pub. L. No. 100-618. VPPA는 비디오테이프 대여 서비스 공급자가 고객의 개인정보를 제3자에게 공개하는 것을 금지하는 법률이다.

182) *Right to Financial Privacy Act*, Pub. L. No. 95-630, 12 U.S.C. §3401 et seq. RFPA는 개인금융정보의 불법적인 유출로부터 소비자를 보호하기 위한 법률이다.

버시법(Privacy Act of 1974)[183]을 예로 들 수 있다. 그 밖에도 신용보고,[184] 케이블 텔레비전,[185] 교육 기록,[186] 자동차 등록,[187] 전화 기록[188]과 같이 특정 범주에 속하는 개인정보를 보호하는 연방법을 제정하였다. 하지만 의료 기록과 은행 기록의 판매나 고용인의 감시와 같은 활동에 대해서는 이를 금지하는 연방법을 제정하고 있지 않으며, 주정부 차원에서 분야별 입법을 통해서 규율하고 있다.[189]

개별법은 기본법에 비하여 특정 분야의 구체적 요구에 적용하기가 용이하다는 장점이 있다. 하지만 분야별 개별법은 그 법률이 의도한 특정 산업분야에서만 의미를 갖는 것이므로 개인정보보호와 관련하여 일반적인 보호를 제공할 수 없을 뿐만 아니라 일관성 있는 정책을 실천해 나가는 데도 한계가 있다.[190] 또한 새로운 기술이 소개될 때마다 새로운 법률이 필요할 것이므로, 정보보호가 기술 발달에 뒤처지는 결과가 나타나게 된다.

Ⅱ. 비입법적 방식

1. 자율규제

기업이나 산업단체가 개인정보보호 행위규약(codes of practice)을 작성하여, 이에 따

---

183) *Privacy Act of 1974*, 5 U.S.C. §552a, Pub. L. No. 93-579. 1974년 프라이버시법은 한 가지 목적을 위해 수집된 정보는 다른 목적에 사용될 수 없고, 제3자에게 이전될 수 없다고 규정하고 있다. 하지만 1974년 프라이버시법의 개인정보보호 범위는 정부기관이 보유하는 정보에 제한된다.

184) *Fair Credit Reporting Act*, Pub. L. No. 91-508, amended by Pub. L. No. 104-208.

185) *Cable Privacy Protection Act of 1984*, Pub. L. No. 98-549.

186) *Family Educational Rights and Privacy Act*, Pub. L. No. 93-380.

187) *Drivers Privacy Protection Act*, Pub. L. No. 103-322.

188) *Telephone Consumer Protection Act*, Pub. L. No. 102-243.

189) 연방법과 주법이 보호하는 프라이버시 분야에 대한 자세한 정보는 〈http://epic.org/privacy/consumer/states.html〉(검색일: 2008. 4. 16.) 참조.

190) 예를 들어, 소비자들은 VPPA가 자신의 비디오 대여 기록이 더 이상 공개되지 않도록 보호할 것으로 믿고 있다. 하지만 실제로는 VPPA는 온라인 마케팅회사에 소비자의 비디오 대여 기록과 같은 개인정보를 판매하는 비양심적인 웹사이트에 대해서는 아무런 조치를 취할 수 없다.

른 기업의 자율적 규제를 통해 개인정보를 보호하자는 것이다.[191] 미국에서 자율규제가 가장 활발하게 이루어지고 있다. 이러한 배경에는 연방정부와 기업 간 이해관계에 의한 것으로 생각된다. 미국 연방거래위원회(Federal Trade Commission: 이하, FTC)는 온라인상의 소비자프라이버시 문제에 대해서 지나친 관여를 기피하고 있었고[192] *Microsoft*와 *IBM* 같은 기업은 온라인 경제에 대한 정부의 지나친 규제는 새로운 사업모델을 포용하려는 기업과 소비자의 열망을 사그라지게 하고 전자경제의 성장을 억제할 것이라고 하였다.[193] 이에 따라 미국에서는 기본법 제정보다는 자율규제에 더 노력을 기울이고 있다.

온라인프라이버시보호협회(Online Privacy Alliance: 이하, OPA)[194]는 미국 내에서 자율규제 노력의 선도적 기구이다. OPA는 과도한 정부 규제나 방임적 태도에 대응해서 기업 자율규제 달성을 위해 노력하고 있다.[195] OPA에 가입하고자 하는 기업은 OPA가 채택한 일련의 자율규제정책(self-regulatory policies)을 채택해야 하며 이는 자율규제를 위한 최소한의 기준이 된다.[196] 또한 OPA는 자율규제정책의 이행절차를 두어 정책의 효과적인 집행을 도모하고 있다.[197] 이와 관련하여 미국 국제무역협의회(United States Council for International Business: 이하, US CIB)[198]에서 프라이버시정책 진단

---

191) David Banisar and Simon Davies, *supra* note 119, p. 14.
192) Mark S. Merkow and James Breithaupt, *supra* note 177, pp. 76-77.
193) *Ibid.*
194) OPA는 1998년 4월에 설립되었으며 30여개 이상의 기업과 단체를 대표하여 온라인상의 소비자프라이버시보호를 위한 정책의 확립과 이러한 정책의 실행을 위한 기업들의 자율규제노력이 확산되도록 노력하고 있다. 〈http://www.privacyalliance.org〉(검색일: 2008. 3. 12.) 참조.
195) Mark S. Merkow and James Breithaupt, *supra* note 177, p. 18.
196) *Ibid*, pp. 19-20. OPA가 채택한 자율규제정책의 내용은, 프라이버시정책의 채택과 이행(adoption and implementation), 프라이버시정책의 공개와 통지(disclosure and notice), 선택과 동의(choice and consent), 정보보안(security), 정확한 정보와 정보에 대한 접근(quality and access)이다.
197) OPA가 채택한 자율규제정책의 이행절차는, 프라이버시보호정책의 지속적인 검증과 평가(verification and monitoring), 소비자불만의 신속한 해결(complaints), 프라이버시 문제에 대한 소비자의 역할과 책임 그리고 어떻게 소비자 스스로를 보호할 것인가에 대한 교육(education) 등이다.
198) 〈http://www.uscib.org〉(검색일: 2008. 4. 16.) 참조.

기준을 발표하였는데,[199] 기업들이 신뢰성 있는 프라이버시보호정책을 마련하고 이행하기 위해서는 우선, 프라이버시정책들의 의미를 이해하는 것이 필요하며, 그다음에 기업이 이와 같은 보호정책에 비추어 봤을 때 어느 정도의 보호수준을 갖추고 있는지 접근할 수 있다고 한다.[200] US CIB의 프라이버시정책 진단기준은 기업들이 자신의 정보보호정책을 이해하고 그 보호수준을 파악하게 함으로써 자율규제의 수준을 높일 수 있다.[201]

하지만 자율규제의 최대 문제점은 보호의 적절성(adequacy)과 위반 시 집행(enforcement)을 담보할 수 없다는 것이다. 더욱이 자율적인 프라이버시보호정책의 목적이 기업에 의해 지속적으로 달성되고 있다는 증거도 없으며, 산업단체의 행위규약은 그 보호수준이 미약하고 집행이 되지 않는 경향을 보인다.

2. 기술적 조치

상업적 기술기반시스템을 통하여 개별이용자에 의한 개인정보보호를 달성하고자 하는 것으로, 인터넷 이용자들은 여러 단계의 개인정보 및 통신보안프로그램과 시스템을 이용할 수 있다.[202] 암호화, 익명의 재전송 메일(anonymous remailers), 프락시 서버(proxy servers), 전자 화폐(digital cash), 스마트 카드(smart cards) 등을 개인정보보호기술의 예로 들 수 있다. 하지만 이러한 기술의 보안과 신뢰성의 문제는 해결되어야 한다.[203] 최근에는 개인정보보호기술이 법률에 의한 보호를 대체할 수 있을지에 대한 문제가 제기되었는데, 이에 대해 EU집행위원회(European Commission)는 개인정보보호기술들을 평가하면서, 기술적 도구들은 기존 법률을 보완하는 것으로 이용할 수 있다고

---

199) US CIB가 제시하고 있는 각 기업의 프라이버시보호정책의 진단기준에 관한 자세한 내용은 Mark S. Merkow and James Breithaupt, *supra* note 177, pp. 21-23 참조.

200) *Ibid*, pp. 109-110.

201) *Ibid*.

202) David Banisar and Simon Davies, *supra* note 119, p. 14.

203) *Ibid*.

하였다. [204] 결국 개인정보보호기술은 개인정보보호를 증진하는 데 일조하는 측면이 있으나 그 자체로 법률을 대신할 수는 없다.

자율규제와 개인정보보호기술은 개인정보보호를 위한 보조적 수단은 될 수 있을지언정 법률을 대체할 수는 없으며, 기본법과 개별법에 의한 방법에 의해서만이 가장 효과적일 수밖에 없다. 왜냐하면 보호입법에 의해서만이 보호의 적절성과 위반 시 집행을 담보할 수 있기 때문이다. 기본법과 개별법의 관계에 있어서도 이 두 법은 상호보완적인 관계에 있다고 할 수 있다. 기본법을 제정하였더라도 통신, 경찰기록, 소비자신용기록 등과 같은 분야에 대한 상세한 보호를 규정함으로써 기본법을 보완할 수 있기 때문이다. 우리나라의 경우도 민간부문을 규율할 '정보통신망이용촉진및정보보호등에관한법률'[205]을 두고 있음에도 불구하고 '신용정보의이용및보호에관한법률'[206]을 두어 소비자신용기록에 대해서 기본법을 보완하도록 하고 있다.

---

204) EU, Working Party on the Protection of Individuals with regard to the processing of Personal Data, *Opinion 1/98, Platform for Privacy Preferences(P3P) and the Open Profiling Standard(OPS)*, Adopted by tile Working Party on June 16, 1998, ⟨http://epic.org/privacy/internet/ec-p3p.html⟩(검색일: 2009. 3. 11.).

205) 정보통신망이용촉진및정보보호등에관한법률, 법률 제9637호(일부개정 2009. 4. 22.)(시행일 2009. 7. 23.).

206) 신용정보의이용및보호에관한법률, 법률 제9617호(전부개정 2009. 4. 1.)(시행일 2009. 10. 2.).

국외 이전 관련 보호

정보는 한 국가 내에만 머무르지 않는다. 기업 활동에 있어 정보의 새로운 가치가 창출됨으로써 개인정보가 해외로 이동하는 기회가 빈번하게 발생하고 있다. 따라서 국가들은 자국민의 개인정보가 해외로 이동하는 경우에도 국내에서와 마찬가지의 보호를 위해 개인정보를 해외로 이전하는 경우에 따라야 할 규칙들을 정하고 있다. 개인정보의 해외 이전과 관련하여 EU는 가장 강력한 규정을 두고 있는데, 이는 실질적으로 EU 내의 기업이나 소비자와 거래하는 세계 모든 기업들이 따라야 할 규칙이 되고 있다.

I. 적절성 판단

EU집행위원회의 적절성 판단(adequacy decision)에 의해서 정보를 해외로 이전할 수 있다. EU는 EEA[207] 밖 국가가 적절한 수준의 보호를 하지 않는다고 판단하는 경우에는 개인정보 국외 이전을 금지하고 있다.[208] 하지만 정보이전 상대국에 대해서 EU집행위

---

207) EEA는 EFTA와 EU 회원국들이 EEA협정(Agreement on the European Economic Area)에 합의함으로써 성립(Jan. 1, 1994.)하였다. EFTA 회원국들(Iceland, Liechtenstein, Norway, Svalbard)은 EEA를 통해서 EU에 가입하지 않고도 유럽단일시장에 진입할 수 있다. EEA는 회원국 간 4가지 자유(상품, 서비스, 사람, 자본의 자유이동)를 근간으로 하며, 이러한 자유를 누리기 위해서 EEA에 참여한 EFTA 회원국들(Iceland, Liechtenstein, Norway)은 EU법의 일부(사회정책, 소비자보호, 환경, 기업법, 통계 분야)를 채택하여야 한다. 이러한 법적 배경을 근거로 EEA 회원국 간 정보이동은 제3자로의 이동으로 간주하지 않으므로 금지대상이 되지 않는다.

208) EU, *Directive 95/46/EC, supra* note 149, art. 25. 아르헨티나는 EU와 마찬가지로 적절한(adequate) 정보보호를 하지 않는 국가로의 정보이전을 금지한다. 하지만 아르헨티나는 적절성 판단을 하고 있지 않으므로 기업은 계약이나 개인의 동의를 근거로 행동할 수밖에 없다. 호주는 기업에게 자국의 보

원회나 회원국 정보보호당국이 적절한 수준의 보호를 제공하고 있다고 결정하는 경우에는 당해 외국으로의 정보이전이 가능하다.[209] EU 지침 제25조 제6항은 EU집행위원회(European Commission)가 개인정보에 대해서 적절한 보호를 제공하는 국가의 목록(white-list)[210]을 작성할 수 있도록 규정하고 있다.[211] 다만, 예외적으로 정보이전 시 적절한 안전조치(adequate safeguards)를 마련하기만 한다면 EU 내의 기업들은 적절한 보호를 제공하지 않는 외국으로 개인정보를 이전할 수도 있다.[212] EU는 제한적으로 일부 국가에 대해서만 적절성을 판단하고 있다.[213] 예를 들어, 미국-EU 세이프하버원칙[214]

호 법률과 실질적으로 유사한(substantially similar) 프라이버시보호 체제를 취하고 있는 외국의 정보 수령자에게 정보를 이전할 수 있도록 허용하고 있다. 하지만 실질적으로 유사한 프라이버시보호 체제인지 여부는 기업 스스로가 판단하도록 하고 있다. 모리셔스, 튀니지, 아랍에미리트(DIFC)는 적절한 보호(adequate protection)를 제공하지 않는 국가로의 정보이전을 제한하고 있으며, 정보주체의 적극적 동의나 정보보호당국의 허가를 받아야 한다.

호주, 〈http://www.comlaw.gov.au/ComLaw/Legislation/ActCompilation1.nsf/0/D3C265274169345ACA25736E001DB439/$file/Privacy1988_WD02HYP.pdf〉(검색일: 2009. 1. 19.) 참조.

모리셔스, 〈http://www.gov.mu/portal/goc/telecomit/files/dpa04.doc〉(검색일: 2009. 1. 19.) 참조.

튀니지, 〈http://privacyspot.com/?q=node/view/281〉(검색일: 2009. 1. 19.) 참조.

아랍에미리트, 〈http://www.privacyinternational.org/article.shtml?cmd%5B347%5D=x-347-559480〉(검색일: 2009. 1. 19.) 참조.

209) EU, *Directive 95/46/EC, supra* note 149, art. 26.

210) white-list에 실린 국가들의 목록은 EU Information Commissioner's Office에서 확인할 수 있다.

211) EU, *Directive 95/46/EC, supra* note 149, Article 25(6)

The Commission may find, in accordance with the procedure referred to in Article 31(2), that a third country ensures an adequate level of protection within the meaning of paragraph 2 of this Article, by reason of its domestic law or of the international commitments it has entered into, particularly upon conclusion of the negotiations referred to in paragraph 5, for the protection of the private lives and basic freedoms and rights of individuals.

Members States shall take the measures necessary to comply with the Commission's decision.

212) *Ibid*, 대개 이와 같은 방법은 정보 발송자와 수령자 사이의 계약체결로 이루어진다.

213) 현재 EU집행위원회는 아르헨티나, 캐나다, 건지(Guernsey), 맨 섬(Isle of Man), 스위스, 저지(Jersey), EU-미국 세이프하버와 여객탑승기록(Passenger Name Record, PNR data) 이전 체제가 적절한 수준의 보호를 제공하는 것으로 간주하고 있다. 〈http://ec.europa.eu/justice_home/fsj/privacy/thridcountries/index_en.htm〉(검색일: 2008. 5. 8.) 참조.

214) 미국-EU 세이프하버에서 EU는 기업의 자율규제가 적절하게 이행되지 않는 경우에, 미국 정부기관이 세이프하버원칙을 집행할 것을 원하였으며, FTC와 미연방운송관리국(United States Department of

은 EU 내에서 미국으로의 정보이전을 위한 적절성 판단의 대안으로 선택된 것이다. 또한 법률에서 예외로 인정하는 요건 중 하나를 만족하는 경우에도 이전이 가능하다. EU는 외국에 대한 적절성 판단이 없는 경우에도 개인의 명백한 동의가 있는 경우, 계약이행에 필요한 이전인 경우, 소송상 변론을 위해 필요한 이전인 경우에는 예외적으로 이전을 허용하고 있다.[215] 우리나라는 EU집행위원회로부터 적절성 판단을 받지 못하고 있으므로 미국-EU 세이프하버원칙과 같이 일정한 보호수준에 대한 합의를 이루거나 EU집행위원회의 적절성 판단을 확인받을 수 있는 개인정보보호법 제정이 필요하다.

II. 계약

정보의 발송주체와 수신주체간의 계약으로 정보의 국외 이전이 이루어질 수 있다. EU집행위원회가 채택한 표준약관은 공인된 전형계약으로서,[216] 이 약관이 삽입된 계약은 회원국 정보보호기관의 추가조사 없이도 모든 EU회원국 내에서 사용할 수 있는 계약으로 간주된다. 따라서 표준약관은 보다 실질적이고 능률적으로 정보의 해외 이전을 가능하게 한다.[217] 또한 표준약관에서는 이전되는 정보와 관련이 있는 정보주체를 발송주체와 수신주체 간 계약의 제3 수익자(third party beneficiaries)로 인정할 것을 요구하므로 정보주체에게는 직접적인 청구이유(cause of action)를 제공하고, 정보의 발송주

Transportation, US DOT)이 세이프하버원칙의 집행에 동의하였다. 현재 EU집행위원회는 FTC와 US DOT가 EU의 적절성 요건을 충족시키는 것으로 인정하고 있다.

215) EU, *Directive 95/46/EC, supra note 149*, art. 26.

216) 일본은 EU와 같은 공인된 표준약관이 있는 것은 아니지만, 금융청(金融庁)에서 발간한 지침에서 일본이나 제3국에 있는 서비스제공 사업자와 체결하는 계약에 포함되어야 하는 조항에 관해 상세하게 규정하고 있다. 金融分野における個人情報保護に関するガイドライン, 金融分野における個人情報保護に関するガイドラインの安全管理措置等についての実務指針 참조.

217) EU, *Commission Decision of 27 December 2004 amending Decision 2001/497/EC as regards the introduction of an alternative set of standard contractual clauses for the transfer of personal data to third countries, and Commission Decision of 27 December 2001 on standard contractual clauses for the transfer of personal data to processors established in third countries, under Directive 95/46/EC.*

체와 수신주체 모두에게는 책임을 부과한다.[218] 다만, EU집행위원회가 승인한 표준약관(Standard Clauses)이 포함된 계약은 정보보호당국의 승인을 요하지 않으나, 당사자 간에 개별적으로 협의한 특별계약(ad hoc contracts)이 체결된 경우에는 EU 회원국 정보보호당국의 승인이 있어야 한다. 우리나라에서는 공인된 표준약관이 마련되어 있지 않으나, 국내법을 위반하는 내용의 계약체결을 금지하고 있으며,[219] 사업주체와 그 대리인은 개인정보를 보호하기 위한 기술적 관리적 조치를 포함하여 필요한 보안조치와 민원처리 및 분쟁해결에 관한 절차를 마련하여 계약 내용에 반영해야 한다.[220]

III. 동의

기업은 정보주체로부터 동의를 얻음으로써 개인정보를 국외로 이전할 수 있다. EU는 정보보호 수준이 적절치 않다고 간주되는 외국으로 개인정보를 이전하기 위해서는 적극적 동의(affirmative or opt-in consent)를 요구하고 있다.[221] 또한 모든 민감한 정보(sensitive data)[222]의 처리에는 동의를 요구하고 있다. 적극적 동의는 가장 직접적이

---

218) 캐나다와 일본의 법률상 기업은 제3자에 이전되는 개인정보를 보호할 책임을 부담한다. 캐나다의 경우에는 개인정보를 보유하고, 이를 제3자에게 이전하는 기업은 제3자로 하여금 최초에 개인정보를 수집한 기업과 동일한 수준의 보호를 제공하도록 하기 위해 계약에 프라이버시보호 조항을 삽입해야 한다. 일본에서 기업은 감독권 행사를 위해서 서비스 제공자 및 다른 제3자와 특별 정보보안 조항이 삽입된 계약을 체결해야 한다.
캐나다, 〈http://laws.justice.gc.ca/en/P-21/index.html〉(검색일: 2009. 1. 19.) 참조.
일본, 個人情報の保護に関する法律, Act on the Protection of Personal Information(Tentative translation)(2003), 일본 개인정보보호법 제21조와 제22조 상의 고용인과 위탁받은 자에 대한 감독의무 규정을 적용하여, 국내에서 외국으로 데이터가 전송되는 경우에는 위탁받은 자에 대해서 계약에 의해서 감독권을 행사할 수 있을 것으로 생각된다. 〈http://www5.cao.go.jp/seikatsu/kojin/foreign/act.pdf〉(검색일: 2009. 1. 19.) 참조.
219) 정보통신망이용촉진및정보보호등에관한법률, 제63조.
220) 정보통신망이용촉진및정보보호등에관한법률시행령, 제67조.
221) EU, *Directive 95/46/EC, supra note* 149, art. 26.
222) 질병이나 건강 상태를 적시한 것, 출신 민족 또는 인종을 적시한 것, 정치적 견해를 적시한 것, 종교적 또는 철학적 신앙을 적시한 것, 노조 가입이나 개인의 성생활을 적시한 정보 등을 말한다. 국가에 따

면서도 합법적으로 정보를 국외로 이전하기 위한 안전한 수단이라고 할 수 있다. 기업 입장에서 동의는 모든 형태의 정보를 이용할 수 있는 기초가 될 수 있으므로 정보처리를 합법화하기 위한 가장 간편한 수단이 될 수 있다.[223] 동의는 진정한 것이어야 한다. 고용관계와 같은 특수한 상황에서의 동의가 진정성[224]을 갖기 위해서는 피용자인 정보주체가 보복을 당하지 않고 동의를 철회할 수 있을 때에만 그 유효성을 확인할 수 있다.[225] 우리나라에서는 개인정보 국외 이전 시 정보주체의 적극적 동의를 요구하고 있다.[226]

IV. 세이프하버체제

미국과 EU, 그리고 미국과 스위스 간의 개인정보보호를 위한 협력은 세이프하버체제(Safe Harbour Framework)라고 하는 정보보호체제에 의해서 이루어지고 있다. 이러한 정보보호체제를 체결하는 주된 이유는 이미 포괄적 정보보호법을 채택하고 있는 유럽

라서는 평판(評判), 전과 조회, 신용 조회 등을 민감한 정보의 범주에 포함하기도 한다.

223) Miriam Wugmeister, *et al.*, 「Global Solution for Cross-Border Data Transfers: Making the Case for Corporate Privacy Rules」, *Georgetown Journal of International Law*, Spring, 2007, p. 463.

224) EU 회원국 정보보호기관의 회의체인 제29조 작업반(Article 29 Working Party)에서는 고용자는 고용관계의 필연적인 결과로 개인정보를 처리할 수밖에 없는 것이지만, 동의를 통하여 이러한 처리를 합법화하려고 한다면 고용관계가 유지되고 있는 한 고용인은 자유로운 동의를 할 수 없을 것이므로 동의의 진정성에 관한 오해를 불러올 수밖에 없을 것이라는 견해를 취하고 있다. EU, Article 29 Working Party, *Opinion 8/2001 on the processing of personal data in the employment context*(Sep. 13, 2001.), 〈http://www.garanteprivacy.it/garante/document?ID=1365969〉(검색일: 2009. 1. 21.) 참조.

225) 영국 정보감독관(Information Commissioner)은 유효한 동의라는 것은 정보주체가 해고와 같은 보복을 당하지 않고 진정으로 동의를 철회할 수 있는 것을 의미한다고 한다. Information Commissioner's Office, *Data protection guidelines, International transfers of personal information, General advice on how to comply with the eighth data protection principle*, 〈https://www.igt.connectingforhealth. nhs.uk/KnowledgeBaseNew/general_advice_on_how_to_comply_with_the_eighth_dp_principle. pdf〉(검색일: 2008. 7. 10.) 참조.

226) 정보통신망이용촉진및정보보호등에관한법률, 제63조.

국가와 자율규제에 의한 정보보호를 선호하는 미국 간의 개인정보보호 수준의 조화를 이루기 위해서이다.[227] 이와 같은 조화를 이루어야 적절한 수준의 보호를 제공하지 않는 국가로의 정보 이전을 금지하고 있는 EU 지침상의 요건을 만족시킬 수 있다. 세이프 하버체제에서 합의된 정보보호 요건들을 준수하는 미국 기업은 유럽의 보호기준을 준수하는 것으로 인정되어 EU 지침상의 적절성 요건을 충족하는 것으로 간주된다.

세이프하버체제는 유럽과 미국 간의 정보 이동이 차단되어 나타날 수 있는 경제적 영향을 피할 수 있는 방안으로 체결된 예외적인 경우에 해당한다. 세이프하버체제에서 합의된 정보보호 요건을 준수하지 않는 미국 기업에 대한 집행의 권한은 미국의 보호당국이 행사한다.

1. 세이프하버원칙

미국-EU 세이프하버와 미국-스위스 세이프하버에서는 미국 내 기업들이 준수해야 할 7가지 원칙을 규정하고 있다.[228] 7개 세이프하버원칙(Safe Harbor Privacy Principles)은 통지(notice), 선택(choice), 제3자 전송(onward transfer), 보안(security), 정보의 보전(data integrity), 접근(access), 집행(enforcement)에 관한 원칙이다.

통지(notice) 원칙에 따르면 기업들은 어떠한 개인정보가 수집되는지, 수집하는 이유가 무엇인지, 정보의 수집자와 어떻게 접촉하는지 그리고 어떠한 제3자에게 수집된 개인정보가 공개되는지, 그리고 개인이 이 정보의 사용을 제한하거나 중지할 수 있는 수단은 무엇인지를 개인에게 통지해야 한다. 선택(choice) 원칙에 따르면 개인은 그들의 개인정보에 대한 제3자의 이용 또는 제3자에 대한 공개 여부와, 이용 또는 공개를 허용하는 경우에 그 방법에 대해 선택할 수 있어야 한다. 제3자 전송(onward transfer) 원칙

---

227) 개인정보보호와 프라이버시보호에 대한 EU와 미국의 시각에는 차이가 있다. EU는 인권적 차원에서 개인정보보호와 프라이버시보호에 접근하는 반면, 미국은 개인정보보호와 프라이버시위반을 불공정행위로 다루고 있다.

228) Export.gov, *Safe harbour Workbook*, ⟨http://www.export.gov/safeharbor/eg_main_018238.asp⟩ (검색일: 2009. 3. 26.).

에 따르면 정보를 제공받는 제3자에 대해서 기업은 기업 자신과 동일한 프라이버시보호 수준을 제공할 것을 요구할 수 있다. 보안(security) 원칙에 따르면 기업은 정보의 안전을 확보하고 개인정보의 손실, 남용, 공개, 변경 그리고 무허가 접근을 방지해야 한다. 정보의 보전(data integrity) 원칙에 따르면 개인은 그들의 정보가 완전하고, 정확하며, 현재성 있고 의도된 목적만으로 사용된다는 것을 보장받아야 한다. 접근(access) 원칙에 따르면 개인은 그들의 개인정보에 접근할 권리와 능력을 가져야 하며, 그들 정보의 어떤 부분이든지 검토하고 교정하며, 수정 또는 삭제할 수 있어야 한다. 집행(enforcement) 원칙에 따르면 모든 기업은 앞서 열거한 여섯 가지의 프라이버시 원칙들을 준수할 적절한 수단을 마련하여야 한다.

2. 가입조건과 집행

세이프하버에 가입하고자 하는 기업은 자발적인 의사로 가입할 수 있다.[229] 일단 세이프하버에 따르기로 서명한 미국의 기업들은 세이프하버원칙과 FAQs 그리고 기타 보충 문건들에서 규정하고 있는 유럽식의 정보보호원칙을 준수해야 한다.[230] 다만, 세이프하버의 자격을 얻고 미국 상무부가 관리하는 기업들의 목록에 자신의 이름을 올리고자 하는 기업은 첫째, 세이프하버 프라이버시원칙을 준수하는 보증프로그램(seal program)과 같은 자율적 프라이버시보호 프로그램에 참여하거나, 둘째, 기업 내에 자체적인 자율적 프라이버시보호 정책을 제정하거나, 셋째, 자율적 프라이버시보호 프로그램과 동일한 효과를 가지는 법률상의 규제기관, 행정기관 또는 기타 법정기관의 구속을 받거나 이들 가운데 최소한 하나 이상의 조건을 이행하여야 한다. 이와 같은 세이프하버 가입조건에서 알 수 있듯이 세이프하버협정은 미국 정부의 입법조치 가시화를 강조하는 것이 아니라 오히려 기업들에 의한 자율규제를 강조하고 있는 듯하다. 세이프하

---

229) U.S. Department of Commerce, *A Guide to Self-Certification*, pp. 21-22. 〈http://www.export.gov/static/sh_selfcert_guide_Latest_eg_main_018879.pdf〉(검색일: 2008. 5. 7.).

230) A Federal Register Notice was published on Sep. 19, 2000 with a correction and further information on the safe harbor list. 〈http://www.ita.doc.gov/td/ecom/menu.html〉(검색일: 2009. 3. 26.).

버에 참여하고 있는 기업들은 매년 세이프하버선언을 갱신해야 하며 세이프하버 이행과 관련하여 자율규제검토절차(self-regulatory review procedures)를 두거나 외부감사 프로그램(external audit programme)에 참여하고 있어야 한다.

개인의 정보프라이버시를 보호하지 않는 경우에 있어서 미국 내에서 세이프하버 프라이버시원칙의 집행[231]은 FTC 권한의 범위 내에서 최우선적으로 민간부문에서 이루어지게 된다.[232] 민간부문의 자율규제와 집행은 연방과 주(州)의 불공정 행위 관련 법률(unfair and deceptive statutes)에 관한 정부 집행권한이 필요에 의해 지원된다.

3. 체결 사례

1) 미국-EU 세이프하버

미국-EU 세이프하버는 미국과 EU 간의 2년여의 협상의 결과로서[233] 미국의 기업들이 EU 지침[234]의 최소한의 요건을 충족시킬 수 있도록 하는 골격협정(framework arrangement)으로서의 성격을 갖는다. 이와 같은 세이프하버의 성격으로 인하여, 미국의 기업들은 EU 지침이 요구하는 최소한의 기준을 만족하게 되어 계속해서 EU 밖에서도 개인정보를 처리하고 전송할 수 있는 가능성이 열리게 되었다.

미국과 EU가 합의한 세이프하버 프라이버시보호 원칙은 개인정보에 대한 '적절한 수준의 보호(adequate level of protection)'를 규정하고 있는 EU 지침 제25조 제6항[235]에

---

231) U.S. Department of Commerce, *supra* note 228, p. 30.

232) 〈http://www.export.gov/safeharbor/swiss/doc_eg_safeharbor_swiss.asp〉(검색일: 2009. 3. 26.).

233) 기본적으로 EU 지침은 국제상거래의 원활한 흐름을 저해하지 않으면서도 개인의 프라이버시를 보호하고자 하였으나, 이러한 의도와는 다르게 결과적으로는 미국 상무부 그리고 미국 내의 기업들과 갈등의 원인을 제공하게 되었다. 이러한 갈등에도 불구하고 EU나 미국 측 누구도 미국으로부터 EU로의 기업 활동의 원활한 흐름이 중단되는 것을 원치 않았으나, EU는 EU 지침의 본래 의도를 미국 측에 양보하고자 하지는 않았다. 그러한 결과, 결국 모든 관심은 미국의 프라이버시보호정책과 미국 내에서의 프라이버시보호를 위한 이익집단 간의 논쟁에 쏠리게 되었다. 미국과 EU는 2000년 7월 세이프하버에 합의하였다. 〈http://www.export.gov/safeharbor/eu/doc_eg_safeharbor_eu.asp〉(검색일: 2008. 5. 7.).

234) *Directive 95/46/EC.*

235) *Ibid*, art. 25.

부합하는 조치의 결과라고 할 수 있다. 미국 기업들이 자발적으로 세이프하버에 구속을 받겠다는 동의를 표시하면 자동적으로 EU 회원국들이 그러한 표시를 한 기업들을 승인한 것으로 된다. EU 회원국들은 EU집행위원회가 미국 내에서의 프라이버시보호를 위한 규범적 발달상황을 면밀히 감시하고, 정기적인 심사를 요청할 것을 조건으로 하여 세이프하버에 동의하였다.

세이프하버는 '국제세이프하버원칙', 'FAQ', '교환서신(exchange of letters)', '적절성에 관한 결정'으로 구성되어 있다. 국제세이프하버 원칙은 정보의 국외 이전과 관련된 7가지 원칙을 규정하고 있으며, FAQ에서는 세이프하버원칙과 관련된 자세한 설명을 담고 있다. 교환서신은 세이프하버에 가입하는 기업은 적절성의 추정(presumption of adequacy)을 받는다는 것을 명시하도록 EU집행위원회에 정식 요청한 것이다. 이것은 사실상 세이프하버 프라이버시원칙의 요건에 만족하는 기업의 능력에 대한 자율평가(self-assessment)를 규정한 것과 같다. EU 지침 제25조 제6항[236]의 규정에 따라, 제3국이 EU 지침상의 조건에 따라서 적절한 정보보호를 제공하고 있는지 여부의 결정 권한은 EU집행위원회에 부여되어 있다.

2) 미국-스위스 세이프하버

미국-스위스 세이프하버[237]는 미국과 스위스 두 국가 간의 서로 상이한 프라이버시보

---

6. The Commission may find, in accordance with the procedure referred to in Article 31(2), that a third country ensures an adequate level of protection within the meaning of paragraph 2 of this Article, by reason of its domestic law or of the international commitments it has entered into, particularly upon conclusion of the negotiations referred to in paragraph 5, for the protection of the private lives and basic freedoms and rights of individuals.

236) *Ibid.*

237) 미국 상무부(U. S. Department of Commerce: US DOC) 국제무역본부(International Trade Administration: ITA) 차관은 국제무역의 증진과 발전을 위해서 세이프하버 프라이버시원칙과 관련 문서를 2008년 12월 1일 부로 스위스 정부의 연방정보보호정보감독관(Federal Data Protection and Information Commissioner: FDPIC)에게 공식적으로 전달하였다. 이로써 2008년 12월 9일 미국과 스위스는 양국간에 정보보호 프레임워크를 채택하기로 하면서 미국-스위스 세이프하버에 서명하였다. 2009년 1월 8일 스위스 정부는 세이프하버의 검토가 완료되었음을 미국에 통보함과 동시에 양국 간

호를 위한 접근 방식에 대한 극복 수단이자 미국 기업들로 하여금 스위스 정보보호법을 준수할 수 있도록 하기 위한 효과적인 수단을 제공한다. 또한 미국-스위스 세이프하버로 인해 스위스 기업이 미국 상무부에 자기 인증을 실시한 미국 기업으로 개인정보를 이전하고자 하는 경우에 신속하게 처리할 수 있다. 이와 같이 원활한 기업 활동을 위한 행정상의 단순화에 더하여, 양자 간의 정보보호체제는 기업의 행위에 대해서 우려를 표하는 소비자들의 정보보호 권리를 강화할 것이다.

미국-스위스 세이프하버원칙들은 스위스 연방으로부터 개인정보를 이전받는 미국 기업에게 권위 있는 지침이 된다. 스위스로부터 개인정보를 이전받으면서 미국-스위스 세이프하버원칙들을 준수하는 기업은 스위스 연방정보보호법(Federal Act on Data Protection: FADP)상의 '적절성(adequacy)' 요건[238]을 만족하는 것으로 간주된다. 그러므로 미국-스위스 세이프하버원칙들은 적절성의 요건을 충족하는 이전을 위해 기업이 예측할 수 있는 기준을 마련한 것이다.

미국-스위스 세이프하버는 미국-EU 세이프하버에 근거하고 있으나, 미국-스위스 세이프하버에서는 국제무역에서 정보 이전의 중요성을 더욱 강조하였다는데 그 특징이 있다.[239] 미국-스위스 세이프하버는 미국과 스위스 간의 프라이버시보호에 대한 접근 방법의 차이점을 극복할 수 있게 해주며, 미국과 스위스 간의 정보 이전이 방해받지 않을 것이라는 것을 보장한다. 따라서 전자상거래가 계속해서 성장할 수 있도록 보장하고 있다. 미국-스위스 세이프하버는 7개의 프라이버시원칙과 15개의 FAQ, 미국 상무부와 스위스 정부의 연방정보보호정보감독관간의 교환서신, 그리고 미연방운

의 정보보호협정의 법적 유효성을 인정하였다. 〈http://www.export.gov/safeharbor/swiss/doc_eg_safeharbor_swiss.asp〉(검색일: 2009. 3. 26.).

238) SR 235.1 *Federal Act on Data Protection*, art. 6. (Cross-border disclosure)
Personal data may not be disclosed abroad if the privacy of the data subjects would be seriously endangered thereby, in particular due to the absence of legislation that guarantees adequate protection.

239) Letter from the Federal Trade Commission concerning its jurisdiction over privacy issues, 〈http://www.export.gov/static/sh_swiss_ftc_letter.pdf〉(검색일: 2009. 3. 26.).

송관리국(Department of Transportation, US DOT)과 연방거래위원회(Federal Trade Commission, FTC)의 집행 권한에 관한 서신으로 구성되어 있다.

미국-스위스 세이프하버에 대한 자기인증절차[240]는 미국-EU 세이프하버에 대한 자기인증절차와 동일하다. 미국-스위스 세이프하버에 대한 자기인증을 위해서 미국-EU 세이프하버에 참여할 필요는 없으며, 또한 미국-EU 세이프하버에 대한 자기인증을 위해서 미국-스위스 세이프하버에 참여할 필요도 없다. 스위스에서 정보를 이전받는 미국 내 기업은 미국-스위스 세이프하버에 대한 자기인증을 준수하여야 한다.

V. 항공기 탑승객 여객 예약 기록

EU집행위원회는 EEA 내의 항공사들이 미국 세관국경보호국(Customs and Border Protection: CBP)으로 항공기탑승객 여객예약기록(Passenger Name Record: PNR)[241]을 이전할 수 있도록 이와 관련한 안전한 법적 근거를 미국 CBP와 논의하였다.[242] PNR에 대한 EU집행위원회와 미국 CBP 간의 논의는 미국의 안보이익과 EU집행위원회가 미국 측 정보보호 적절성 판단을 위한 근거 마련을 위해 진행되었다. 이러한 논의의 영향은

---

240) U.S. Department of Commerce, *supra* note 228, pp. 19-20.
241) PNR은 개개의 탑승객의 여정을 항공사들이 작성한 기록을 총칭하는 것으로서 항공사와 여행사 직원 등이 탑승객의 신원데이터, 여행일정에 관한 정보 그리고 필요한 기내서비스에 대한 데이터 등으로 이루어진 탑승객의 여행과 관련한 모든 데이터를 공유할 수 있도록 한다. 이러한 PNR은 예약전산시스템(Computer Reservation System: CRS)의 데이터베이스에 저장된다.
242) 2001년 11월 19일 제정된 미항공운송안전법(US Aviation and Transportation Security Act)에 의하면 미국을 도착지, 출발지 또는 경유지로 하는 항공사에 대해서는 미국 CBP가 항공사 컴퓨터의 PNR에 접근할 수 있도록 규정하고 있다. Public Law 107-71, *Aviation and Transportation Security Act*(NOV. 19, 2001.), 115 STAT. 597, section 115.
한편, EU 지침 제25조는 특정 국가가 적절한 보호수준을 보장하는 경우에만 제3국으로 개인정보를 이전할 수 있다고 규정하고 있다. 동 지침 제25조 제6항은 EU집행위원회가 특정국가의 국내법이나 가입하고 있는 국제협정을 이유로 정보보호규정의 적절성을 확인할 수 있도록 하고 있다. 그러므로 EU집행위원회는 정보보호 관련 분야에서 발생하는 대외적 문제에 관한 해결권한이 있다. EU, *Directive 95/46/EC*, art. 25.

유럽 전체에 미치게 되어 EU의 모든 회원국에 대하여 법적인 구속력을 가지게 될 것이고 모든 관련 국가들은 필요한 법적 확실성을 확보할 수 있게 된다.[243]

VI. 우리나라 관련 제도

OECD 8원칙을 모두 반영한 우리나라의 개인정보보호 관련 법률은 '정보통신망이용촉진및정보보호등에관한법률',[244] '공공기관의개인정보보호에관한법률',[245] '신용정보의이용및보호에관한법률'[246] 그리고 저자가 본고 작업을 하던 당시 법률 제정이 추진 중이었던 '개인정보보호법(제정안)'[247]이 있다.

정보통신망이용촉진및정보보호등에관한법률에서는 개인정보의 국외 이전 및 개인정보의 보호에 관련된 업무를 추진할 때 정부로 하여금 다른 국가 또는 국제기구와 상

---

243) 미국 CBP는 EU 지침(제8원칙)의 영향을 받는 항공사들에게 각 항공사의 CRS에 저장된 PNR에 대한 접근허용의무에 대해서는 2003년 3월 5일까지 한시적으로 그 적용을 면제하기도 하였다. 2004년 5월 28일 EC와 미국은 국제협정에 서명함으로써 항공기 탑승객 정보를 미국으로 유통할 수 있게 되었다. 동 협정은 서명과 동시에 발효되었으며 협정의 서명 2주전인 2004년 5월 14일 미국 CBP의 개인정보보호에 대한 적절성을 확인하는 EU집행위원회의 결정(Decision)과 병존한다. 동 국제협정은 동년 4월 21일 유럽의회(European Parliament)가 유럽사법법원(Court of Justice of the European Communities: ECJ)에 동 협정이 유럽공동체조약(Treaty of the European Community)과 양립할 수 있는 것인지 의견을 묻기로 결정하였음에도 체결이 되었는데, 이후 ECJ는 2006년 5월 30일 판결을 통해 EU집행위원회의 적절성 결정(adequacy decision)과 유럽이사회(European Council)의 국제협정체결행위에 대하여 무효임을 선언하였다. 하지만 ECJ는 EU집행위원회의 적절성에 대한 결정에 대해서는 2006년 9월 30일까지 효력이 있다고 보아 동 국제협정은 최소한 동년 9월 말까지는 존속할 수 있다. 비록 동 국제협정에 대해서 ECJ가 무효임을 선언하였지만 동 협정으로 인해 PNR에 포함된 정보에 대한 항공사의 의무에 관해서는 EU와 미국이 상호 합의할 만한 해결책을 찾았다고 볼 수 있으며 또한 동 협정으로 인해 항공사가 PNR 정보에 대해서 미국 당국에 이전할 법적 근거와 EU 역내의 PNR 정보에 대해서 미국 당국의 접근을 허용할 수 있는 법적 토대가 마련되었다고 볼 수 있다.

244) 정보통신망이용촉진및정보보호등에관한법률, 법률 제9637호.(일부개정 2009. 04. 22.) (시행일 2009. 7. 23.).

245) 공공기관의개인정보보호에관한법률, 법률 제8871호((타)일부개정 2008. 2. 29.).

246) 신용정보의이용및보호에관한법률, 법률 제9617호.(전부개정 2009. 04. 01.)(시행일 2009. 10. 2.).

247) 개인정보보호법제정안(입법예고), 행정안전부.

호 협력할 것을 규정하고 있다.[248] 국외 이전 개인정보의 보호와 관련해서 정보통신서비스 제공자 등이 이용자의 개인정보에 관하여 이 법을 위반하는 사항을 내용으로 하는 국제계약 체결을 금지하고 있으며,[249] 이용자의 개인정보를 국외로 이전하려면 이용자의 동의를 받도록 하고 있다.[250] 이용자의 동의를 받기 위해서는 '이전되는 개인정보 항목', '개인정보가 이전되는 국가, 이전일시 및 이전방법', '개인정보를 이전받는 자의 성명(법인인 경우에는 그 명칭 및 정보관리책임자의 연락처)', '개인정보를 이전받는 자의 개인정보 이용목적 및 보유·이용 기간'을 모두 이용자에게 고지하도록 하고 있다.[251] 또한 동의를 받아 개인정보를 국외로 이전하는 경우에도 적절한 보호조치를 하도록 하고 있다.[252]

공공기관의개인정보보호에관한법률에서는 '조약 기타 국제협정의 이행을 위하여 외국정부 또는 국제기구에 정보를 제공하는 경우'와 '범죄의 수사와 공소의 제기 및 유지를 위하여 필요한 경우' 등에 있어 보유기관의 장이 당해 개인정보파일의 보유목적 외의 목적으로 처리정보를 이용하게 하거나 제공할 수 있도록 하고 있다.[253] 이 경우 처리정보를 정보주체 외의 자에게 이용하게 하거나 제공하는 때에는 처리정보를 수령한 자에 대하여 사용목적·사용방법 기타 필요한 사항에 대하여 제한을 하거나 처리정보의 안전성확보를 위하여 필요한 조치를 강구하도록 요청하여야 하며, 이러한 요청을 받은 정보수령자는 처리정보의 안전성 확보를 위한 조치를 취하도록 하고 있다. 또한 보유기관으로부터 처리정보를 제공받은 자는 보유기관의 동의 없이 당해 처리정보를 제3자에게 이용하게 하거나 제공하지 못하도록 하고 있다.[254] 하지만 정보주체 또는 제3자의 권리와 이익을 부당하게 침해할 우려가 있는 경우에는 제3자에게 처리정보를 제공해서

---

248) 정보통신망이용촉진및정보보호등에관한법률, *supra* note 243, 제62조.
249) *Ibid*, 제63조 제1항.
250) *Ibid*, 제2항.
251) *Ibid*, 제3항.
252) *Ibid*, 제4항.
253) 공공기관의개인정보보호에관한법률, *supra* note 244, 제10조 제3항.
254) *Ibid*, 제4항 내지 제5항.

는 안 된다는 제한이 따르며,[255] 보유목적 외의 목적으로 제3자에게 처리정보를 이용하게 하거나 제공하는 경우에는 그 이용 또는 제공의 법적 근거·목적 및 범위 등에 관하여 필요한 사항을 정보주체가 쉽게 확인할 수 있도록 관보 또는 인터넷 홈페이지 등에 게재하도록 하고 있다.[256]

신용정보의이용및보호에관한법률에서는 신용조회회사 또는 신용정보집중기관으로부터 개인신용정보를 제공받으려는 자는 해당 개인으로부터 미리 동의를 받아야 한다고 규정하고 있다.[257] 하지만 '국제협약 등에 따라 외국의 금융감독기구에 금융회사가 가지고 있는 개인신용정보를 제공하는 경우' 등에는 신용정보회사 등이 개인신용정보를 타인에게 제공하는 경우에도 해당 개인의 동의를 받지 않아도 된다고 규정하고 있다.[258] 이와 관련하여 신용정보회사 등과 신용정보업관련자로부터 개인신용정보를 제공받은 자는 그 개인신용정보를 타인에게 제공하여서는 아니 된다고 규정하고 있기는 하나,[259] 신용정보회사 등과 신용정보업 관련자가 이 법에 따라 신용정보회사 등에 신용정보를 제공하는 행위는 업무 목적 외의 누설이나 이용으로 보지 않는다[260]고 규정하고 있어 외국 금융감독기구의 지위가 이 법에서 명확하게 드러나지 않아 업무상 비밀 누설 등의 경우에 그 책임을 물을 수 없는 경우가 생길 수 있다.

개인정보보호법(제정안)은 공공 및 민간의 모든 개인정보처리자를 적용대상으로 한다. 제정안에서는 행정안전부장관이 국제적 환경에서 개인정보보호 수준의 제고를 위해 필요한 시책을 강구하도록 하며, 개인정보 국외 이전에 있어서도 정보주체의 권리가 침해되지 않도록 관련 시책을 강구하도록 하고 있다.[261] 제정안에서는 개인정보주체

---

255) *Ibid*, 제3항.
256) *Ibid*, 제6항.
257) 신용정보의이용및보호에관한법률, *supra note* 245, 제32조 제1항.
258) *Ibid*, 제4항.
259) *Ibid*, 제42조 제4항.
260) *Ibid*, 제2항.
261) 개인정보보호법(제정안), *supra note* 246, 제14조.

개인정보보호를 위한 국제적 협력에 관한 연구

의 동의를 초과해서 이용하거나 제3자에게 제공해서는 안 된다고 규정하고 있으나,[262] '정보주체의 별도의 동의'를 얻거나, '조약 그 밖의 국제협정의 이행을 위하여 외국정부 또는 국제기구에 제공하기 위하여 필요한 경우', '범죄의 수사와 공소의 제기 및 유지를 위하여 필요한 경우' 등에는 정보주체 또는 제3자의 이익을 부당하게 침해하지 아니하는 범위 안에서 개인정보를 목적 외로 이용하거나 제3자에게 제공할 수 있다고 규정하고 있다.[263] 정보주체의 별도의 동의를 받는 경우에는 '개인정보의 이용목적(제공 시에는 제공받는 자의 이용목적)', '개인정보의 보유 및 이용기간(제공 시에는 제공받는 자의 보유 및 이용기간)', '개인정보를 제공받는 자', '이용 또는 제공하는 개인정보의 항목'을 정보주체에게 알려야 한다. 그 외의 경우에 개인정보처리자는 정보주체의 요구가 있으면 개인정보를 목적 외로 이용하거나 제3자에게 제공하는 근거를 명확히 제시해야 한다.[264] 또한 공공기관은 개인정보를 목적 외로 이용하거나 제공하는 경우 그 이용 또는 제공의 법적 근거·목적 및 범위 등에 관하여 필요한 사항을 관보 또는 인터넷 홈페이지 등에 게재해야 한다.[265]

국가들은 자국민의 프라이버시와 개인정보보호를 위해 입법적 조치와 비입법적 조치를 동원하여 보호목적의 달성을 위해 노력하고 있다. 하지만 정보통신기술의 발달에 따른 인터넷의 성장과 통신비용의 인하는 국외 이전 개인정보량을 무한히 증가시키고 있다. 개인정보의 국외 이전이 자유로워짐에 따라 효율성이나 편의성이 증대되기는 하겠으나, 그 이면에는 개인정보의 침해위험이 항상 도사리고 있다는 사실을 간과해서는 안 되겠다. 컴퓨터를 이용한 개인정보처리가 어디서나 가능하며 개인정보의 저장, 비교, 선택, 접근 능력이 확대되고 컴퓨터와 통신기술-특히, 인터넷-이 결합함으로써 전 세계에 지리적으로 분산된 수많은 이용자들의 손에서 개인정보가 처리됨으로 인해 개인정

---

262) *Ibid*, 제18조 제1항.
263) *Ibid*, 제2항.
264) *Ibid*, 제4항.
265) *Ibid*, 제5항.

보보호를 위한 각국의 노력은 위기를 맞게 되었다. 인터넷을 통한 정보생활환경하에서 개인정보의 국경 간 이동이 빈번해지고 이에 따라 외국에서의 행위로 인해 국내법 위반 사건이 발생하게 된다. 하지만 인터넷의 매체적 특성은 국가로 하여금 위반에 대한 관할권 행사를 함에 있어 논란을 불러일으키고 있다.

인터넷과 관할권

인터넷의 등장으로 인해 관할권이 충돌(jurisdictional conflicts of law)하는 경우가 증가하고 있다. 인터넷 관련 사건의 관할권 문제는 개인이나 기업의 인터넷을 통한 활동으로 인해 외국법의 위반 여부와 관련하여 발생한다. 또한 개인정보의 국외 이전 관련 규칙의 준수 여부와 관련한 분쟁에서도 관할권의 문제가 발생한다. 하지만 인터넷을 통한 활동은 지리적 편재성(遍在性)과 익명성(匿名性)으로 인해 전통적 관할권 이론을 적용하는 데 한계가 있다.[266]

제4장에서는 첫째, 인터넷이 기존의 국내법을 적용하여 규율하는 데 있어서 국가 간의 관할권 문제가 아직 해결되어 있지 않음을 지적하고자 한다. 둘째, 인터넷상의 사건에 대한 국가 간의 관할권 주장은 서로 상충할 수 있는 것이며, 비록 관할권에 관한 문제가 해결되었다 하더라도 집행상의 문제는 여전히 남아 있음을 지적하고자 한다. 셋째, 관할권의 의미와 기존의 관할권 결정을 위한 기준들이 인터넷상의 활동과 관련해서 어떤 의미를 갖는지 살펴보고자 한다. 끝으로, 이들 논의를 바탕으로 개인정보보호와 유관한 인터넷 활동을 규율할 수 있는 실효성 있는 선택은 무엇인지 모색하고자 한다.

---

266) Denis Rice, 「2001: A Cyberspace Odyssey Through U.S. and E.U. Internet Jurisdiction over E-Commerce」, *PLI/PAT*, Vol. 661, 2001, p. 429.

제1절

인터넷상의 법 적용

Ⅰ. 인터넷 활동의 특징

전통적인 국제 사회에서는 사법 당국이 특정 사건과 관련하여 사람, 물건, 활동의 지리적 위치를 결정하기가 상대적으로 용이하였다. 하지만, 인터넷 사회에서의 지리적 위치는 정하기가 쉽지 않다.[267] 인터넷 서비스 제공자들은 특정 위치에 물리적으로 주재하면서 사업 활동을 하고 서버(server)를 두겠지만, 그들이 제공하는 서비스는 세계 어디에서라도 쉽게 접근할 수 있다. 또한 인터넷을 통한 특정 이용자의 위치를 확인하기가 매우 어려우며, 인터넷 이용자들은 그들의 위치를 의도적으로 은폐하기도 한다.[268] 컴퓨터의 물리적 소재는 정보제공자나 정보수신자에게 거의 의미를 가지지 않으며, 통신망상의 주소와 컴퓨터의 소재지 간에 반드시 일정한 관련성이 존재한다고도 할 수 없다.[269] 인터넷상의 활동은 법적인 사건과 물리적 소재와의 관계를 중대하게 손상하기 때문에 속지성에 근거한 전통적 관할권 이론은 관할권의 근거로서 기능이 크게 제약된다.[270] 인터넷을 통한 활동은 속지주의에 근거한 규제의 현실성과 실효성을 크게 약화시키므로 규제를 위한 새로운 근거가 요구된다.[271] 국가들은 인터넷 관할권 결정을 위

---

267) *Ibid.*

268) *Ibid.*

269) 고영국, 「사이버 공간에서 국가관할권 문제의 해결방안」, 외법논집, 제23집 (2006. 8), p. 296-297.

270) *Ibid*, 전통적인 국제 관할권 원칙 가운데 특히 속지주의는 이러한 지리적 불명확성(geographic anonymity)으로 인해 적용되기 어렵다.

271) *Ibid*, p. 297.

한 해결책 마련을 위해 노력하고 있으나 아직까지 관할권 결정을 위한 단일 국제기준이 마련되지 않고 있다.[272] 이에 따라 실제로 인터넷 서비스 제공자들은 예기치 못한 곳에서의 법률 위반으로 피소될 수 있는 불확실성에 직면하고 있으며 이러한 불확실성은 기업에게 막대한 손해를 입힐 수 있다.[273]

II. 인터넷과 국내 규제의 한계

인터넷과 관련한 초국경적 사건이나 활동이 어느 국가에 속하며 어느 국가의 규율을 받는가가 문제된다. 결국 이에 대해서 국가들은 지리적 위치에 근거한 관할권 규칙에

---

272) Kevin A. Meehan, 「The Continuing Conundrum of International Internet Jurisdiction」, *Boston College International and Comparative Law Review*, Spring, 2008, pp. 348-349.

273) *Ibid*, pp. 345-346. 이러한 우려는 구글(Google) 자회사인 유튜브(YouTube)에 대한 브라질 대법원의 명령에 근거한 것이다. 이 명령으로 브라질 통신 기업이 유튜브 사이트를 차단하는 결과가 되었다. 법원은 금지명령이 있고나서 곧 이를 취소하였지만, 동 사건은 인터넷 관련 관할권이 전자상거래에 미칠 수 있는 막대한 영향을 잘 대변해 주고 있다.
Order to ban YouTube over steamy video of model ignites Brazil firestorm, The Seattle Times(2007. 1. 14.), 〈http://seattletimes.nwsource.com/html/nationworld/2003524395_youtube14.html〉(검색일: 2009. 3. 26.).
브라질의 축구스타 *Ronaldo*의 전 부인이었던 모델(*Cicarelli*)이 그녀의 은행원 남자친구(*Renato Malzoni Filho*)와 스페인해변에서 벌인 애정행각이 담긴 5분 분량의 비디오가 YouTube(이하, 피고) 사이트에 게시되었다. 두 당사자는 피고를 상대로 게시된 비디오를 삭제하도록 청구하였고, 피고가 이름을 바꾸어 다시 게시된 비디오를 삭제하기 위한 노력을 하지 않으므로 매일 $116,000를 배상하도록 요청하였다. 피고는 비디오 게시물을 삭제하기 위한 모든 노력을 다했으나, 피고 웹사이트를 방문하는 이용자들이 계속해서 비디오를 게시하고 있다고 주장하였다. 따라서 상파울로대법원 판사(*Enio Santarelli Zuliani*)는 피고 사이트에 대한 접근을 차단하도록 명령하였다. 이러한 차단조치 이후에 피고 웹사이트의 이용자들은 원고 모델의 MTV 출연 거부 운동을 전개하였다. 이후 대법원 판사는 결정을 번복하고, 피고 웹사이트가 비디오 게시물을 삭제하려는 노력을 계속하는 한, 사건이 진행되는 동안 피고 웹사이트에 대한 차단을 해제하도록 명령하였다. 원고가 찍힌 비디오는 스페인 해변이라는 공개된 장소이기는 하지만, 그러한 비디오가 상업적 목적으로 편집되고 수정되었으므로 브라질 국내법상 원고의 프라이버시를 침해하는 것이다. 생각건대, 본 사건에서 인터넷상의 모든 것을 차단하는 것은 불가능하며, 따라서 피고 웹사이트를 차단하라는 법원의 명령은 집행할 수 없는 명령이었다.

따라 문제를 해결하고자 할 것이다.[274] 각국의 법과 규제는 지리적 한계 내에서 발생하는 활동들을 규율하기 위해 발달하였기 때문에 국가 간의 관할권 결정은 지리적 위치를 근거로 한다.[275] 그리하여 각국은 그 영토 내의 사건을 규율할 수 있다. 지리적 위치 기준은 특정 행위가 하나의 영토 내에 위치하는 경우에 유용성을 발휘할 수 있으며, 그러한 행위가 어느 국가의 관할에 속하는지가 분명하다. 하지만 온라인상에서의 활동은 하나의 영토에 위치하고 있는 것이 아니며, 어디에서든 웹사이트에 대한 접근이 가능하다. 이것은 국가의 관할권과 관련하여 중대한 문제를 제기한다.[276] 관할권은 배타성의 원칙에 입각하지 않으므로, 동일한 행위가 합법적으로 한 개 이상의 국가 관할권 범위에 속할 수 있다.[277]

한 국가가 온라인 활동에 대하여 관할권을 행사하고,[278] 이러한 권한이 다른 국가들의 권한과 충돌하게 되는 경우가 발생할 수 있는데,[279] 이 경우 국가들은 상호 간의 논의 없이는 규제의 목적을 달성하기 어려울 것이다.[280] 인터넷 사회에서 국가들이 법과 질서를 유지하기 위해서는 관할권 문제에 대한 해결책을 찾아야만 한다. 온라인 활동과 관련해서 한 국가가 관할권을 행사하기 위한 분명한 규칙을 정립해야만 관할권에 관한 국가 간의 갈등과 혼란을 피할 수 있다.[281] 또한 관할권 규칙이 정립되어 있지 않으면

---

274) Uta Kohl, 『*Jurisdiction and the Internet: A Study of Regulatory Competence over Online Activity*』 (Cambridge Univ. Press, 2007), p. 3.

275) *Ibid*, p. 4.

276) 국가들이 국제무역이나 다국적 기업의 초국경적 성격에 대응하여 왔으나 인터넷은 이와는 다른 완전히 새로운 차원의 문제를 제기하고 있다. 모든 국가가 모든 웹사이트에 대한 규제 권한을 주장할 수도 있을 것이다. 하지만 모든 국가가 웹사이트를 규제할 권한을 주장할 수 있다는 것은 어떠한 국가도 그러한 규제 권한을 가지지 않은 것과 같은 말이 될 수 있다. Uta Kohl, *supra* note 273, p. 47.

277) Ian Brownlie, 『*Principles of Public International Law*』(7th ed., Oxford Univ. Press, 2008), p. 312. 그러나 조약에 의해 배타성의 영역이 확립될 수 있다.

278) 예를 들면 온라인 활동을 규율할 계약법이나 불법행위법 또는 형법의 제정 권한 등.

279) Uta Kohl, *supra* note 273, p. 5.

280) 이러한 규제의 목적을 달성하기 위한 국가 간의 논의는 이미 진행되고 있으며, OECD에서의 논의가 가장 활발하다. 국제기구에서의 논의가 이루어지는 것은 온라인 활동으로 인해 발생하는 분쟁에 대응할 필요가 있어서이다.

281) Rosalyn Higgins, 『*Problems and Process: International Law and How We Use It*』(Oxford:

특정 사건을 효과적으로 규율하기 어려울 것이며, 결국 실체법의 실효성마저 해치게 된다. 법의 실효성 문제는 온라인 공간에만 한정되지 않는다.[282]

관할권 규칙과 속지주의원칙은 국가 개념에 근거한 것이며, 국가 영토상의 통제는 국가로서의 필연적 결과이며 본질적 속성이다.[283] 하지만 인터넷은 관할권의 근거가 되는 속지성을 상실케 함으로써 국가의 존재를 모호하게 하는 측면이 있다.[284] 하지만 국가를 빼 버린 법은 상상하기 힘들 것이다.[285]

온라인상의 사건에 대한 관할권이 결정되었다 하더라도 국경을 넘어오는 웹사이트에 대해 국가들이 실제 관할권을 행사할 능력이 있는지가 문제된다. 이론상으로 국가가 그 영토상에서 발생하는 사건에 대해 관할권을 갖지만 온라인상의 사건에 대해서는 실제로 그러한 권한을 행사할 수 있는 실제적인 수단을 가지지 못하는 경우가 있다.[286]

1990년대 중반 온라인 혁명 초기에 법학자들은 전통적인 국가 기반의 법이 인터넷 사회를 규율할 수 없다고 생각하였다. 당시에는 지리적 위치에 근거한 전통적인 관할권 규칙은 초국경적인 인터넷에 적용될 수 없으며,[287] 사이버공간은 별도의 독립된 공간으

Clarendon, 1994), p. 56.

282) 즉, 인터넷을 효과적으로 규제하지 못하는 경우에는 동일한 오프라인 활동의 규제의 신뢰성과 실효성을 해치게 된다. 다시 말해서, 유사한 온라인 도박업체에 규제의 효력이 미치지 못하는 상황에서, 오프라인상의 도박업체를 금지하는 것을 정당화 할 수 있겠는가? 온라인에서 자유롭게 구매할 수 있는 약품과 동일한 약품에 대해서 오프라인에서는 처방전을 받으라고 한다면 말이 되는가? Uta Kohl, *supra* note 273, p. 8.

283) Helmut Steinberger, 「Sovereignty」, in Rudolf Bernhardt(ed.), *Encyclopaedia of Public International Law*, Vol. 10(1987), p. 397.

284) David R. Johnson and David Post, 「Law and Borders - The Rise of Law in Cyberspace」, *Stanford Law Review*, Vol. 48(1996), p. 1367.

285) Paul Schiff Berman, 「The Globalisation of Jurisdiction」, *University of Pennsylvania Law Review*, Vol. 151(2002), p. 321.

286) 이것이 국가의 집행관할권과 관련된 문제이다. 하지만 국가는 다국적 기업의 출현에 대해서도 잘 대응해 왔으며, 인터넷은 영토에 대한 국가의 통제력이 문제 되는 최초의 현상은 아닌 것이다. Robert McCorquodale and Raul Pangalangan, 「Pushing Back the Limitations of Territorial Boundaries」, *European Journal of International law*, Vol. 12(2001), p. 867.

287) David R. Johnson and David Post, *supra* note 283, p. 1367.

로 다루어서 규제되어야 한다고 주장되었다.[288] 이러한 주장에 대해 정부도 동의하는 듯하였으나,[289] 이후에 이루어진 법의 발전 방향을 보면 국가는 온라인 활동에 대해 전통적인 영토기반의 법을 일관되게 적용하고 있으며, 또한 인터넷을 국가의 권한이 미치지 않는 별도의 공간으로 다루고 있지 않다. 결과적으로 인터넷과 관련된 논쟁의 축은 초국경적 인터넷을 국가가 규율해야 할 것인가의 문제로부터 국가가 인터넷을 규율하되 어떻게 할 것인가의 문제로 변화하게 되었다.[290]

---

288) *Ibid*, p. 1378.

289) Neil Weinstock Netanel, 「Cyberspace Self-Governance: A Skeptical View from Liberal Democratic Theory」, *California Law Review*, Vol. 88(2000), p. 395.

290) Uta Kohl, *supra* note 273, p. 12.

제2절

관할의 결정

I. 관할권의 개념

주권국가가 그 영토 내의 행위에 관해서 법률을 제정하고 이러한 법률을 집행하는 것은 주권국가의 권리로서 국제법의 기본원칙이라 할 수 있다.[291] '관할(jurisdiction)'은 라틴어 *juris dictio*에서 온 말로, '법의 집행(administration of justice)'을 의미한다.[292] 오늘날에는 규제할 수 있는 법률적 권한이라는 의미를 가지며, 이 책에서는 국내적인 차원에서의 관할이 아닌 초국경적(transnational)인 차원에서의 관할을 다룬다.[293] '관할권(jurisdictional competence)'은 '주권(sovereignty)'이라는 국가의 일반적인 법적 권한의 특정 측면들을 가리키며, 국가 관할권과 관련해서 그 전제가 되는 가정은 관할권이 영토와 관련되어 있다는 것이다.[294] 영토의 속성을 반영한 속지주의(territorial principle)에 의해서 주권국가는 필연적으로 그 영토의 경계 내에 있는 모든 사람, 물건, 활동에 대

---

291) PCIJ, *The Lotus Case*(Fr. v. Turk.), 1927, PCIJ Reports, Series A, No. 10, pp. 18-19.

292) Ivan Shearer, 「Jurisdiction」 in Sam Blay, Ryszard Piotrowicz and Martin Tsamenyi(eds.), *Public International Law - An Australian Perspective*(2nd ed., Melbourne: Oxford University Press, 2005), p. 154.

293) 순수하게 국내적인 의미에서의 관할은 보통 헌법에 명시된 대로 특정 문제를 다룰 수 있는 하나의 국가기관(사법부)의 권한에 대한 다른 국가기관(행정부)의 권한을 의미한다. 초국경적인 차원에서 관할은 다른 의미를 갖는다. 첫째, 광의의 관할은 다른 국가에 대한 한 국가의 관할권을 의미한다. 이 경우에 관할권 규칙은 국가 간의 규제공간의 배분에 관한 것이다. 둘째, 관할은 국가의 영토를 의미하기도 한다. 셋째, 국제사법상 관할은 어느 법원이 초국경적 분쟁을 심리할 것인가에 관한 문제이다. 이 책에서의 관할의 의미는 광의로서 국가의 관할권을 의미하는 것으로 해석한다.

294) Ian Brownlie, *supra* note 276, p. 299.

개인정보보호를 위한 국제적 협력에 관한 연구

해서 관할권을 갖는다.[295] 하지만 그러한 주권이 국경을 넘어서 확장될 수 있는가는 분명치 않다.[296]

국가는 입법부나 사법부 또는 행정부를 통해 관할권을 행사하는데, 이러한 권한을 결정하는 것이 관할권 규칙이다. 관할권 규칙은 국가의 관할권 주장을 위해서 그 국가와 규제 대상 간에 필요한 연관관계를 규정하고 있다. 관할권 규칙은 분쟁의 성격과 국가가 주장하는 규제활동에 따라 정해진다. 즉, 분쟁이 민사적 성격이면 국제사법상의 관할권 규칙이 적용되고, 형사적 성격이면 국제공법상의 관할권 규칙이 적용된다.[297] 초국경적 범죄의 기소와 관련하여 그 적법성은 국내법상의 원칙으로 설명된다. 하지만 초국경적 범죄와 관련한 기소의 적법성을 설명하기 위한 국내법상의 원칙은 동일한 국제공법상의 원칙과 양립할 수 있어야 하므로 결국 국제공법은 역외적 범죄 관할권 결정에 적용된다고 할 수 있다.[298]

초국경적 상황에서 국가가 주장하는 규제활동은 법 제정권한, 재판권한, 판결 집행권한으로 나눌 수 있으며, 오직 그 영토 내에서만 모든 유형의 관할권을 가질 수 있다. 특정 상황에서 국가의 재판관할과 입법관할은 역외적으로 그 범위를 확장할 수 있지만 집행관할은 그 영토를 넘어서 확장될 수 없다.[299] 초국경적인 민사사건의 경우에 국제사법에서는 한 국가가 법을 제정하지만 다른 국가에 의해서 그 사건을 재판하고 집행하는 것을 가능하게 하고 있다. 즉, 준거법(choice of law)의 문제가 발생한다. 하지만 형사사건의 경우에는 한 국가가 재판관할이 있는 것으로 추정되면 법원은 언제나 외국법이 아닌 법정지의 법을 적용할 것이므로 준거법의 문제가 생기지 않으며, 재판관할과 입법관할의 중첩이 인정된다.[300] 집행관할은 자유 또는 재산의 박탈을 통해서 판결의 효력을

---

295) Kevin A. Meehan, *supra* note 271, pp. 347.
296) *Ibid*.
297) Uta Kohl, *supra* note 273, p. 15.
298) *Ibid*, p. 16.
299) 어떤 상황에서 국가는 그 영토 밖의 사람이나 사건에 대하여 법을 제정하거나 재판을 할 수 있을 것이지만, 이러한 것을 집행하기 위해서 다른 국가의 영토로 그의 경찰을 보낼 수 없다.
300) Michael Akehurst, 「Jurisdiction in International Law」, *British Yearbook of International Law*, Vol.

발생하게 하는 것으로서 재판관할이나 입법관할과는 확연히 구분된다.[301] 국가들은 재판관할이나 입법관할을 근거로 관할권의 주장을 하여도 집행관할로 인해 관할권 주장을 할 수 없게 된다. 국가는 원칙적으로 타국의 영토에서 동의 없이 자국법 집행을 위한 조치를 취할 수 없다.[302] 조약이나 합의에 의하지 않고서는 사람을 체포하거나 법원출두명령서를 송달할 수 없으며, 경찰 조사나 세무 조사를 수행할 수 없고, 문서제출명령을 시행할 수 없다.[303] 국가는 객관적 속지주의의 규제를 받는 사안에 대해 타국의 집행관할권 행사를 묵인할 수 있다.[304]

II. 관할권 결정 기준

1. 민사관할

1) 민사관할의 확대

민사소송에서 피고에 대한 인적관할권이 있는 법원은 분쟁을 재판할 권한을 갖는다. 인적관할권 결정의 전통적 입장은 영토 내에 피고가 현존(presence)하거나 거주하여야

46(1972), p. 177. 이러한 면에서 국제사법과 국제공법은 구분된다. 사법은 모든 국가의 국제사법에 의해 규율된다. 국가의 관할권은 재판관할, 입법관할, 집행관할로 구분된다. 재판관할(사법관할)은 물적 또는 인적 관할을 말한다. 관할의 근거는 관할 내에서의 영장의 송달이다. 입법관할(법 제정관할)은 준거법, 즉 법원은 외국 실체법을 적용할 수 있다. 관할의 근거는 불법행위의 장소, 계약상의 선택, 계약의 장소이다. 집행관할권은 관할의 근거가 엄격히 영토적이다. 하지만 외국관결의 상호 집행을 위한 합의가 가능하다. 공법은 국제공법의 관할 규칙에 의해 규율된다. 관할권은 재판관할, 입법관할, 집행관할로 구분되나, 재판관할과 입법관할은 중첩이 가능하며, 관할의 추정을 받는 법원은 언제나 그 자신의 법을 적용하며 준거법의 문제가 발생하지 않는다. 관할의 근거는 속지주의, 속인주의, 보편주의, 보호주의, 소극적(수동적) 속인주의이다. 집행관할은 관할의 근거가 엄격하게 영토적이며 외국관결은 집행하지 않는다.

301) 관할권의 법적 근거와 제한에 의하면 실체적(입법적) 관할권과 집행적 관할권은 상관관계에 있는데, 사실상 이들의 본질적인 차이는 없다는 견해도 있다. Ian Brownlie, *supra* note 276, p. 311.

302) *Ibid*, p. 309.

303) 이에 대한 논란이 제기된 것은 경제적 규제, 특히 독점금지법의 영역에서였다.

304) *Supra* note 301.

한다.[305] 그렇지 않은 경우에는 원고는 피고의 국가에서 소송을 제기해야 한다.[306] 이러한 전통적인 입장은 계약으로 수정될 수 있는데, 당사자의 위치에 상관없이 계약상의 조건에 따라 피고에 대한 법정지를 정할 수 있다.[307] 이와 같은 두 가지 경우에 따라 원고가 불법행위에 대한 배상을 받기 위해 외국 법정에 서는 경우가 발생하는데, 특히 소액 거래인 경우에는 외국에서의 소송의 어려움과 생소한 법률로 인해 피고의 책임을 물을 수 없는 경우가 발생한다. 특히, 원고의 국가에서 적극적인 기업 활동을 했던 피고에 대해서 이와 같은 문제가 발생한다면, 이는 공정하다고 볼 수 없을 것이다. 인터넷을 통한 국경 간 거래가 빈번한 현실에서는 전통적 입장이나 계약상 조건에 대한 예외를 인정해야 할 경우가 필요하다.

미국 법원의 판례에서는 민사 분야에서 관할권 결정을 위한 규칙들이 어떠한 조정 과정을 거치게 되는지 잘 나타나 있다. 이러한 계기가 된 최초의 사건은 1945년 *International Shoe Co. v. Washington* 사건[308]이다. 동 사건에서 미 연방대법원은 특정인에 대해 법원이 관할권을 행사하는 데 있어 피고가 관할 내에 실제적으로 현존해야 한다는 요건을 문제 삼지 않았다. 이것은 법원이 집행관할권이 없는 경우에도 재판관할권을 행사할 수도 있는 것으로 해석될 수 있다. 하지만 동 사건에서 요구하는 바는, 피고가 법정지와 최소한의 접촉(minimum contacts)을 갖도록 하여 소송이 전통적인 개념인 공정하고 실질적인 정의(fair play and substantial justice)에 위반하지 않도록 하는 것이었다.[309] 법원은 법정지에서의 기업 활동을 전통적 입장인 현존 요건으로 해석하였

---

305) Uta Kohl, *supra* note 273, p. 74.

306) *Ibid.*

307) Miriam Wugmeister, *et al.*, *supra* note 222, pp. 475-476.

308) *International Shoe v. State of Washington*, 326 U.S. 310(1945). 인적관할권을 판단함에 있어, 법원이 비거주자인 피고가 법정지와 최소접촉(minimum contacts)을 하는 경우에 피고에 대한 관할권 주장을 할 수 있도록 한 것은 적법절차조항(due process clause)에 부합하는 것이며, 그와 같이 인적관할권을 인정하여 재판을 계속하는 것이 전통적인 공정한 재판(fair play)과 실질적 정의(substantial justice)의 개념에 반하는 것이 아니라고 함.

309) *Ibid*, p. 316.

다.[310] 즉, 법의 공정한 집행과 관련하여 기업 활동의 질과 성격으로 보아 법정지와 충분한 접촉이 있었는지 여부를 판단한다.[311] *International Shoe Co. v. Washington* 사건을 계기로 전통적인 실제 현존 기준을 적용하지 않음으로써 법정지와 실질적인 접촉은 있으나 단지 소송 당시에 법정지에 실제적으로 현존하지 않는다는 이유로 법원의 관할권을 벗어날 수 있었던 피고에 대해서 재판관할권을 행사할 수 있게 되었다.

1958년 *Hanson v. Denckla* 사건[312]을 통해 *International Shoe Co. v. Washington* 사건에서의 최소접촉이론에서 한 발짝 더 나아가게 된다. *Hanson v. Denckla* 사건에서 미 연방대법원은 피고가 의도적으로 법정지 내에서 활동하는 특권을 이용하고, 그로 인해 법정지 법의 혜택과 보호를 원용하는 행위가 요구된다고 하였다.[313] 동 판결로 인해 피고의 현존성에 초점을 두었던 최소접촉이론은 피고의 객관적 의도(objective intentions)에 초점을 두고 이를 평가해야 하는 이론이 되었다. 이와 같은 의도적 이용이론에 따르면 피고가 그 행위를 통해 법정지와 관계를 맺고, 그로 인해 법정지 법의 혜택을 원용하거나 법정지를 목표로 하는 경우에 재판관할권이 인정된다.

이와 같이 관할권의 범위가 확대됨에 따라 과도한 관할권 주장에 대해 제한을 가할 필요가 있게 되었다. *World-Wide Volkswagen Corp. v. Woodson* 사건[314]에서 미 연방대법원은 최소한의 접촉을 인정하더라도, 그로인해 비합리적인 결과가 된다면 인적관할권 행사를 하지 못할 수 있다고 하면서, 합리성의 판단을 위해서는 피고가 지게 될 부담과 재판에 대한 법정지의 이해관계 그리고 원고가 편리하고 효과적으로 구제받을 수 있는지 여부와 기본적이고 실질적인 사회정책을 달성하기 위해 몇 개 주(州)들이 공통적으로 갖고 있는 이해관계 등을 고려해야 한다고 하였다.[315] 이와 같은 제한으로 인해

---

310) *Ibid.*
311) *Ibid*, p. 319.
312) *Hanson v. Denckla*, 357 U.S. 235(1958).
313) *Ibid*, p. 253.
314) *World-Wide Volkwagen Corp. v. Woodson*, 444 U.S. 286(1980).
315) *Ibid*, pp. 291-294.

개인정보보호를 위한 국제적 협력에 관한 연구

관할권을 판단함에 있어 두 당사자 간의 실질적인 이해관계의 균형을 요구할 수 있게 되었으나, 합리성 판단에 있어 모호한 기준에 의존하고 있음은 부정할 수 없다.

우리나라 대법원은 국제재판관할권의 결정기준과 관련해서 당사자 간의 공평, 재판의 적정, 신속 및 소송경제를 기한다는 기본이념에 따라야 하며, 구체적으로는 소송당사자들의 공평, 편의 그리고 예측 가능성과 같은 개인적인 이익뿐만 아니라 재판의 적정, 신속, 효율 및 판결의 실효성 등과 같은 법원 내지 국가의 이익도 함께 고려해야 한다고 하였다.[316] 또한 이러한 다양한 이익 중 어떤 이익을 보호할 필요가 있을지 여부는 개별 사건에서 법정지와 당사자 간, 그리고 법정지와 분쟁이 된 사안 간의 실질적 관련성을 객관적인 기준으로 삼아 합리적으로 판단해야 한다고 하였다.[317]

지금까지 판례를 토대로 판단하여 보면, 미국에서 발전해 온 관할권 결정 이론들은 전통적인 속지주의이론으로부터 관계의 수준에 초점을 맞춘 융통성 있고 자의적인 개념으로 바뀌어 가고 있는 것을 알 수 있다.

2) 인터넷과 민사관할

인터넷이 등장하고 난 후 법정지를 목표로 하였는지에 따른 분석은 의미를 잃게 되었다. 왜냐하면 모든 웹사이트가 모든 국가를 목표로 하였다고 볼 수 있기 때문이다. 이에 대한 요구로 웹사이트의 순응율(順應率)(sliding scale)에 따라 관할권을 결정하고자 하는 이론이 등장하게 되었다. *Zippo Manufacturing Co. v. Zippo Dot Com Inc.* 사건[318]에서 법원은 인터넷을 통한 정보교환의 상업적 성격과 상호작용의 수준에 근거해서 인적관할권을 행사할 수 있다고 하였다.[319] 법정지 주민과의 상호작용의 수준이 높을수록

---

316) 대법원 2005. 1. 27. 선고[2002다59788 판결].

317) *Ibid.*

318) *Zippo Manufacturing Co. v. Zippo Dot Com, Inc.*, 952 F.Supp. 1119(W.D.Pa. 1997).

319) *Ibid.*, p. 1124. 측정 범위의 한쪽 끝에는 피고가 명백하게 인터넷을 통해 상업 활동을 하는 경우에 관할권이 인정된다. 그 반대편 끝에는 외국의 이용자가 접근할 수 있는 인터넷 웹사이트에 피고가 단순

그리고 그러한 상호작용으로 피고가 더 많은 이익을 취할수록, 외국의 피고에 대한 인적관할권 주장이 쉬울 것이다. 하지만 법원은 피고 웹사이트의 성격이 관할권 문제와 연관이 있다는 것을 인정하고는 있으나, 관할권을 인정하기 위해서는 웹사이트의 성격과 관할권 문제가 어느 정도의 관련성을 가지고 있어야 하는지에 대한 합리적인 해결을 제시하지 못함으로써 관할권의 기준이 순응율의 중간에 놓이게 되는 경우에는 그 결정이 어렵게 되었다.[320] *Zippo* 사건에서는 웹사이트의 상호작용성과 관할권 행사와의 합리성이 분명치 않으며, 웹사이트의 구조가 높은 수준의 상호작용을 할 수 있는 것이라면 그 웹사이트의 제공자는 모든 법원의 인적관할권의 대상이 될 것이며, 그 반대의 경우에는 어느 법원의 관할권의 대상도 될 수 없게 된다. *Zippo* 사건의 이론은 객관적으로 모든 사실에 근거하여, 피고가 접촉하고자 의도한 법정지 관할의 대상이 된다는 것을 전제로 하는 이론이다. 따라서 수동적 웹사이트의 제공자는 웹사이트를 통해 접촉하는 법정지의 통제를 받지 않는다. 이와 달리 전자상거래를 목적으로 하는 웹사이트의 제공자는 그와 거래하는 상대방의 위치를 알고 있거나 알 수 있도록 합리적인 조치를 취해야 한다.[321]

Zippo 사건에서는 순응율의 양극단의 중간에 위치하는 웹사이트에 대한 관할권 결정의 기준즉, 웹사이트가 순응율의 위 또는 아래로 움직이기 위해 필요한 상호작용성의 수준과 성격-이 모호하여 결과를 예측하기가 어려울 뿐만 아니라, 웹사이트의 성격은 객관적인 사실에 근거하여 판단하므로 이를 평가하는 법관에 따라 결과가 달라지게 된다. *Zippo* 사건의 이론 전부를 부정할 수는 없겠지만, *Zippo* 사건의 이론은 수많은 소

히 정보를 게시하는 경우인데, 이러한 수동적 웹사이트에 대한 관할권 주장은 인정되기 어려울 것이다. 이들 두 가지 극단적 상황의 가운데에는 이용자가 호스트 컴퓨터와 정보를 교환할 수 있는 상호작용의 양방향 웹사이트가 위치한다. 이러한 경우에는 웹사이트상에서 발생하는 상호작용의 수준과 정보 교환의 상업적 성격에 의해서 관할권 행사 여부가 결정된다.

320) American Bar Association, *Achieving Legal and Business Order in Cyberspace: A Report on Global Jurisdiction Issues Created by the Internet*, p. 65, 〈http://www.kentlaw.edu/cyberlaw/docs/drafts/draft.rtf〉(검색일: 2009. 10. 11.).

321) *Ibid*, p. 66.

소한 차이들을 평가하여야 하므로 일관성이 없고 결정이 자의적일 수밖에 없다. 실체적 정의를 달성하기 위해서는 사실 중심적이고 사례 중심적인 분석이 필요할 것이지만, 이로 인해 형식적 정의에서 요구하는 법적 확실성과 예측 가능성이 위협받게 되는 결과가 된다.[322] 따라서 이번에는 웹사이트를 전체적으로 분석하는 이론의 등장이 요구되었다.

EU의 직접성(directing)이론은 웹사이트를 전체적으로 분석하도록 하고 있다. 웹사이트를 분석함에 있어서는 법정지 주민과의 거래 횟수, 사용 언어, 지불 통화, 법정지와의 실제 계약뿐만 아니라 특정 국가로부터 소비자를 배제하고자 하는 시도 등과 같이 당사자들에게 예측 가능성을 주지 못하는 요소들을 고려한다.[323] EU집행위원회는 직접성이론을 논의하면서, 원격지간의 계약 체결을 위해 구매자에게 팩스로 주문하도록 유도하는 웹사이트와 모든 국가의 잠재적 구매자에게 정보를 제공하지만 원격지 간의 계약 체결을 목적으로 하지 않고 실제 계약의 체결은 국내 유통업자나 대리점을 통하는 웹사이트에 대해서는 상호작용을 하는 웹사이트로 볼 수 없다고 하였다.[324] 하지만 외국 온라인 사업자가 법정지에서 국내 유통업자를 두지 않고 법정지로부터 소비자에게 정기적으로 물건을 판매하는 경우와 계약이 팩스가 아닌 인터넷을 통하여 이루어지는 경우에는 해결하기가 쉽지 않다. 이는 앞서 살펴본 *Zippo* 사건에서 순응율의 중간에 위치하는 웹사이트를 어떻게 판단할 것인가와 유사한 어려움에 봉착하는 것이다.

---

322) Uta Kohl, *supra* note 273, p. 85.

323) Joakim S. T. Oren, 「International Jurisdiction over Consumer Contracts in e-Europe」, *International and Comparative Law Quarterly*, Vol. 52(2003), p.690; 미국의 목표(targeting)이론은 EU의 직접성 이론과 유사하다. 미국의 목표이론에서도 법원이 웹사이트를 전체적으로 분석할 것을 요구하며, 웹사이트에 사용된 언어, 지불이 허용된 화폐의 종류, 소송을 피하기 위한 경고문(disclaimers), 지리위치기술(geo-location technologies), 이용된 최상위 도메인(top-level domain), 그림을 이용한 제안(pictorial suggestions), 광고, 시장 참여 등을 고려하도록 하고 있다. Holger Hestermeyer, 「Personal Jurisdiction for Internet Torts」, *NW. J. INT'L L.&BUS.*, Vol. 26(2006), p. 279, Kevin A. Meehan, *supra* note 271, p. 359.

324) *Proposal for a Regulation of the European Parliament and the Council on the Law Applicable to Contractual Obligations*, COM(2005) 650 final, para. 4.2.

2. 형사관할

1) 형사관할의 확대

(1) 객관적 속지주의

형사관할은 법정지국 법률상 범죄 행위에 대해서 관할권을 행사하는 일반원칙에 관한 것인데, 범죄가 행해진 장소의 법원이 관할권을 행사한다는 원칙은 보편적으로 인정되어 왔으며, 이 원칙은 국가가 지니는 법적 권한의 전체로서 주권이 지닌 영토적 속성을 적용한 것이다.[325] 속지주의 원칙은 범죄가 발생한 경우에 법정지 결정이 편리하고 범죄가 실행된 국가의 이익이 관련된 것으로 추정할 수도 있어 많은 실익이 있다.[326] 속지주의를 채택한 국가들은 간혹 이 원칙을 확장해서 적용하기도 한다.[327] 우선, 주관적 속지주의는 한 국가 내에서 개시되었으나 해외에서 완성되거나 종료된 범죄에 대하여 범죄 개시국가의 관할권을 발생시킨다.[328] 객관적 속지주의원칙은 일반적으로 받아들여지고 자주 원용되는 원칙으로서, 한 국가 영토에서 범죄의 핵심 구성요소가 완료되면 관할권이 성립된다.[329]

1927년 *Lotus*호 사건[330]은 국제적 차원에서 속지주의 확대와 관련한 중요한 사건이다. 동 사건에서 상설국제사법법원(Permanent Court of International Justice: PCIJ)은 국가는 외국에서의 행위로 그 영토 내에 피해를 입힌 개인을 처벌할 수 있다고 판결하

---

325) Ian Brownlie, *supra* note 276, p. 301.

326) *Ibid.*

327) *Ibid.*

328) *Ibid.*

329) 고전적인 예로는 국경 너머로 총을 발사하여 해당 법정지국 영토에서 살인사건을 일으키는 경우이다. 이 원칙은 일반적인 지지를 받고 있으며, PCIJ(Permanent Court of International Justice)의 로터스호사건(*Lotus case*)에서 공해상 선박 충돌에 대해 적용되어 많은 논란이 되었다. 로터스호 사건을 계기로 시작된 속지주의 원칙의 확장은 최초에는 행위의 물리적 효과가 위반의 구성요소가 되었으나, 이후 합리성(reasonableness)의 제한을 받는 비 물리적 효과, 즉 경제적 효과에 이르기까지 확장되었다. 또한 주관적 속지주의와 객관적 속지주의는 인터넷 관련 관할권 문제에서 각각 정보발생지주의와 정보수신지주의에 대응하는 개념이 된다.

330) PCIJ, *The Lotus Case*(Fr. v. Turk.), *supra* note 290.

였다.[331] PCIJ는 영토적 관할권 주장을 하기 위해서 필요한 요건-영토 내에 범죄자가 존재하고 있어야 한다든지 또는 피해의 원인행위가 영토 내에서 발생하였다든지 하는 요건-을 적용하지 않고 범죄자의 행위가 그 영토에 영향을 미쳤을 것만을 요건으로 함으로써 속지주의원칙을 재규정하였으며, 결과 중심의 관할권 주장을 가능하게 하였다.[332] 하지만 *Lotus*호 사건에서의 관할권 확대 시도는 매우 제한적이다. 무엇보다도 동 사건은 해외에서 기인한 행위가 영토에 미치는 물리적 효과(physical effects)에 관한 것이었다.[333] 그리고 위법행위의 효과가 범죄의 구성 요건이라는 것이다.[334] 하지만 상업적 활동의 범위가 전 세계적으로 확대되면서 물리적 효과에 의존한 관할권 확대 이론은 한계에 이르게 된다.

(2) 합리적 효과주의

물리적 효과에 초점을 맞춘 객관적 속지주의에 이어 다음 단계의 속지주의원칙의 확대는 외국에서의 활동으로 인해 국가 영토에 미치는 비물리적 효과(non-physical effects)에 근거한 관할권 주장의 형태로 나타난다. 비 물리적 효과에 의한 관할권 주장은 1970년대와 80년대 초반 미국 독점금지법의 역외적 집행과 관련하여 논란이 되었다. 미국 법원은 외국 기업에 대해서 자국 독점금지법을 적용하였는데, 이는 외국에서 발생한 기업 활동의 효과가 미국 내에까지 미친다는 것을 근거로 한 것이다.[335] 이와 같은 미국의 태도는 형사관할권을 과도하게 확대해서 미국의 경제정책을 다른 국가에 강요한다는 이유로 많은 국가들의 항의를 받았다.[336] 여기서 문제되는 것은 외국에서의

---

331) *Ibid*, p. 73.

332) Matthew Goode, 「The Tortured Tale of Criminal Jurisdiction」, *Melbourne University Law Review*, Vol. 21(1997), pp. 415-416.

333) 즉, 프랑스 증기선인 *Lotus*호가 터키 증기선(즉, 터키 영토)과 충돌하여 8명의 터키 선원과 승객을 살해하였다는 것이다.

334) 터키 영토에서 발생한 터키 선원의 죽음은 터키법상 과실치사죄의 구성요건에 해당하였다.

335) Uta Kohl, *supra* note 273, p. 91.

336) *Ibid*, p. 92.

행위가 미국에 미치는 효과가 물리적인 효과가 아니고 눈에 보이지도 않고 파악할 수도 없는 경제적 효과라는 것이다. 파악할 수 없는 효과에 근거하여 관할권을 주장하는 상황에서는 외국에서의 활동의 경제적 효과에 근거하여 관할권을 주장하는 국가들이 현저하게 증가하게 될 것이다.

요컨대, 한 국가 내의 기업의 행위로 인해 지구 반대편에 그 효과를 미치게 되는 경우가 있는데, 관할권을 주장하는 데 필요한 효과의 종류에 관해서는 영향을 받는 모든 국가에 의한 관할권 주장을 방지하기 위해서도 제한이 필요하다.[337] 하지만 제한의 종류와 관련해서는, 효과가 실제적이어야 하는지 또는 의도된 것이어야 하는지, 또는 효과가 실질적이거나 직접적이어야 하는지, 아니면 이 모두를 다 포함해야 하는지 견해가 일치되지 않고 있다.[338] 이러한 제한들은 물론 비합리적인 관할권 행사를 방지하기 위한 것이다. 하지만 관할권 행사에 대한 합리성의 기준이 모호하여 불확실성을 증가시킨다. 이러한 불확실성으로 인해 효과주의를 거부하는 경우도 있으나,[339] 실체적 정의라는 관점에서 효과주의를 완전히 배제할 수는 없을 것이나, 형식적 정의의 관점에서는 받아들이기 어려운 이론이라고 하겠다.

하지만 이와 같은 불확실성을 제거하여 보다 예측 가능한 이론을 제시하고자 하는 시도가 있었다. *Hartford Fire Insurance Co. v. California* 사건[340]에서 법원은 초국경적 범죄에 대한 재판관할권 결정과 관련된 국제예양이나 합리성 판단, 국가 간 규제 이익의 균형은 국내법과 외국법 간의 진정한 저촉(true conflict)이 있어야 작동할 수 있는 것이라고 하였다.[341] 이러한 법원의 판결은 초기 효과이론으로 돌아가 법적 확실성을 담보하기 위한 시도로 평가되고 있다.[342] 왜냐하면 재판관할권 결정과 관련된 고려요소들

---

337) *Ibid.*

338) Michael Akehurst, 「Jurisdiction in International Law」, *British Yearbook of International law*, Vol. 46(1972), pp. 199-201.

339) *Ibid*, p. 208.

340) *Hartford Fire Insurance Co. et al. v. California et al.* (91-1111), 509 U.S. 764(1993).

341) *Ibid*, p. 798.

342) 물론 효과는 비물리적 효과를 포함하므로 기존의 효과이론에 비하여 확대된 범위를 갖는다. 따라서

은 사후적이고 부정확한 성격을 갖는 것들이기 때문에 어떤 법 체제가 선택될지에 대한 예측 가능성을 담보할 수 없기 때문이다. [343)]

초국경적인 범죄행위로 인한 피해자와 국가 간의 진정한 관계-즉, 피해자의 국적-를 근거로 동시관할권을 주장하는 국가 간에 있어 국내법과 외국법의 진정한 저촉이 있다고 할 수 있을 것이다. 즉, 영토적 경계와 관계없이 초국경적 상거래행위가 만연한 현실에서 영토적 경계는 형법 적용을 위한 목적을 갖는 것이므로 피해자의 국적을 중심으로 동시관할권을 주장하는 국가들 간의 관계에서 국가 간 법률의 진정한 저촉을 발견하고 그 이후에 재판관할권 결정을 위한 여러 가지 고려요소들을 검토해야 한다. 하지만 *Hartford Fire Insurance Co. v. California* 사건 판결에서 제시된 이론에 따를 때 초국경적 행위자가 어떤 국가와의 관계로 인해 그 국가의 법이 적용될 수 있음을 예측할 수 있게 되므로 불확실성은 문제되지 않으나, 얼마나 많은 국가의 법률상 의무를 준수해야 하는지가 문제되므로 온라인 행위자에게 과도한 규제 부담을 지우게 되는 문제가 있다.

2) 인터넷과 형사관할

인터넷은 속지주의원칙의 발전과 해석에 많은 영향을 미치고 있다. 인터넷이 관할권 이론에 영향을 미침으로써 정보를 수신하는 국가들이 관할권을 주장할 수 있는 접근 방법으로 발전하게 되는 계기가 되었다. 이에 따라 국가들은 웹사이트가 그 영토에 미치는 영향이 최소한의 것은 아니었는지를 고려하지 않고 오직 범죄의 구성요건이 그 영토에서 발생하였다는 것-즉, 객관적 속지주의-을 근거로 규제권한을 주장하는 경향을 보이게 된다. 따라서 웹사이트의 접근 가능성(accessibility)만으로도 관할권 주장이 가능하고 관할권 주장이 합리적인지는 고려되지 않는다. 효과주의이론은 외국에서의 온라인 활동의 '효과'가 어떤 국가로 하여금 그 영토 내에 들어오는 활동에 대해서 규제권한

확장적 효과이론(expansive effects doctrine)이라 할 수 있다.

343) Philip J. McConnaughay, 「Reviving the Public Law Taboo in International Conflict of Laws」, *Stanford Journal of International Law*, Vol. 35(1999), p. 257.

을 주장하는 데 필요한 행위와 국가 간의 유일한 '관계'인 경우라면 인터넷 환경에 잘 부합하는 것이다. 하지만 앞서 언급한 민사문제에서 채택하는 접근 방법과 다르게 국가들이 효과주의이론에 합리성(reasonableness)기준을 부과해야 한다고 주장하지는 않는다. 형사관할문제가 발생하는 범죄의 내용은 무엇을 규제하느냐에 따라 국가마다 다양할 수 있지만 관할권 주장과 관련한 접근 방법에는 차이가 없다.

People v. World Interactive Gaming Corp. 사건[344])에서 뉴욕주법원은 안티구아(*Antigua*)의 기업과 델라웨어(*Delaware*) 소재 모(母)회사에 대해 뉴욕주에 거주하는 인터넷 이용자에게 도박서비스를 제공하지 못하도록 명령하였다.[345]) 법원은 도박사이트가 미국을 목표로 하여 수많은 뉴욕 시민을 유인하였고, 뉴욕 시민이 뉴욕주 내에서 돈을 걸고 도박을 하였으므로 동 사건에 대한 관할권이 있다고 보았다.[346]) 즉, 범죄의 구성요건이 뉴욕주 내에서 발생하였다는 것이다. 동 사건에서는 외국의 피고와 그 영업활동이 뉴욕주와 실질적인 관계가 있는 것이므로 합리적 효과이론을 적용하더라도 관할

---

344) *People ex rel. Vacco v. World Interactive Gaming Corp.*, 714 N.Y.S. 2d 844(Sup 1999).

345) 물론 안티구아의 기업은 안티구아 국내법에 따라 합법적으로 카지노를 운영할 수 있는 면허를 갖고 있었다. 비록 온라인 활동을 규제하고자 하는 국가의 의도가 외국으로부터 유입되는 특정 정보나 활동으로부터 자국민의 법익을 보호하고자 하는 것이지만, 결과적으로는 본국 법 하에서는 적법하게 수행되고 있는 정보제공자의 활동을 억압하는 것이 된다. 그래서 사이버공간에 대한 국가의 규제에 부정적인 입장을 갖는 쪽에서는 국가관할권 행사의 적법성을 부정하지는 않지만 국가행위로 인해 개인적 권리의 침해와 자유의 억제로 연결될 수 있는 가능성을 우려한다. 장신, 사이버공간과 국제재판관할권, 법학연구, 제48권 제1호(2007. 8), p. 432.
이와 같은 뉴욕주법원의 결정으로 자국 내 카지노사업에 막대한 손해를 입게 된 안티구아는 미국을 상대로 WTO에 제소하였다. WTO 패널은 미국의 온라인 도박 규제 법률이 온라인 수입자에 비해, 자국 내의 경마도박업체에 호의적인 것은 자의적이고 부당한 차별이며 무역에 대한 위장된 제한이라고 하여, 안티구아의 손을 들어주었다. *WT/DS285/R*, Nov. 10, 2004, *United States - Measures Affecting the Cross-Border Supply of Gambling and Betting Services*, para. 6.607. 하지만 WTO 상소기관은 미국의 온라인 도박 규제 법률은 공중도덕과 공공질서 유지를 위해 필요한 것이므로 유효하다고 보아, 미국의 입장에 동의하였다. *WT/DS285/AB/R*, April 7, 2005, *United States - Measures Affecting the Cross-Border Supply of Gambling and Betting Services*, paras. 323-327. 동 사건은 국경 간 온라인 활동에 대한 일방적인 규제가 국제 무역 분쟁으로까지 비화할 수 있음을 보여 주는 동시에, 전 세계적인 체계적 접근이 필요함을 시사한다.

346) *People ex rel. Vacco v. World Interactive Gaming Corp. supra* note 343, pp. 849-850.

권 주장이 정당화될 수 있을 것이다.[347] 또한 법원은 컴퓨터 서버가 안티구아에 위치하고 있다 하더라도 피고가 뉴욕주를 의도적인 목표로 하여 불법행위를 하였으므로 불법행위가 행해진 장소는 뉴욕주이며 따라서 책임을 피할 수는 없다고 하였다.[348] 이와 같은 법원의 판결에 따르자면 컴퓨터 서버가 해외에 위치하면서 온라인 활동이 특정 국가를 의도적으로 목표로 하지 않았으나 그 국가에 작은 효과만을 미치게 되는 경우에는 서버의 위치로 인해 관할권을 주장하기가 어려울 것이다. 하지만 결국 법원은 불법행위를 근거로 관할권을 주장한 것이며, 뉴욕주에서 접근할 수 있는 모든 웹사이트에 대해서 불법행위를 주장할 수 있을 것이다. 따라서 미국 내에서 도박사이트에 접근할 수 있고 그 웹사이트를 통해 미국 내에서 도박행위가 있으면 미국 법을 적용해야 한다고 주장할 수 있다. 이는 결국 온라인서비스 제공자의 위치와 상관없이 미국 내에서 접근할 수 있는 웹사이트상의 행위에 대해 미국 법을 적용할 것이라는 의미가 된다.

R v. Perrin 사건[349]에서 피고는 웹사이트 서버를 해외에 두고 있었고, 자신의 웹사이트에 영국 형법을 적용하는 것은 자신의 표현의 자유[350]를 침해하는 것이라고 주장하였다. 법원은 피고의 주장을 받아들이지 않았는데, 만일 물건의 원산지만이 그것을 규율할 수 있는 권한을 갖는 유일한 국가라고 한다면, 그것은 국내법의 실효성을 해칠 뿐만 아니라 온라인 출판업자의 자의적인 법정지 선택(forum shopping)에 의한 법률 회피를 조장하게 될 것이다. 또한 영국 내에서 수사관을 제외하고 피고의 웹사이트에 실제로 접근한 사람은 없었으므로 영국 영토에 미치는 효과는 최소한에 그쳤을 것이지만 동 사건에서는 그 효과는 문제 되지 않았고, 피고 웹사이트에 대한 접근 가능성(accessibility)

---

347) 즉, 미국에 대한 외국의 활동의 효과가 의도적(intended)이면서 실질적(substantial)인 것이라면 외국에서의 온라인 활동에 대해 관할권을 행사할 수 있다.

348) *People ex rel. Vacco v. World Interactive Gaming Corp. supra* note 343, p. 850.

349) *R v. Stephane Laurent Perrin*, [2002] EWCA Crim 747. 피고는 영국 내에 거주하는 프랑스 국민이며, 포르노 웹사이트에 누구나 쉽게 접근하여 미리보기가 가능하도록 함으로써 1959년 영국 음란물방지법(*Obscene Publications Act*, 1959)을 위반하는 음란물을 배포한 혐의를 받고 있었다.

350) *European Convention on Human Rights*, art. 10.

으로 인해 영국 영토상에서 음란물을 출판한 것이라는 결론에 도달하게 된 것이다.[351]
따라서 외국에서의 행위의 효과 보다는 외국 웹사이트에 대한 접근 가능성을 기준으로
관할권을 주장하였다.

　　Yahoo! 사건에서 프랑스는 온라인상에서 나치 기념품에 대해 접근을 쉽게 하는 것
은 자국 형법을 위반하는 것이라고 하였다.[352] 동 사건에서 파리 제1심법원*(Tribunal De
Grande Instance De Paris)*은 야후가 캘리포니아에 본사를 두고 미국에서 설립되어 주로
미국인을 상대로 하지만 프랑스 영토 내에서 인터넷 이용자들이 야후 사이트를 통해 나
치 기념품에 접근할 수 없도록 해야 한다고 판결하였다.[353] 법원은 야후가 프랑스에서 나
치 물품을 볼 수 있도록 함으로써 그 결과 프랑스 내에서 인터넷 이용자들이 나치 물품
의 전시와 판매에 참여하도록 하였으므로 야후는 프랑스 내에서 불법행위를 한 것이며,
따라서 프랑스 법원에 재판관할권이 있다고 하였다.[354] 즉, 불법물품의 전시라는 범죄의
구성요건이 프랑스 영토에서 발생하였다는 사실에 근거해서 관할권을 인정한 것으로 볼
수 있다. 또한 야후의 웹사이트가 의도적이고 실질적으로 프랑스를 직접 대상으로 하였
는지 알 수 없는 상황에서 단지 접근 가능성만으로 프랑스 법을 적용하였다. 이후 프랑
스 인터넷 이용자만 접근을 차단할 수 있는지에 관한 것이 문제되었을 때, 법원은 야후가
프랑스어로 된 광고 문구를 게시함으로써 프랑스 내에 있는 컴퓨터로부터 야후 옥션 사
이트로 연결할 수 있도록 한 것이므로 프랑스 이용자를 목표로 하였다는 점을 강조하였

---

351) *R v. Stephane Laurent Perrin, supra* note 348, para. 30.
352) *Yahoo!, Inc. v. La Ligue Contre Le Racisme et L'Antisemitisme,* 169 F. Supp. 2d 1181, 1192(N.D. Cal. 2001).
353) *Yahoo! Case, Tribunal de Grande Instance de Paris,* The Judge's Decision(May 22, 2000), 〈http://law.case.edu/student_life/organizations/tilj/content.asp?id=99〉(검색일: 2009. 3. 12.).
354) *Ibid,* 프랑스에서의 야후 사건은 민사절차법(New Code of Civil Procedure)에 따라 소송을 진행하여 표면상으로는 민사사건이었지만 실질적으로는 나치 물품의 배포를 금지하고 있는 프랑스 형법(R645-1) 위반에 관한 문제였다. 따라서 문제 된 형법 조문과 관련된 국제법상 형사재판관할권의 범위가 판결에 드러나야 할 것이지만 법원은 이러한 범위는 언급하지 않고 있다. 예를 들어 법원은 당사자 또는 분쟁이 된 사안이 당해 국가와 실질적인 관련이 있는지 판단하고, 실질적 관련 유무를 판단함에 있어 국제재판관할 배분의 이념에 부합할 수 있는 합리적인 원칙을 제시해야 할 것이다.

다. [355] 하지만 이로 인해 웹사이트가 프랑스의 재판관할권 주장을 정당화할 만큼 프랑스 영토에 실질적인 효과를 미친다고 하는 것이 합리적인가는 의문이다.

앞서 살펴본 사례들은 국가가 외국에서의 온라인 활동에 대해서 자국의 형법을 적용하기 위한 관련성을 발견하는 데 있어 사실을 근거로 하지는 않으며, 그 국가 내에서 웹사이트에 접근할 수 있다는 접근 가능성만을 가지고 범죄의 구성요건이 그 영토상에서 발생한 것으로 판단하고 있다. 이러한 접근 방법은 민사문제에 관한 관할권 결정에서 나타난 것과는 정반대의 문제를 제기한다. 다시 말해서, 온라인 행위자들은 온라인상에 존재하는 것만으로도 외국의 형법에 노출될 수 있다는 것이 명백하므로 형식적 정의의 측면에서는 조건을 충족한다고 할 수 있다. 이러한 접근은 분명 규제의 예측 가능성을 담보할 수 있는 것이지만 실체적 정의에 부합하는 것은 아닐 것이다.

3. 평가

국가에 따라서는 소비자보호규정이 온라인 기업들의 계약상의 준거법 조항에 우선하여 적용될 수도 있고, 국가들의 형사법과 기타 공법상의 규정들이 적용될 수도 있을 것이므로 계약만으로 적용 법 체제를 예상하는 데는 한계가 있다. 그러므로 어느 국가의 법이 적용되는지 아는 것이 무엇보다 중요하다. 민사관할과 형사관할에 관한 논의들은 세계화가 진행되면서 국가들의 관할권의 범위가 점점 확대되어 왔다는 것을 보여 주고 있다. 하지만 민사관할과 형사관할 결정을 위한 접근방법 간에는 중요한 차이를 보이고 있으며, 각각 그 장단점을 갖는 것을 알 수 있다. [356] 우선 민사관할에 있어서는 공정한 결과를 이끌어 내기 위해 더 많은 노력을 하였으며, 그 결과 사실관계나 이해관계에 관한 세심한 분석과 평가 그리고 균형이 요구되었다. 인터넷 등장으로 인한 관할권 이론

---

355) *Ibid.*
356) 즉, 사적인 영역에서의 관할권 결정 이론과 공적인 영역에서의 관할권 결정 이론은 각각 그 접근 방법을 달리하고 있다는 것을 알 수 있다.

의 발전 양상에 있어서도, 다수의 국가들이 동시적으로 관할권을 주장한다든지 온라인 행위자에 대해 과도하게 규제하는 것을 방지하기 위해, 단지 그 국가와의 관련성에 의해서만이 아니라 다른 관련성과 비교하여 보다 더 상대적으로 밀접한 관련성을 가지는 국가가 관할권을 주장할 수 있도록 발전되어 왔다. 이러한 접근 방법이 전통적인 관할권 배분규칙에도 합당할 것이나 관할권 결정 과정에서 점점 더 많은 고려 요소들을 평가하게 되면서 의사결정의 일관성이나 형식적 정의를 확보하기는 점점 더 어려워질 것이다. 따라서 모든 사항을 고려한 균형 잡힌 규칙과 다양한 이해관계를 반영한 법원칙으로 이루어진 관할권이론 보다는 기준이 모호하지 않아 확실성과 예측 가능성을 담보할 수 있는 관할권이론으로 공정성을 확보해야 한다. 특히, 인터넷을 통한 초국경적 활동이 지속적으로 증가함에 따라 보다 쉽게 집행할 수 있는 해결책이 선호될 것이다.

형사관할 결정을 위한 접근 방법은 공적이익을 보호하기 위한 것이므로 전체적인 결과의 공정성은 크게 고려하지 않고 관할권 행사의 효과를 기대할 수 있는 경우에는 관할권을 주장하는 것을 알 수 있다. 예를 들어, 국가의 기본 윤리와 문화적 가치를 해치는 온라인상의 활동에 대해 집행 권한을 가지는 국가는 그 활동이 영토에 미치는 효과가 의도적이라든지 실질적이라는 이유가 아니고라도 영토에 미치는 사소한 효과를 근거로 관할권을 행사하는 경향을 보이고 있다. 이와 같은 접근방법은 집행관할권의 한계로 인해 초기의 효과이론이 포괄적으로 적용되고 있지는 않으나 관할권 행사 여부가 온라인상의 활동에 대한 국가의 물리력의 행사 가능 여부에 달려 있다는 문제점이 있다. 예를 들어, 국가가 집행관할권을 갖지 못하는 경우에는 그 영토에 심각한 효과를 미치는 온라인상의 활동으로부터 국내법상의 규제목적을 달성하기 위해 할 수 있는 일이 별로 없게 되므로, 그 국가나 국민에게도 부당한 결과가 되어 실체적 정의에는 반한다고 할 수 있다.[357] 또한 이러한 접근 방법은 그 국가의 집행력의 범위 내에 있는 행위자

---

357) 특히, 국내 온라인 사업자 기반이 취약하여 해외 사업자에 대한 의존도가 높은 국가에서는 해외 온라인 활동으로 인해 그 국가 영토상에 실질적인 효과를 미치는 경우에도 물리력을 동반한 집행관할권을 가질 수 없으므로 그 국가와 국민에 대한 국내법상의 보호목적을 달성할 수 없게 된다.

에게만 집행할 수 있고, 동일한 행위에 대해서도 그 집행력의 범위 밖에 있는 다른 행위자에 대해서는 아무런 집행을 할 수 없게 된다. 뿐만 아니라 물리적 강제력의 행사 가능 여부에 따라 관할권 주장을 할 수 있도록 허용하게 되는 경우에는 온라인 사업자들로 하여금 사업 대상지로 목표한 국가 내에 자회사를 설립하는 대신에 조세 도피처나 편의 치적국과 유사한 형태의 규제 도피처를 선택하도록 조장할 위험이 있다.

지금까지 논의한 바를 토대로 판단하자면, 사람이나 물건 또는 행위의 위치를 중심으로 하여 관할권을 결정하는 것이 매우 어렵게 되었다는 것을 알 수 있다. 인터넷의 등장으로 지리적 위치는 점점 더 관할권을 구분할 수 있는 개념으로서의 가치를 상실하게 되었으며, 머지않아 지리적 위치 중심의 관할권 결정 방식은 한계에 이르게 될 것이다. 초국경적인 사건이 예외적인 경우에 속했던 시대에는 전통적인 관할권이론에 의한 해결이 가능했을 것이지만 그러한 예외가 일상이 된 현실에서는 더 이상 전통적인 이론이 효과적인 방법이 될 수 없다. 따라서 인터넷 환경에 맞는 변화가 요구된다.

제3절

인터넷 관할의 특징과 개인정보보호

Ⅰ. 관할권의 중복

민사관할과 형사관할은 모두 초국경적인 관계에서 국가 간 관할권의 배분에 관한 것
이다. 관할권 규칙들은 사건의 진상과 가장 밀접하게 관계된 국가(또는 법체계)를 분리
하여, 사건에 영향을 받은 모든 국가가 아닌 한 국가가 이에 대하여 책임을 지도록 하는
것이다. 사건과 국가와의 밀접한 관계의 유형은 매우 다양할 것이나, 이러한 다양성에도
불구하고 지리적 위치는 공통적으로 발견되는 요소라고 할 수 있다.[358] 형사관할권 행사
의 일차적 근거는 속지주의이다. 속지주의는 행위나 사람의 지리적 위치를 관할권 행사
의 기준으로 한다. 민사관할에서도 피고의 위치, 불법행위나 계약체결의 장소 또는 특허
나 상표의 등록지 등이 속지주의의 예가 된다.[359] 하지만 이러한 지리적 위치 중심의 관
할권 규칙을 그대로 온라인 활동에 적용하는 것은 어려움이 따른다.[360] 왜냐하면 대부분

---

[358] 즉, 특정 행위, 당사자 또는 재산의 지리적 위치는 민사관할과 형사관할을 행사하는 데 있어 필요한
    공통요소가 된다.

[359] 물론 예외도 존재한다. 형사관할에서 속인주의 또는 보편주의를 예로 들면, 속인주의는 위반자의
    국적으로 관할권 행사를 정당화하고, 보편주의는 전체로서의 국제공동체를 위협하는 특정 극악
    한 행위와 관련해서 행위와 국가와의 관련성을 필요로 하지 않는다. 민사관할에서는 계약상 선택
    을 예로 들 수 있는데, 행위와 법체계와의 관련성은 계약당사자들의 선택에 의해 창설된다. Michael
    Akehurst, *supra* note 337, p. 162.

[360] 전통적인 관점에서 초국경적인 사건은 예외적인 경우에 해당하는 것이었으므로 이러한 사건을 해결
    하기 위한 전통적인 관할권 규칙들은 잘 기능할 수 있었다. 하지만 인터넷 환경에서는 초국경적인 사
    건들이 일상화되어 있으므로 예외적인 상황에 적합한 전통적인 관할권 규칙을 새로운 상황에 적용
    하는 경우에는 실효성을 확보하기 어려울 것이다.

의 온라인 활동은 초국경적일 뿐만 아니라 다수의 국가가 관련되어 있기 때문이다.

형사관할이나 민사관할에서 국가들의 동시관할권 주장이 가능하다.[361] 그리고 초국경적 활동과 관련하여 사실상 많은 국가들이 사건과 국가와의 유효한 관련성을 증명함으로써 관할권을 행사할 수 있었다.[362] 하지만 국가들의 동시관할권 주장은 국가들의 법이 상대적으로 조화되어 있는 경우, 이러한 주장으로 범죄자가 어디에 있든지 법망을 빠져나가지 못하게 할 수 있다.[363] 하지만 그렇지 못한 경우에는 과도한 규제 부담을 발생시킬 수 있어 법 준수를 어렵게 하거나 불가능하게 하여 법률의 실효성 확보에 악영향을 미칠 수도 있다.[364]

온라인 환경에서도 동시관할권 주장이 문제된다. 동일한 웹사이트에 대해서 수많은 국가가 관할권을 주장하는 경우에, 이러한 권한은 종종 영토성을 근거로 한다. 즉, 그들 국가들 내에서 웹사이트에 접근할 수 있다는 것이다. 하지만 온라인 환경에서 웹사이트에 대한 영토성에 근거한 동시관할권 주장은 그것을 집행할 수 없다는 데 문제가 있다.[365] 즉, 집행할 수 없는 관할권 주장은 국가들의 합법적인 규제 시도를 해치고, 집행할 수 없는 법은 신뢰성을 상실하게 된다.[366] 온라인 활동에 대한 관할권 주장은 단지 사건과 국가와의 관계 그 자체만을 볼 것이 아니라 특정 상황에서 밀접한 관계가 무엇

---

361) Ian Brownlie, *supra* note 276, p. 312.

362) 동시관할권 주장이 가능하였던 이유는 형사관할에 있어서는 속지주의와 대등한 다른 관할의 근거가 존재하였기에 가능하였으며, 민사관할에서는 관할권 충돌을 다룰 추가적인 구제 규칙들이 있기에 가능하였다. Michael Akehurst, *supra* note 337, p.192. 국제적 이중소송(lis alibi pendens) 또는 불편한 법정지(forum non conveniens) 주의 또는 소송금지명령(anti-suit injunction)의 이용 가능성은 동시관할을 방지하고자 발전한 것으로 볼 수 있다. Australian Law Reform Commission, *Legal Risk in International Transactions*, Report No. 80(1996), paras. 6.55-6.57.

363) 즉, 각국의 국내법이 조화되어 있으면, 초국경적인 사건에 있어, 어느 국가가 관할권을 행사할 것인가의 문제가 해결되지 않아도 어느 국가라도 관할을 행사할 것이므로 결과적으로 보다 완전한 보호를 달성할 수 있게 된다.

364) Uta Kohl, *supra* note 273, p. 22. 모든 국가의 다양한 법들을 준수해야 한다면 온라인 행위자들은 차라리 법 준수를 포기하는 것이 더 낫다고 생각할지도 모른다.

365) 하지만 온라인상의 정보가 세계적으로 가장 엄격한 법적 기준을 따르게 하는데 일조할 수 있을 것이다.

366) 따라서 국가들이 서로 관할권을 주장하기보다는 법이 집행될 수 있도록 하는 것이 선행되어야 한다.

인지 보아야 한다. 밀접한 관계(close link)라는 것은 그 자체로 모든 국가와 관계될 수 없는 것이므로, 만일 여러 국가와 관계되어 있다면, 그 가운데 가장 밀접한 관계를 가지는 국가를 분리할 수 있도록 관할권 규칙에 수정이 가해져야 한다.[367] 하지만 문제는 외국의 온라인 활동에 대한 형사관할권의 행사에 있어서 국가들이 밀접하지 않은 관계에 근거하여 관할권 행사를 정당화하고 있다는 것이다.

II. 규제의 예측 불가능성

초국경적인 인터넷 환경에서 온라인 행위자들이 준수해야 할 법적 의무를 예견하고 인식할 수 있는 체제가 요구된다.[368] 물론 법의 가시성(visibility)은 중개자를 통한 간접 규제에 있어서는 그 실효성의 전제가 되지는 않는다. 하지만 직접규제의 경우에는 필수적이다.[369] 개인정보보호법의 적용을 위해서도 법의 예측 가능성이 있어야 하며, 이는 실효성 확보를 위해 매우 중요하다고 할 수 있다. 따라서 관련 법률을 공표하거나 규범의 조화가 필요하다. 그렇다면 외국의 법 규범에 접근할 수 있는 방법과 온라인 행위자가 그러한 규범을 예지할 수 있는 방법은 무엇인가. 규제를 하는 경우에 그 규제의 내용을 일반인들이 모두 알고 있어야 한다면 이는 매우 부담스러운 일이며, 모든 규제 내용을 알 수도 없는 일이다. 따라서 이러한 부담을 덜어 주고 법적 준수를 확보하는 중개자들이 존재하는데, 이들은 그 자신의 행위에 법적 제한을 가함으로써 일반인들의 법적 준수를 확보하는 역할을 하고 있다.[370] 개인정보의 보호를 위한 법률의 예지를 위해서도 이러한 법률의 존재와 그 내용을 알릴 수 있는 제도적 장치가 마련되어야 한다. 예를

---

367) 즉, 상호 연계된 온라인 환경에서 필요한 관할권 규칙에 대한 수정의 의미는 국가에 영향을 미치는 초국경적 활동을 규제할 국가의 이익과 동일한 활동에 대한 관할권을 주장하는 국가의 수를 제한해야 할 필요성 간의 타협을 이루는 것이다.

368) Uta Kohl, *supra* note 273, p. 153.

369) *Ibid*, p. 154.

370) *Ibid*, p. 158.

개인정보보호를 위한 국제적 협력에 관한 연구

들면, 정보보호기관이나 개인정보 취급사업자가 이러한 역할을 부담할 수 있다.

절도, 살인, 계약위반 등의 예를 제외하고 전 세계가 공통적으로 규율해야 할 규제의 내용은 그리 많지 않다. 상업활동에 있어서도 소비자보호를 위한 규정이 국가마다 상이할 수 있다. 따라서 온라인 행위자가 자신의 행동을 규율할 모든 국가의 법을 예측하기란 매우 어렵다. 그러므로 국가마다 상이한 법 규칙을 두고 있는 분야에서는 온라인 행위자가 그러한 다양한 기준을 충족시키기 위해 알아야 할 요건이 무엇인지, 공통적인 규제 내용이 무엇인지 알 수 없게 된다.[371] 이와 마찬가지로 개인정보보호법이 각 국가 간에 조화를 이루지 못하는 경우에는 개인정보 취급사업자가 각국의 개인정보보호법을 예지하여 지켜 나가기가 사실상 어렵게 된다. 하지만 더욱 심각한 것은 인터넷 환경은 전통적인 중개자의 역할을 붕괴시키고 있다는 것이다.[372] 과거에는 기업이나 이용자를 대신해서 그 중개자가 그 자신의 행위를 제한함으로써 법적 의무의 준수를 확보하였으나 인터넷은 기업이나 이용자가 중개자를 거치지 않고 직접 미지의 법 체제에 노출되도록 하고 있다.[373]

III. 수정된 속지주의

온라인 환경에서는 물론이고 실제 관계에서도 사실상 많은 국가들이 문제된 활동과의 영토적 관계를 주장할 수 있기 때문에 동일한 문제에 관해서 동시관할권을 주장할 수 있다. 즉, 범죄행위가 많은 국가 내에 위치할 수 있다. 이러한 행위로 인해 영향을 받는 국가들 또는 그 국민은 불법행위자에 대해서 민·형사상의 소송을 제기하고자 할 것이다. 특히, 온라인 환경에서는 관할권에 관한 분쟁의 해결을 위해서 정보발생지와 정보수신지 간을 구분하고자 하는 이분법이 발전하였다.[374] 정보발생지는 관할권 주장

---

371) *Ibid*, p. 159.
372) *Ibid*, p. 161.
373) 이러한 상황에서 코드는 중개자로서 그 독자적인 가치를 가질 수 있을 것이다.
374) Uta Kohl, *supra* note 273, p. 24.

을 정당화하는 관계는 특정 행위가 발생한 장소이고 정보수신지는 그 효과가 미치는 장소이다. 형사관할에서 주관적 속지주의와 객관적 속지주의 간의 구분이 정보발생지(country of origin)와 정보수신지(country of destination) 이분법을 반영하고 있다.[375] 하지만 문제는 국가들이 정보발생지주의보다는 정보수신지주의를 선호한다는 데 있다. 일반적으로 특정 행위가 발생한 국가는 하나만 존재하지만 그에 영향을 받는 국가는 다수 존재한다. 대부분의 웹사이트는 모든 국가에서 접근할 수 있기 때문에, 정보수신지주의에 따르면 모든 국가에게 관할권을 부여하게 되어 온라인 행위자들은 수많은 국가의 법을 준수해야 한다.[376]

그렇기 때문에 온라인 행위자들은 정보발생지주의를 주장해 왔으며, 이 경우 온라인 행위자들은 자국법만을 준수하면 되었다.[377] 영국 개인정보보호법에서는 영국 내에 개인정보처리 시설을 갖추고 있는 외국 정보처리자에 대해서 규제를 하도록 하고 있는데,[378] 이는 영국이 개인정보보호에 있어 정보발생지주의를 적용하는 것이다. 하지만 영국 내에 시설이 없이 영국법을 준수하지 않고 개인정보를 처리하는 외국 사업자에 대해서 규제하지 못하는 경우에는 자국민의 개인정보보호를 효과적으로 달성할 수 없을 것이다.[379] 또한 법적 기준이 현저하게 다른 경우에는 정보발생지주의를 적용하기 어려울 것이며, 상대적으로 조화된 법적 기준이 존재한다면 정보발생지주의도 효과적으로 목적을 달성할 수 있다. 국가 간의 법 규칙의 조화는 정보발생지주의를 선택했을 경우에 법정지 선택(forum shopping)의 가능성을 줄여 주며, 국가들은 더 이상 불법적인 해외 정보로 인한 소비자 피해에 대한 우려를 하지 않아도 될 것이며, 소비자들 또한 외국

---

375) *Ibid*, p. 25. 국가 A에서 a가 총을 쏴서 국경 너머의 국가 B에 있는 b를 살해하는 경우, a에 대한 살인죄의 기소는 두 국가에서 발생한다. 즉, 국가 A는 범죄의 주체(a)의 국가이고, 국가 B는 범죄의 객체(b)의 국가이기 때문이다.

376) *Ibid*.

377) *Ibid*.

378) UK *Data Protection Act* 1998, Section 5.

379) 반드시 국가 자신이 위반 행위를 규율해야 하는 것은 아닐 것이며, 다른 국가로 하여금 위반 행위를 규율하도록 요구할 수도 있을 것이다. 이러한 예로 미국-EU의 세이프하버(Safe Harbour)를 들 수 있다.

의 법적 기준이 자국의 기준과 마찬가지의 보호를 제공할 수 있다는데 확신을 가질 수 있다.[380] 개인정보보호에 있어서도 이 분야의 규율 법제가 조화를 이루는 경우에는, 정보발생지주의를 선택하더라도 최저수준의 보호가 아닌, 상당한 수준의 보호를 제공하면서도 집행을 담보할 수 있게 된다. 따라서 각 국가들은 자국민의 개인정보보호에 대한 일정 수준의 보호를 확보함으로써 개인정보의 국경 간 이동에 따른 개인정보보호와 관련된 신뢰성을 확보할 수 있게 된다.

정보발생지주의와 정보수신지주의의 극단적 입장을 회피하고자 소극적 정보수신지주의(moderate country of destination)를 선택하기도 한다. 소극적 정보수신지주의는 온라인 활동에 의해 특별하게 목표가 된 국가만이 관할권을 행사하는 것이다.[381] 소극적 정보수신지주의를 취함으로써 국가는 국내법의 적용 영역을 보호할 수 있고, 온라인 행위자들은 과도한 규제에서 벗어날 뿐만 아니라 인터넷의 개방성을 유지할 수 있게 된다.[382] 이러한 접근 방법은 극단적 입장을 취할 때 나타나는 결점들을 회피할 수는 있지만, 그 자체로 완전한 것은 아니다. 왜냐하면, 결국 정보수신지주의와 마찬가지로 특정 온라인 활동으로 영향을 받는 국가가 관할권을 포기해야 할 뿐만 아니라 집행 가능성의 문제가 발생하게 된다.[383]

Ⅳ. 집행관할의 한계

국가의 관할권 주장과 그러한 주장을 국가가 집행할 수 있는지 여부는 별개로 보아야 한다. 국가는 외국 웹사이트를 규율할 법을 제정하고 웹사이트 운영자에 대해 소송을 제기할 수 있다. 하지만 결국은 이러한 판결을 해외에서 집행할 권한을 가지지는 못한다. 즉, 국가는 다른 국가의 동의가 없으면 다른 국가의 영토 내에서 그 권한을 행사할

---

380) Uta Kohl, *supra* note 273, p. 187.

381) *Ibid*, p. 26.

382) *Ibid*, p. 253.

383) *Ibid*, p. 26.

수 없다.[384] 엄격히 제한된 집행관할권은 특히 온라인 환경에서 관할권 규칙의 특징이 되고 있다.[385]

대부분의 인터넷 활동에 관한 규제 논의는 국가가 그 국경을 넘어오는 외국의 온라인 활동에 대해서 자국 국내법의 실효성을 발휘할 수 없기 때문이다. 가장 즉각적인 해결책은 집행관할권의 범위를 확대하는 것이지만, 한 국가의 집행관할권 확대는 다른 국가의 영토적 지배의 상실을 의미한다.[386] 즉, 한 국가의 영토 내에서의 활동에 대한 다른 국가의 간섭으로부터 국가를 보호하고자 하는 집행권한의 엄격한 영토적 속성에 반하게 되는 결과를 초래한다. 이와 같이 온라인 환경에 맞게 집행관할을 수정하는 것은 국가들로 하여금 받아들일 수 없는 문제를 야기하게 된다. 따라서 현재의 집행관할권의 범위를 더 확대하지 않으면서 즉, 집행관할권의 영토적 속성을 유지하고, 다른 국가의 간섭을 받지 않으면서 국가들이 인터넷 활동을 규율할 수 있는 노력이 필요하다.

우선, 국가는 통제력이 없거나 제한된 통제만을 실행할 수 있는 외국 웹사이트에 대해서 국내 ISP나 금융기관처럼 국가가 통제할 수 있는 영토상의 중간 행위자를 통해서 통제할 수 있다.[387] 둘째, 국가는 다른 국가와 협력하여 인터넷 활동을 규율할 수 있다.[388] 특히, 외국 형사판결을 자국 관할 내에서 집행하는 문제에 관해서는 국가마다 극단적인 차이를 보이고 있으나[389] 이는 국가들이 최우선적으로 해결해 나가야 할 과제이다. 특히, 국가들 간의 조화된 견해가 없는 공적 문제[390]가 가장 중요하고 해결하기도

---

384) PCIJ, *The Lotus Case*(Fr. v. Turk.), *supra* note 290, p.18. 어떠한 국가도 범죄자를 체포하여 국경 너머로 데려오도록 경찰관을 외국으로 보낼 수 없으며, 외국으로 판사를 보내어 그 법정에 세워 재판하게 할 수 없다. F. A. Mann, 「The Doctrine of International Jurisdiction Revisited After Twenty Years」 *Recueil des Cours*, Vol. 186, No. 9(1984), p.37. 국가가 행사하는 권한은 공적 행위이며, 이것은 그 성격상 사인의 행위와는 구별된다. Michael Akerhurst, *supra* note 337, pp. 146-147.
385) 즉, 해외로부터의 온라인 활동에 대해서 국가가 아무리 규제를 하고자하여도 집행관할권으로 인해 외국의 불법행위자에 대한 집행은 제한될 수밖에 없다.
386) Uta Kohl, *supra* note 273, p. 26.
387) *Ibid*, p. 27.
388) *Ibid*.
389) F. A. Mann, *supra* note 383, p. 37.
390) 공법은 형법, 행정법, 세법, 일반적인 규제법을 의미하며 국가에 의해서 개인에게 부과되고 집행되

힘들다. 하지만 이러한 문제는 온라인 환경에서 시급히 해결해야 할 필요성이 있는 것이다. 이런 점에서 2000년 야후 사건[391]은 집행 문제와 관련해서 좋은 사례가 된다. 집행 가능성은 법이 법으로서 적절한가에 관한 논쟁에서 중요한 문제이다.[392] 야후 사건은 비준수의 경우 국가의 제재 위협이라는 전통적인 관점에서 법의 집행 가능성의 중요성을 보여 준다.[393] 하지만 적어도 외국과의 관계에서는 외국법의 합법성을 확인하기보다는 비준수의 경우 받게 될 제재의 두려움을 야기하도록 한다는 데 집행 가능성의 중요성이 있다.[394] 야후 사건에서 파리 제1심법원(Tribunal De Grande Instance De Paris)은 피해가 프랑스 내에서 발생하였기 때문에 프랑스 법원에 관할권이 있음을 주장하면서 판결하였으나,[395] 프랑스 법원의 판결에 대하여 미국 제1심 법원은 프랑스 법원의 명령을 집행하는 것은 미국 수정헌법 제1조에 위반하는 것이라고 하여 집행 가능성이 없다고 하였다.[396] 야후 사건은 집행과 관련하여 전 세계를 무대로 활동하는 인터넷상의 정보제공자가 각국의 상충하는 국가정책과 규제법규 속에서 받게 되는 문제를 노정하였다고 할 수 있다.[397]

는 의무를 의미한다. 사법 또는 민사법은 계약, 불법행위법 또는 지적재산법상에서 발생하는 의무와 같이 사인이 서로에 대해서 부담하고 집행하는 의무를 의미한다. Sir Robert Jennings and Sir Arthur Watts(eds.), 『Oppenheim's International Law』(9th ed., London: Longman, 1992), Vol. 1, p. 466, 473.

391) *Yahoo!, Inc. v. La Ligue Contre Le Racisme et L'Antisemitisme*, 169 F. Supp. 2d 1181, 1192(N.D. Cal. 2001).

392) Uta Kohl, *supra* note 273, p. 203.

393) *Ibid*, p. 205.

394) *Ibid*.

395) *Yahoo! Case, Tribunal de Grande Instance de Paris*, The Judge's Decision(May 22, 2000), ⟨http://law.case.edu/student_life/organizations/tilj/content.asp?id=99⟩(검색일: 2009. 3. 12.).

396) *Yahoo! Inc. v. La Ligue le Racisme et L'Antisemitisme*(Yahoo! Ⅲ), 379 F.3d 1120, 1126(9th Cir. 2004).

397) 장신, 「야후(Yahoo!) 사건으로 본 사이버공간과 국제재판관할」, 법학논총, 제24집(2004. 12.), p. 122.

제4장 인터넷과 관할권 | 121

V. 집행 협력

온라인 환경에서 각국의 법이 상대적으로 조화를 이루고 있는 경우에는 국가 간의 협력이 유용할 수 있다. 왜냐하면 온라인상의 행위로 인하여 그 영토상에 피해를 입는 국가는 그러한 정보의 발생국 또한 그와 같은 행위를 해로운 것으로 간주하여 기소할 것이라고 확신할 수 있기 때문이다. 그렇기 때문에 조화를 이룬 규제 분야에서는 각국은 그 자신의 법을 집행함으로써 외국법을 집행하는 것과 마찬가지의 효과를 얻을 수 있다. 하지만 외국에서 문제된 행위를 범죄로 다루지 않는 경우에는 그러한 외국의 집행에 기대를 할 수 없다. 바로 이러한 분야에서 국가 간 상호협력이 실질적인 효과를 발휘할 수 있다.[398]

법 집행을 위한 국가 간의 협력은 문제된 법률, 분쟁 또는 판결의 성격이 사적(private)인지 공적(public)인지에 따라 달라질 수 있다.[399] 사적 성격인 경우에는 국내법원에 심리 중인 분쟁에 대해서 외국의 실체법을 적용할 수도 있고 외국 법원의 판결을 집행할 수도 있다.[400] 이와 같이, 법 집행의 협력으로 인해 초국경적 활동은 국내법의 실효성에 위협이 되지 못할 뿐만 아니라 다른 국가의 도움으로 그 실효성도 확보할 수 있다. 어떤 이유에서든 집행 단계에서의 국가 간 협력은 외국의 불법행위자에 대해서도 권한 행사가 가능하도록 함으로써 유용성을 발휘한다. 뿐만 아니라, 과도한 관할권 주장에 대해서는 협력을 거부함으로써 국가의 관할권 주장에 대해서 국가 상호간에 그 적절성을 감시하는 기능을 할 수 있다.[401]

사적 성격의 사안과는 대조적으로 공적 성격의 사안에 대해서 국가들은 협력하지 않는 양상을 보인다. 사유재산이나 사람의 신체를 보호하는 것에 관해서 유사한 견해를 취하는 국가들은 각각의 국가가 그 자신의 법을 국내의 불법행위자에게 집행함으로써

---

398) Uta Kohl, *supra* note 273, p. 190.

399) *Ibid*, p. 210.

400) *Ibid*, p. 211.

401) *Ibid*, p. 213.

간접적으로 다른 국가의 법적 기준을 보호하도록 할 수는 있다. [402] 하지만 상이한 정치적, 문화적, 종교적 기준이나 사회의 도덕적 가치를 반영한 법률에 있어서는 공적 성격의 사안에 대해서 협력하지 않는 국가들의 경향과 인터넷이 결합함으로써 문제가 발생한다. [403] 특히, 외국의 정보가 국가 영토로 침투하여 국내 정책을 훼손하는 경우에, 국가가 그 영토 내에서 일방적으로 취하는 조치는 그 효과를 기대하기 어렵다. [404] 하지만 최근 EU에서 진행되고 있는 법적, 경제적, 정치적 통합은 공적 사안에 대해서 협력하지 않으려고 하는 국가들의 입장을 완화하는 데 효과가 있음을 알 수 있다. [405] 따라서 개인정보보호에 있어서도 국가 간 관계를 긴밀하게 함으로써 협력에 필요한 부담을 서로 균등하게 할 필요가 있다.

VI. 합리적 선택

초국경적 인터넷 활동을 국내법을 통해 실효적으로 규율할 수 있을 것인가 하는 문제는 쉽게 해결할 수 없다. 왜냐하면 국내법의 한계 내에서는 초국경적 인터넷에 대한 실제적인 해결책은 존재할 수 없기 때문에, 결국 이에 대한 해결은 국내법 체제 밖에서 구할 수밖에 없기 때문이다. 하지만 국가들의 선택에 따라 이 문제는 보다 쉽게 해결될 수도 있다. 즉, 법을 보다 초국경적으로 하거나 또는 인터넷의 초국경적 성격을 제한하는 선택을 하는 것이다. 법을 초국경적으로 한다는 것은 결국은 국가 간 법 규칙의 조화라는 결과에 이르게 된다. [406] 이것은 적극적인 방법과 소극적인 방법으로 달성될 수 있다. 적극적인 방법에 의하면, 이것은 자발적으로 보통 국제적인 법률상의 조화로 이해되는

---

402) *Ibid*, p. 220.
403) *Ibid*.
404) *Ibid*, p. 221.
405) *Ibid*, p. 250.
406) *Ibid*, p. 28.

형태로 발생한다.[407] 하지만 소극적인 방법에 의하면, 법 규칙의 조화는 국가들이 자율 규제를 선호하여 특정 온라인 활동을 효과적으로 규율할 수 없거나 규율하고자 하지 않는 경우에 발생한다.[408] 이 경우 법 규칙의 조화는 최저 수준에서 발생할 수 있다.[409] 적극적인 방법에 의한 법 규칙의 조화는 인터넷의 초국경성을 유지할 수 있다는 점에서 인터넷 활동 규제의 이상적인 해결책이 될 수 있다. 하지만 이러한 적극적인 법 규칙의 조화로 인해 특정한 국가적 가치를 희생하는 경우가 발생하며 이는 국가들이 받아들이기 어려운 조건이 될 것이다.[410] 이러한 방법을 대신하여 인터넷의 초국경성을 제한하는 방법을 이용할 수 있다.[411] 초창기에는 이러한 방법이 불가능할 것으로 생각되었으나, 이제는 이미 여러 가지 방법으로 이용되고 있다.[412] 인터넷의 초국경성을 제한하는 전략들은 공통적으로 전통적인 국경을 사이버공간에 옮겨 놓고자 한다. 즉, 사이버공간을 서로 구분되는 국가적 사이버공간으로 구획하는 것이다. 이와 같은 방법은 국가마다의 특유한 문화적, 사회적, 정치적 가치들을 반영하는 국가정책을 유지할 수 있으나, 초국경적 온라인 활동의 자유를 희생함으로써 가능하다.[413]

---

407) *Ibid*, 제3장 제2절에서 살펴본 바대로 국가들은 입법적 방식을 우선적으로 검토하고 있고, 제5장에서도 알 수 있듯이 국제적으로 규범의 조화를 이루려고 하는 노력들을 볼 수 있는데, 이는 국가들이 보다 적극적인 방법으로 일정 수준 이상의 보호수준을 유지하려고 한다는 것을 알 수 있다.

408) *Ibid*.

409) 예를 들어, 국가 A가 인터넷상의 포르노에 대한 제한이 없다면, 다른 모든 국가들은 그들이 국가 A의 포르노사이트를 규제할 수 없는 경우 결국 국가 A의 기준을 따르는 수밖에 없을 것이다.

410) Uta Kohl, *supra* note 273, p. 254.

411) *Ibid*, p. 29.

412) 압제적인 체제에서는 공식적 도덕이나 정치적 기준에 어떤 식으로든 도전하는 외국 사이트를 차단한다. 서구 민주 사회에서는, 온라인 활동의 영토적 구획이 온라인 제공자의 자발적인 구획 형태로 진행되고 있다. 법률 위반의 우려로 웹사이트 제공자들은 특정 국가에서의 웹사이트에 대한 접근을 허용하지 않거나 웹사이트에 상품이나 서비스를 제공하도록 하지 않고 있다. 이러한 방법 대신에, 몇몇 대형 기업들은 독일, 프랑스 또는 중국에서 구글이 하는 것처럼, 국가별 사이트를 제작하여 그 국가의 요구에 부합할 수 있는 검열정책을 실시한다. Dan Jerker B. Svantesson, 「Geo-Location Technologies and other Means of Placing Borders on the "Borderless" Internet」, *John Marshall Journal of Computer and Information Law*, Vol. 23(2004) 참조.

413) Uta Kohl, *supra* note 273, p. 254.

결국 법 규칙의 조화와 사이버공간의 영토적 구획은 모두 장·단점을 가지고 있다. 개인정보보호와 관련해서도 개인정보의 이용과 보호의 균형을 이루도록 한다는 것은 결국 개인정보의 이용에 제한을 부과하기보다는 국내법의 적용범위를 확대하는 것이라고 할 수 있겠다. 이러한 균형을 이루어 나가기 위해서는 개인정보보호에 관한 법률이 실체적 내용에서 조화를 이룬 세계화된 국내법을 채택하는 것도 한 가지 방법이 될 수 있다. 또한 인터넷의 개방적 성격으로 인해 관할권 규칙을 수정하여 적용하기에는 한계가 있으며 결국 실체법의 조화만이 이러한 개방적 성격을 유지할 수 있게 한다.[414] 조화된 실체법은 각국의 다양한 국내 법원을 통해서 실현될 수 있다. 하지만 이들 법원이 동일한 실체법을 적용하기만 한다면 인터넷 활동의 개방성을 해치지 않을 것이다. 물론 실체법에서의 조화뿐만 아니라 소송 절차에서의 조화가 이루어지면 보다 완전하게 초국경적인 인터넷의 성격과 어울릴 수 있다.

끝으로 사이버범죄협약의 전문에서는 법 집행 이익과 표현의 자유에 대한 권리 간의 적절한 균형을 보장할 필요에 대해서 언급하고 있는데,[415] 정보보호에 있어서도 마찬가지로 자국의 국내법으로 자국민의 프라이버시를 보호하기 위한 국가의 법 집행 이익과 정보의 자유로운 이용 간의 균형이 필요하다. 그리고 법 집행의 실효성 확보 차원에서, 보편적으로 범죄로 인정되는 행위들에 대해서는 국내법의 다양성 유지와 공개 매체로서의 인터넷의 보존이라는 가치 사이에 충돌은 발생하지 않을 것이다. 따라서 보편화된 범죄행위규정에 대해 더 많은 합의를 이끌어 내야 할 것이다.

VII. 개인정보보호를 위한 해결과제

법 집행은 온라인 행위자들로 하여금 제재의 두려움을 야기한다. 따라서 개인정보보

---

414) *Ibid*, p. 259. 초국경적인 인터넷 환경에서 개인정보보호 목적을 달성하기 위해서는 법률의 초국경성이 요구되며, 개인정보의 국경 간 이전을 보장하기 위해서는 인터넷의 특성은 유지되어야 할 것이다.
415) 유럽평의회, *Convention on Cybercrime*(Nov. 8, 2001), para. 10.

호법의 준수는 효과적인 법 집행으로 달성될 수 있다. 개인정보보호법의 효과적인 집행이 목적하는 바는 인터넷 환경에서 각국이 자국민의 개인정보를 보호하고 개인정보의 국경 간 이동을 제한하지 않도록 하기 위해서이다. 그러므로 이와 같은 목적을 달성하기 위해서는 다음과 같은 조치들이 선행되어야 한다.

첫째, 전문 개인정보보호기관이 존재해야 한다. 인터넷 사회에서 자국민의 개인정보 보호를 위해 각국은 속지주의를 근거로 관할권을 주장하며, 자국의 국내법으로 자국민의 개인정보를 보호하고자 한다. 하지만 인터넷 매체의 특성상 속지주의를 적용하는 것은 한계가 있다.[416] 또한 집행 할 수 없는 동시적 관할권 주장은 국내법의 실효성에 대한 신뢰를 해치게 된다. 인터넷 환경에서 개인정보보호를 위한 법적 의무는 행위자를 상대로 직접규제의 형태로 이루어진다. 따라서 법의 가시성은 법적 실효성의 전제가 된다.[417] 법의 가시성은 법이 예측 가능성을 가져야 한다는 것을 말한다. 개인정보보호법의 실효성 확보를 위해서는 각국의 개인정보보호법을 조화시키거나 자신의 행위에 법적 제한을 가하여 일반인의 법적 준수를 확보하는 중개자가 마련되어야 하는데 이러한 역할이 개인정보보호기관에 의해 수행될 수 있다.

둘째, 개인정보보호법의 조화가 필요하다. 주관적 속지주의와 객관적 속지주의를 온라인 환경에 반영한 정보발생지주의와 정보수신지주의의 단점에도 불구하고,[418] 각국의 개인정보보호법이 조화를 이루고 있다면 외국의 법적 기준이 자국의 기준과 마찬가지의 보호를 제공할 수 있다는 것을 신뢰하여 어떤 관할권 규칙을 주장하더라도 일정한 수준의 보호를 확보할 수 있다.[419] 적극적 방법에 의한 개인정보보호법의 조화는 개인정보의 국가 간 이동을 저해하지 않으면서도 그 보호 목적을 달성할 수 있다.[420] 즉, 개

---

416) 고영국, 「사이버 공간에서 국가관할권 문제의 해결방안」, 외법논집, 제23집(2006. 8), p. 296-297. Denis Rice, *supra* note 265, p. 429.

417) Uta Kohl, *supra* note 273, p. 154.

418) *Ibid*, p. 25.

419) *Ibid*, p. 187.

420) *Ibid*, p. 254.

개인정보보호를 위한 국제적 협력에 관한 연구

인정보의 이용에 제한을 부과하지 않고 국내법의 적용범위를 확대하는 효과를 얻는 것이다. 이를 위해서는 개인정보보호에 관한 법률이 실체적 내용에서 조화를 이룬 세계화된 국내법을 채택하는 것이다. 인터넷의 개방적 특성으로 인해 관할권 규칙의 수정만으로는 한계가 있으며 실체법의 조화만이 정보의 자유로운 이동을 보장할 수 있다. 자국의 국내법으로 자국민의 프라이버시를 보호하기 위한 국가의 법 집행 이익과 정보의 자유로운 이동간의 균형이 필요하며 각국에 공통적인 개인정보보호 위반규정에 대한 더 많은 합의가 요구된다.

셋째, 다른 국가와 협력해야 한다. 국가는 다른 국가의 동의가 없으면 다른 국가의 영토 내에서 그 권한을 행사할 수 없으므로[421] 외국에서의 개인정보보호 위반에 대해서 자국 국내법의 실효성을 발휘할 수 없다. 국내법의 실효성을 확보하면서 개인정보의 국경 간 이동을 계속하기 위해서는 다른 국가와 협력해야 한다. 이를 위해서는 특히, 관련 법률이 조화되지 않은 개인정보보호 문제의 해결이 시급하다. 각국 개인정보보호법이 상대적으로 조화를 이룬 경우에는 동일한 위반행위에 대해 다른 국가에서도 그와 같은 행위를 처벌할 것이기 때문에 협력이 유용하다. 즉, 자국의 법을 집행함으로써 외국법을 집행하는 것과 같은 효과를 얻는다. 하지만 법률이 조화를 이루지 못하는 경우에는 이러한 효과를 기대할 수 없다. 따라서 이러한 분야에서의 협력은 실질적 효과를 발휘하게 된다. 하지만 상이한 국가적 가치를 반영한 공적 성격의 문제에 있어 각국은 협력을 꺼려 하고 있다.[422] 개인정보보호와 관련된 각국의 법률도 이러한 특성을 반영하고 있다. 하지만 외국에서의 개인정보보호 위반으로 자국의 개인정보보호정책이 훼손되는 결과를 낳는다면 자국의 일방적 조치로는 아무런 효과도 얻지 못한다. 따라서 국가 간의 긴밀한 관계 형성을 통해 협력에 필요한 부담을 경감할 필요가 있다.[423]

---

421) F. A. Mann, *supra* note 383, p. 37.
422) *Ibid.*
423) Uta Kohl, *supra* note 273, p. 250.

이상과 같은 세 가지 조치들을 효과적으로 달성하기 위해서는 국가들의 국내조치뿐
만 아니라 국제적 협력이 무엇보다 선행되어야 한다. 자국민의 개인정보를 보호하고 개
인정보의 국경 간 이동을 저해하지 않기 위한 국가들의 노력은 주요 국제기구들을 중심
으로 이루어져 왔으며 개별 국가의 노력에 의해서도 진행되고 있다.[424] 제5장에서는 앞
에 열거한 세 가지 목표들을 달성하기 위한 노력들이 국제기구들을 통해 어떻게 구체화
되고 있는지 살펴보고자 한다.

---

424) 1980년 OECD의 *Recommendation of the Council Concerning Guidelines Governing the Protection
of Privacy and Transborder Flows of Personal Data*', 유럽평의회의 ETS No. 108협약, *Convention
for the protection of individuals with regard to automatic processing of personal data*[ETS
No.108(1981. 1. 28.)(발효: 1985. 10. 1.)], UN총회에서 채택된 *Guidelines for the Regulation of
Computerized Personal Data Files*', EU의 *Directive 95/46/EC of the European Parliament and of
the Council of 24 October 1995 on the protection of individuals with regard to the processing of
personal data and on the free movement of such data*, APEC의 *APEC Privacy Framework* 등이 국
가 간 협력을 위해 채택된 국제적 문서들이다. 특히, 집행과 관련해서는 OECD, *Recommendation
of the Council Concerning Guidelines for Protecting Consumers from Fraudulent and Deceptive
Commercial Practices across Borders*(June 11, 2003)과 OECD, *Recommendation of the Council on
Cross-border Co-operation in the Enforcement of Laws against Spam*(Mar. 31, 2006)을 통해서 개별
분야에서 국가 간의 법 집행을 위한 협력을 추진하였다가, OECD, *Recommendation of the Council
on Cross-border Co-operation in the Enforcement of Laws Protecting Privacy*(June 13, 2007)을 통
해서 포괄적인 집행 협력을 위한 기준을 마련하였다. 개별 국가로서는 미국이 "*Undertaking Spam,
Spyware, And Fraud Enforcement with Enforcers beyond Borders Act of 2006*"(U.S. SAFE WEB
Act of 2006)을 제정함으로써 집행을 위한 국가 간 협력의 국내법적 근거를 마련하였다.

개인정보보호를 위한 국제적 협력에 관한 연구

제 5 장

개인정보의 국제적 보호

1980년 OECD 가이드라인의 채택은 개인정보의 국제적 보호에 있어 중요한 출발점이 되고 있다. OECD 가이드라인은 OECD 회원국들이 개인정보와 프라이버시 보호를 위해 협력할 것을 강조할 뿐만 아니라 국내법을 이유로 국가 간 정보 이동을 중단하여 세계 경제의 성장에 해를 끼치지 않도록 노력할 것을 강조하고 있다. 그 결과 개인정보와 프라이버시 보호에 있어 핵심적인 내용이 되는 주요 원칙들을 채택하게 되었다. 이후 1981년 유럽평의회 108협약과 1995년 EU 지침은 개인정보와 프라이버시 보호를 위한 법률적, 정책적 측면에서 한 단계 발전된 모습을 보였는데, 특히 EU 지침은 EU 내에서 부여된 보호 수준이 EU 밖의 다른 국가와의 관계에서 약화되지 않도록 하는 규칙들을 도입하였다. 1990년 UN 가이드라인은 OECD 가이드라인과 유럽평의회 108협약상의 보호원칙들을 반영하고 있지만 인권을 보다 강조하고 있다. 2004년 APEC 정보보호체제는 개인정보가 국경 간 이동하는 경우 발생하는 문제에 관한 책임원칙과 함께 개인정보 악용으로 인한 피해의 방지와 구제에 초점을 맞추고 있다.

위와 같이 개인정보를 효과적으로 보호하면서도 국경 간 정보 이동이 원활하게 이루어질 수 있도록 하기 위한 OECD, 유럽평의회, UN, EU, APEC에서의 논의 결과는 개인정보보호기준과 국경 간 정보 이동 시 협력에 관한 문서의 채택으로 이어졌으며, 이들 국제기구에서 채택된 문서는 크게 비구속적 지침과 구속적 법규범으로 구분되나 공통적으로 개인정보의 국경 간 이동과 관련해서 국가 간의 개인정보보호기준을 통일하고 정보의 국경 간 이동을 위해 상호 협력할 것을 규정하고 있다.

비구속적 지침

Ⅰ. OECD 가이드라인

1. 채택 배경

OECD 가이드라인[425)]의 채택 배경에는 각국의 개인정보보호법 제정과 이로 인한 세계경제의 위험을 우려하는 국가들의 공통적인 인식이 작용하였다. 각국의 개인정보보호법 제정의 결과는 곧 개인정보의 국경 간 이동의 중단을 의미하거나 자유롭지 못하게 됨을 의미하며,[426)] 이는 세계경제 성장의 피해로 나타나게 된다.[427)] 따라서 OECD 회원국들은 각국의 개인정보보호법이 조화될 수 있도록 함과 동시에 정보가 국경 간에 자유로이 이동할 수 있도록 하기 위한 가이드라인을 마련하였다.[428)] OECD 회원국들은 개

---

425) 1980년 OECD 가이드라인의 명칭은 'Guidelines Governing the Protection of Privacy and Transborder Flows of Personal Data'(Sept. 23, 1980)이며 가이드라인과 관련된 논의에 대한 정보를 담고 있는 해석각서(Explanatory Memorandum)가 동반된다. OECD 가이드라인은 OECD 회원국들에 의해 만장일치로 채택되었으며, 그 내용은 이미 정보보호법을 제정한 국가들도 기존 국내법에 도입할 수 있는 기본원칙들이며, 아직 정보보호법을 제정하지 않은 국가들도 기본원칙으로 할 수 있는 것들이다.

426) 국가별 개인정보보호법의 상호 불일치는 개인정보의 자유로운 국경 간 이동에 장애가 될 우려가 있다. 특히, 은행 및 보험업과 같은 주요 경제 분야에서 국경 간 정보 이동의 제약은 심각한 발전 저해요소가 된다. OECD, *Guidelines Governing the Protection of Privacy and Transborder Flows of Personal Data*, preface.

427) 제4장에서 언급한 바와 같이 국가들은 인터넷상의 활동으로 인해 피해를 입은 자국민에 대해서 자국의 국내법을 적용하여 보호하고자 할 것이다. 하지만 인터넷의 매체적 특성상 자국법을 적용하여 보호하는 데는 한계가 있으며, 이는 결국 인터넷상의 활동을 통제하는 형태로 나타나게 된다.

428) OECD, *Guidelines, supra* note 425, preface.
    OECD는 이러한 분야에서 수년 앞서 활동을 해 오고 있었는데, 각국 국내법의 차이로 인해 발생하는

인정보보호법 제정 시 OECD 가이드라인의 원칙들[429)]을 고려하여 개인정보의 국경 간 이동이 방해받지 않도록 하며, OECD 가이드라인의 이행을 위해 회원국들 상호 간에 협력해야 한다.[430)] OECD 가이드라인은 범세계적인 통신망(global network)에 있어서 프라이버시와 개인정보보호를 위한 하나의 기초가 된다.[431)]

2. 개인정보보호 원칙

1) 수집제한

수집제한 원칙(Collection Limitation Principle)[432)]은 정보 수집에 대한 제한과 정보 수

문제를 다루기로 결정하면서 1978년에 새로운 특별 전문가 그룹(a new ad hoc Group or Experts)으로 하여금 각국의 국내법의 조화를 가능하게 하기 위해 정보의 국경 간 이동과 개인정보보호와 프라이버시보호를 다루는 기본규칙에 관한 가이드라인(Guidelines)을 개발하도록 하였다. 국경 간 정보 이동에 관한 OECD 프로그램은 1969년도에 공공부문의 컴퓨터 사용에 관한 연구에서부터 시작되었다. 이때 데이터뱅크패널(Data Bank Panel)이라는 전문가 그룹(A Group of Experts)이 디지털 정보, 행정기관, 국경 간 정보 이동 그리고 정책 관련성 등과 관련하여 프라이버시 문제의 다른 측면들을 분석하고 연구하였다. 이러한 문제와 관련하여 데이터뱅크패널은 1977년 다양한 이해 관계자들로부터 의견을 청취하기 위해 비엔나에서 심포지엄을 열기도 하였다. 전문가 그룹의 이러한 작업은 유럽평의회와 EC의 긴밀한 협력으로 수행되었으며, 1979년 7월 1일 완료되었다. OECD, *Explanatory Memorandum of OECD Guidelines on the Protection of Privacy and Transborder Flows of Personal Data, paras*. 16-18.

429) OECD 가이드라인은 개인정보의 이용과 관련하여, 수집제한 원칙(Collection limitation), 정보의 충실성에 관한 원칙(Data quality), 정보수집 목적의 명확화 원칙(Purpose specification), 이용 제한의 원칙(Use limitation), 정보의 안전한 보호에 관한 원칙(Security safeguards), 공개의 원칙(Openness), 개인 참가의 원칙(Individual participation), 책임의 원칙(Accountability)의 8개 원칙을 규정하고 있다. OECD, *Annex to the recommendation of the Council of 23 September 1980, Guidelines governing the protection of privacy and transborder flows of personal data.*

430) OECD, *Recommendation of the Council Concerning Guidelines Governing the Protection of Privacy and Transborder Flows of Personal Data.*

431) Working Party on Information Security and Privacy(WPISP), DSTI/ICCP/REG(2002)3/FINAL, *Privacy Online: Policy and Practical Guidance*, 2003. 1. 21., p. 5. OECD 가이드라인은 현재까지도 프라이버시와 개인정보보호에 관한 원칙의 표준으로 대표되고 있으며, 모든 정보통신 수단을 이용한 개인정보 수집에 있어 준수해야 할 지침을 제공하는 것으로 받아들여지고 있다.

432) OECD, *Annex to the recommendation of the Council of 23 September 1980, Guidelines governing the protection of privacy and transborder flows of personal data*, para. 7.

집 수단의 요건에 관한 문제이다.[433] 먼저, 정보 수집에 대한 제한과 관련해서 수집제한 원칙은 개인정보의 수집에 대해서는 제한이 있어야 한다는 일반적인 규정만을 담고 있다. 이러한 규정은 각국의 입법자로 하여금 무차별적인 개인정보 수집을 하지 않도록 제한할 것을 권고하고 있다. 제한의 성격이 명확하지는 않으나 이러한 제한은 ① 정보의 품질(충실성) 측면, ② 정보처리 목적과 관련된 제한, ③ 각 회원국의 전통과 태도에 따른 민감 정보의 지정, ④ 특정 정보관리자의 정보 수집 활동에 대한 제한, ⑤ 일반 시민의 우려 등을 반영한다.[434]

다음으로 정보 수집 수단의 요건은 숨겨진 정보기록장치의 사용이나 정보주체를 속여서 정보를 제공하도록 하는 관행을 직접적으로 다루고 있다. 정보주체의 인지 또는 동의는 일반적으로 최소한의 요건으로 인식되고 있다. 하지만 실제에 있어서는 항상 동의를 받도록 할 수 있는 것은 아니다. 따라서 때에 따라서는 실제상의 이유나 정책상의 이유로 정보주체의 인지 또는 동의가 필요한 것으로 간주될 수 없는 경우가 존재하게 된다. 범죄 수사 활동이나 정기적인 주소록의 갱신 등의 경우가 이러한 예에 해당된다. 미성년자나 금치산자의 경우에 다른 당사자가 정보주체를 대신할 수도 있다.[435]

2) 충실성

정보 충실성에 관한 원칙[436]에서 정보가 연관성이 있어야 한다는 요건은 그 정보가 사용될 목적과 관련이 있어야 한다는 것을 말한다. 예를 들면, 어떤 견해에 관한 정보는 그러한 정보가 아무런 관련도 없는 목적으로 사용될 경우 혼란을 줄 수 있다. 또한 정보

"개인정보의 수집은 제한적으로 이루어져야 하며, 그러한 정보는 합법적이고 공정한 수단에 의하고, 경우에 따라 정보 주체의 인지 또는 동의하에 습득되어야 한다."

433) OECD, *Explanatory Memorandum of OECD Guidelines on the Protection of Privacy and Transborder Flows of Personal Data*, para. 50.

434) *Ibid*, para. 51.

435) *Ibid*, para. 52.

436) OECD, *Annex*, *supra* note 431, para. 8.
"개인정보는 사용 목적과 연관성이 있어야 하며, 그러한 목적에 필요한 범위 내에서 정확하고, 완전하며, 최신의 것이어야 한다."

충실성(품질)에 관한 원칙은 정보의 정확성, 완전성, 최신성을 언급하고 있는데, 이러한 것들은 정보의 충실성 개념에 있어 중요한 요소들이며 정보의 목적과 관련되어 있다. 즉, 이러한 요소들은 정보의 사용 목적에 필요한 정도를 벗어나서는 안 된다.[437]

3) 수집목적

정보 수집목적 명확화 원칙[438]은 정보 충실성에 관한 원칙 및 이용 제한 원칙과 밀접한 연관성이 있다. 동 원칙상 정보 수집 이전(以前)에 또는 정보 수집 시점까지는 수집된 정보가 사용될 목적을 알 수 있어야 한다. 또한 추후의 목적 변경도 마찬가지로 명시되어야 한다. 이러한 목적의 명시 방법은 공표, 정보주체에 대한 통지, 입법, 행정명령, 감독기관의 면허 등 여러 가지 방법으로 이루어 질 수 있다. 정보 수집 목적 명확화 원칙과 후술하는 이용 제한 원칙에 따르면, 새로운 목적을 자의적으로 삽입해서는 안 되며, 목적 변경의 자유는 최초의 목적과 양립할 수 있어야 한다. 수집된 정보로 목적을 달성하였고 실제적으로 가능한 경우라면, 그러한 정보는 파괴 또는 삭제하거나 정보주체를 알 수 없는 형태로 해야 할 필요가 있다. 관리되지 않는 정보는 자칫 도난이나 불법복제의 위험 등이 따를 수 있기 때문이다.[439]

4) 이용제한

이용제한 원칙[440]은 공개를 포함하여 명시적인 목적에서 벗어난 다른 종류의 이용에

---

437) OECD, *Explanatory Memorandum of OECD Guidelines, supra* note 432, para. 53.
438) OECD, *Annex, supra* note 431, para. 9.
  "개인정보의 수집 목적은 정보 수집 시점 및 그러한 목적의 이행에 국한된 추후 사용 시점, 또는 그러한 목적과 배치되지 않으며 목적의 변경 때마다 명시된 다른 목적의 이행에 국한된 추후 사용 시점까지는 명시되어야 한다."
439) OECD, *Explanatory Memorandum of OECD Guidelines, supra* note 432, para. 54.
440) OECD, *Annex, supra* note 431, para. 10.
  "개인정보는 다음의 경우를 제외하고 9항(정보 수집 목적 명확화 원칙)에 의거하여 명시된 목적과는 다른 목적을 위하여 공개되거나 이용 가능하게 되거나 또는 달리 이용되어서는 아니 된다:
  a) 정보 주체의 동의가 있는 경우, 또는

대한 것이다. 예를 들면, 정보가 컴퓨터 A에서 컴퓨터 B로 전송되는 경우에 컴퓨터 B는 정보를 아무런 검열 없이 불법적인 목적으로 사용할 수 있을 것이며, 이때 컴퓨터 B로의 전송은 동 원칙상의 공개에 해당된다.[441] 일반적으로 최초 또는 추후에 명시된 목적이 확정되어야 정보의 이용이 가능하다. 이용제한 원칙은 정보주체의 동의 및 법률상 권한에 의해서 예외가 인정된다. 정보주체의 동의는 그가 미성년자 또는 금치산자인 경우에는 그의 대리인에 의해서도 가능하며, 법률상 권한에 의한 경우는 감독기관이 부여한 면허 등이 포함된다. 행정상 의사결정을 위한 목적으로 수집된 정보는 조사, 통계, 사회 계획(social planning) 등을 위해 이용될 수 있다.[442]

5) 보안

정보 보안과 프라이버시 문제가 동일한 것은 아니지만 정보 이용과 공개에 대한 제한은 정보의 안전한 보안유지 조치에 의해 한층 강화될 수 있다. 개인정보와 관련해서 발생하는 문제가 정보관리자의 고의에 의해서만 발생한다고 보기 어렵고 시스템 자체의 문제로 인해 발생하는 경우가 빈번하다는 점을 고려할 때 정보 보안 문제는 정보프라이버시보호에 있어 필수적이다.[443] 이러한 보안유지 조치는 물리적 조치(physical measures), 조직적 조치(organizational measures), 컴퓨터 시스템 안에서의 정보 조치(informational measures)를 통해 달성된다.[444] 특히, 조직적 조치에 있어서는 정보처리 직원의 비밀유지의무(obligations to maintain confidentiality)가 중요하다.

정보의 안전한 보호에 관한 원칙[445]의 적용범위는 광범위하나 중첩되는 부분도 존재

---

　　　b) 법적 근거에 의한 경우."
441) OECD, *Explanatory Memorandum of OECD Guidelines*, *supra* note 432, para. 55.
442) *Ibid*.
443) 제2장 제2절 Ⅱ. 2. 정보보안의 허점 참조.
444) OECD, *Explanatory Memorandum of OECD Guidelines*, *supra* note 432, para. 56.
445) OECD, *Annex*, *supra* note 431, para. 11.
　　　"개인정보는 유실 및 불법적인 접근, 파괴, 이용, 변경 또는 공개와 같은 위험에 대비한 적절한 보안유지 조치에 의하여 보호되어야 한다."

한다. 예를 들면, 정보의 유실에는 우연한 정보의 삭제, 정보 저장 매체의 파괴와 그로 인한 정보의 파괴 그리고 정보 저장 매체의 도난 등이 포함된다. 정보 변경의 경우에도 정보의 불법적 입력이 포함되며, 정보 이용의 경우에도 불법적 복제를 포함한다. 또한 동 원칙의 규정 방법상 정보에 대한 접근과 이용은 일정 부분 중복되는 것으로 해석된다.[446]

6) 공개

공개 원칙[447]은 후술하는 개인 참가 원칙의 전제가 된다. 개인 참가 원칙이 실효성을 가질 수 있기 위해서는 사실상 개인정보 수집, 저장 또는 이용에 관한 정보를 파악할 수 있어야 하기 때문이다. 예를 들어, 정보관리자에 의해 자발적으로 이루어지는 정기적 통지나 개인정보처리 활동 상황을 공부(公簿)상에 공표하거나 공공기관에 등록함으로써 공개 원칙은 실현된다. 또한 즉시 파악할 수 있다(readily available)는 것은 사전지식이 없어도 헤매지 않으며 과도한 시간이나 비용을 들이지 않고 정보를 파악할 수 있어야 한다는 것을 의미한다.[448]

7) 참가

개인 참가 원칙[449]상 개인정보에 대한 접근권과 이의 제기권은 가장 중요한 프라이버

---

446) OECD, *Explanatory Memorandum of OECD Guidelines*, *supra* note 432, para. 56.
447) OECD, *Annex*, *supra* note 431, para. 12.
　　"개인정보와 관련된 제도개선, 실무 및 정책에 관하여 일반적으로 공개 정책을 취해야 하며, 개인정보의 존재와 성격, 그것의 주요 사용 목적, 정보관리자의 신원 및 소재지를 즉시 파악할 수 있는 장치가 마련되어야 한다."
448) OECD, *Explanatory Memorandum of OECD Guidelines*, *supra* note 432, para. 57.
449) OECD, *Annex*, *supra* note 431, para. 13.
　　"개인은 다음과 같은 권리를 행사할 수 있어야 한다:
　　a) 자신과 관계된 정보를 정보관리자가 보유하고 있는지 여부에 대하여 정보관리자로부터 직접 또는 다른 경로로 확인함,
　　b) 자신과 관계된 정보가
　　　ⅰ) 적절한 기간 내에,

시보호 장치이다. 접근권은 쉽게 행사할 수 있어야 한다. 즉, 정보관리자의 일상적 활동의 한 부분으로서 기능해야 하며 어떠한 법적 절차나 이와 유사한 절차를 밟음으로써만 취할 수 있는 것이 되어서는 안 된다.

정보가 적절한 기간 내에 통보되도록 한다는 요건은 여러 가지 방법으로 충족될 수 있다. 예를 들면, 정보관리자가 정보주체에 대해 정기적으로 정보를 제공하고 있는 경우에는 개인의 요구에 대해 즉시 답변을 하지 않아도 된다.[450] 통상적으로 기간의 계산은 요청을 받은 때로부터 기산한다. 어느 정도의 기간이 적절한가에 대해서는 정보처리활동의 성격 등 환경에 따라 일정 범위 내에서 사안에 따라 다양하다. 적절한 방식으로 정보가 통보되도록 한다는 것은 지리적 거리 문제가 고려되어야 한다는 것을 의미한다. 또한 접근 요청을 함에 있어 일정한 시간적 간격을 두고 요청하도록 하는 조치를 취하는 경우에는 그러한 시간적 간격은 적절해야 한다. 특히, 정보주체가 파악할 수 있는 정보의 범위는 이행의 문제로서 각 회원국들의 결정에 맡기고 있다.[451]

거절 사유를 물어볼 권리는 정보에 대한 요청이 거절된 상황에서만 제한적으로 행사할 수 있다. 거절 사유를 물어볼 권리는 개인정보 이용에 근거한 것이지만, 이러한 권리를 정보주체에게 통지하여 정보주체가 효과적으로 권리를 행사하도록 하는 것으로 해석되지는 않는다. 이의 제기권은 그 행사 범위가 광범위하여 정보관리자에 대한 최초이의 제기뿐만 아니라 국내 절차에 따른 법원, 행정기관, 전문기관 또는 기타 기관에 대

　ⅱ) 비용이 부과되는 경우 과도하지 않은 범위에서,

　ⅲ) 적절한 방식으로, 그리고

　ⅳ) 즉시 알아볼 수 있는 형태로,

　자신에게 통보되도록 함,

c) 상기 a)항과 b)항이 거절되는 경우 그 사유를 물어 답을 구하고, 그러한 거절에 대하여 이의를 제기할 수 있음, 그리고

d) 자신과 관계된 정보에 이의를 제기하고, 이의가 받아들여질 경우 해당 정보가 삭제, 정정, 완성 또는 수정되도록 함."

450) OECD, *Explanatory Memorandum of OECD Guidelines*, *supra* note 432, para. 58.

451) *Ibid*, paras. 58-59.

한 이의 제기를 포함한다.[452] 하지만 이의 제기권은 정보주체가 어떤 구제가 이용 가능한지 결정할 수 있다는 것을 의미하지 않는다. 구제 방법은 국내법과 그에 따른 법적 절차에 의해 결정된다.[453]

8) 책임

정보관리자는 정보 및 정보처리 활동에 관한 결정을 하고 정보처리는 정보관리자를 위해 이루어진다. 따라서 국내법상 프라이버시보호 규칙과 결정의 준수와 관련한 책임은 정보관리자에게 있으며,[454] 정보처리가 정보관리자를 대신하여 제3자에 의해 이루어졌다 하더라도 이러한 의무로부터 벗어날 수는 없다. 또한 OECD 가이드라인에서는 정보관리자를 대신해서 정보를 처리하는 제3자에 대해 책임을 면하게 하는 어떠한 규정도 하지 않고 있는 것으로 보아, 타인을 대신하여 정보를 처리하는 정보처리 서비스 제공자나 정보의 저장이나 이용에 대한 결정권한 없이 정보에 대한 접근만 할 수 있는 종속적 이용자(dependent users)도 개인정보처리가 맡겨진 당사자이므로 비밀 준수 의무 위반에 대한 직접적 제재 대상이 된다.[455] 동 원칙상 책임은 행위 규범상 책임뿐만 아니라 법적 제재가 수반되는 책임도 동시에 언급하고 있다.[456]

OECD 가이드라인의 원칙들을 서로 관련성을 가지는 것으로 범주화해 보면 수집제한 원칙, 정보 수집목적 명확화 원칙과 이용제한 원칙, 정보 충실성에 관한 원칙, 정보의 안전한 보호에 관한 원칙, 공개 원칙과 개인 참가 원칙, 책임 원칙으로 다시 범주화할 수 있다. 첫째, 수집제한 원칙은 정보 수집제한과 관련해서 적법하고 공정한 수단에 의하

---

452) *Ibid*, para. 60.

453) *Ibid*, para. 61.

454) OECD, *Annex, supra* note 431, para. 14.
　　"정보관리자는 이상에서 명시한 원칙들의 시행 조치를 이행하는 데 책임을 다하여야 한다."

455) OECD, *Explanatory Memorandum of OECD Guidelines, supra* note 432, para. 62.

456) *Ibid.*

고 정보주체에 대한 정보수집 통지 또는 수집 동의를 얻어 수집할 것을 규정한다. 정보관리자의 사기 또는 기타 부정한 수단에 의한 정보의 취득을 금지하고 있다.

둘째, 정보 수집목적 명확화 원칙과 이용제한 원칙상 정보 수집목적을 명확히 하고 정보이용은 수집목적에 합치해야 한다. 또한 이용제한과 관련해서 정보주체의 동의가 있는 경우와 법률규정에 의한 경우를 제외하고는 정보를 이용해서는 안 된다. 정보관리자는 이용목적을 가능하면 특정해야 하며, 이용목적의 달성에 필요한 범위를 넘어서 취급하지 말아야 한다. 또한 정보주체의 동의를 얻지 않은 제3자에 대한 정보제공은 금지된다.

셋째, 정보 충실성에 관한 원칙상 개인정보의 내용과 관련해서 정보의 내용이 이용목적에 따라야 하며 정확하고 완전하며 최신의 것이어야 한다. 정보관리자는 정보의 내용이 정확하고 최신의 내용으로 유지되도록 노력해야 할 의무를 부담한다.

넷째, 정보의 안전한 보호에 관한 원칙상 정보에 대한 합리적인 안전보장조치에 의해 정보의 분실, 파괴, 부정사용, 수정, 공개 등으로부터 정보를 보호해야 한다. 정보관리자는 정보의 안전한 관리를 위해 필요한 조치를 할 의무를 부담하며, 정보처리를 위탁받은 자에 대하여 필요한 감독을 할 의무를 진다.

다섯째, 공개 원칙과 개인 참가 원칙상 정보 수집에 관한 실시방침을 공개하고 정보의 존재, 이용목적 그리고 관리자 등을 명시해야 한다. 또한 정보주체에 관한 정보의 소재 또는 내용을 확인시켜 주거나 정보주체의 뜻에 따라 신청할 수 있도록 보장해야 한다. 정보관리자는 정보를 수집하는 경우에 이용목적을 통지하거나 공표해야 한다. 또한 이용목적 등을 정보주체가 알 수 있는 상태가 되도록 해야 하며 정보주체의 요구에 따라 정보관리자가 보유하고 있는 정보를 공개해야 한다. 정보관리자는 정보주체의 요구에 따라 정보의 정정이나 이용정지 등을 해야 한다.

여섯째, 책임 원칙은 정보관리자가 앞서 언급한 모든 원칙들의 실시에 대한 책임을 지도록 하고 있다. 이에 따라 정보관리자는 정보주체의 불만에 대해 적절하고 신속한 처리를 위해 노력해야 한다.

3. 국외 이전 관련 원칙

1) 보호이익 존중

회원국 간 개인정보보호이익 존중 원칙[457]은 회원국들이 그들 각각의 국민과 거주자들의 프라이버시와 개인의 자유 그리고 개인정보를 보호함에 있어 각국의 이익을 존중해야 한다는 원칙이다. 동 원칙은 국내적 측면에서 두 가지 의미를 갖는다. 첫째는 OECD 가이드라인의 취지에 반하는 방임정책이 다른 회원국의 보호입법을 우회하거나 위반하게 될 것이라는 것이다. 하지만 이러한 우회 또는 위반이 다수 회원국의 비난을 받을지언정 다수 국가들이 받아들일 수 없는 것으로서 한 회원국에 대하여 다른 회원국의 법이 역외적으로 직·간접적으로 적용될 필요가 있다고 명확하게 규정하고 있지는 않다. 그럼에도 불구하고 동 원칙에서 개인정보 재수출(re-export)에 대해 명시적으로 규정하고 있는 것은 회원국들이 개인정보보호를 위한 통제장치가 불충분하거나 마련되지 않은 국가로 정보처리를 위해 정보를 이전한 결과 개인정보가 보호받지 못하는 경우를 방지하기 위해 상호 협력해야 한다는 의미를 갖는다.[458] 이러한 원칙상 각국의 개인정보보호를 위한 정책 선택의 자율성을 보장하면서도 회원국 상호간의 개인정보보호 법률을 존중할 필요가 있다. 둘째, 회원국들은 외국 정보나 외국인에 관한 정보와 관련해서 발생할 수 있는 특정 상황에 맞게 정보를 처리하기 위해 규칙과 실무를 적합하게 할 필요가 있다.[459]

2) 보안

개인정보 국외 이전 시 보안원칙[460]은 정보보안에 관한 문제를 넓은 의미에서 다루고

---

457) OECD, *Annex, supra* note 431, para. 15.
"회원국들은 개인정보처리 및 재수출이 다른 회원국들에게 미치는 영향을 고려해야 한다."
458) OECD, *Explanatory Memorandum of OECD Guidelines, supra* note 432, para. 64.
459) *Ibid.* para. 65. 예를 들면, 재외국민의 주소에 대한 접근 등과 같이 그 국적국의 특정 이익에 기여할 목적으로 외국인에 관한 정보가 이용될 수 있는 상황이 발생할 수 있다.
460) OECD, *Annex, supra* note 431, para. 16.
"회원국들은 회원국을 경유하는 것을 포함하여 개인정보의 국가 간 이전이 장애요소 없이 안전하게

있으며, 앞서 언급한 정보의 안전한 보호 원칙을 국제적 수준에서 다루고 있다. 따라서 개인정보 국외 이전 시 정보의 안전한 보호를 위해서는 물리적 조치와 정보 조치를 포함한 기술적 조치와 직원의 비밀유지 의무와 같은 조직적 조치가 이루어져야 한다.[461] 개인정보의 국경 간 이동을 증진하는 것은 OECD 가이드라인의 중요한 목적 가운데 하나이므로 국경 간 개인정보 이동은 정보에 대한 불법적인 접근, 정보의 멸실 및 기타 이와 유사한 사고 등 장애요소로부터 보호되어 안전하게 이루어져야 한다. 또한 이러한 보호는 이용 또는 저장되지 않고 회원국을 경유하여 지나는 정보에도 적용된다.[462]

3) 이전의 자유

개인정보의 자유로운 국외 이전 원칙[463]은 회원국들 간 개인정보 자유이전에 대한 합법적 제한에 관한 것이다. 하지만 프라이버시와 개인의 자유 보호를 위한 가이드라인상의 요건이 실질적이고 효과적으로 충족되는 한 정보의 자유로운 이전은 인정된다. 다시 말해서, 동 원칙은 개인정보의 자유로운 국외 이전에 반대되는 이익을 다루고 있음에도 이러한 이익은 회원국들 간에 자유로운 정보 이전을 제한하는 합법적인 근거가 될 수 있다.[464] 예를 들면, 아직 실질적으로 가이드라인을 준수하지 않는 회원국에서 정보를 처리함으로써 국내법을 우회하고자 하는 경우를 들 수 있다. 동 원칙은 동등한 보호(equivalent protection)의 기준을 설정함으로써 수출국에서의 보호와 동일할(identical)

이루어지도록 보장할 수 있는 합리적이고 적절한 모든 조치를 취하여야 한다."

461) OECD, *Explanatory Memorandum of OECD Guidelines*, *supra* note 432, para. 66.

462) *Ibid*.

463) OECD, *Annex*, *supra* note 431, para. 17.
"회원국은 자국과 다른 회원국 사이에서 이루어지는 개인정보의 국가 간 이전 제한을 삼가되, 다른 회원국이 아직 이 가이드라인을 실질적으로 이행하고 있지 않거나 그러한 정보의 재수출이 그 나라의 프라이버시 관련법을 우회하는 경우에는 예외로 한다. 회원국은 또한 특정 범주의 개인정보와 관련하여 국내 프라이버시 관련 법이 해당 정보의 성격에 비추어 특수한 규정을 포함하는 경우 및 다른 회원국이 이에 상응하는 보호 장치를 제공하지 못하는 경우 제약을 가할 수 있다."

464) OECD, *Explanatory Memorandum of OECD Guidelines*, *supra* note 432, para. 67.

필요는 없지만 실질적으로 유사한(similar) 보호를 하도록 요구하고 있다.[465] 앞서 언급한 회원국 간 개인정보보호이익 존중 원칙과 마찬가지로 개인정보 재수출을 명확히 언급하고 있는데, 이는 회원국들이 국내 프라이버시 관련법을 우회하는 것을 차단하기 위한 것이다.

특정 범주에 속하는 개인정보의 특수한 성격으로 인해 회원국의 중요한 이익에 영향을 미치게 되는 경우에는 합법적 제한을 가할 수 있다. 하지만 국가주권, 국가안보 및 공공정책과 관련된 원칙을 포함하여 가이드라인에 담겨 있는 원칙의 예외 규정은 가능한 한 소수여야 하며,[466] 개인정보 이전에 대한 제한은 최소한에 그쳐야 한다.[467]

4) 이익의 균형

프라이버시보호와 개인정보의 자유로운 국외 이전 간 균형 원칙[468]은 각국의 프라이버시보호 이익과 개인정보의 자유로운 국외 이전 이익 간의 균형을 이루도록 하기 위한 것이다. 이를 위해서는 개인정보보호를 통해 얻을 수 있는 이익과 개인정보의 자유로운 이전을 통해서 얻을 수 있는 이익간의 비례성(proportionality)이 고려되어야 한다. 동 원칙은 프라이버시와 개인의 자유 보호 그리고 공개되지 않은 다른 종류의 제한적인 목적 달성이라는 관점에서 인위적으로 개인정보 이전에 장애를 두는 것에 적용된다. 하지만 동 원칙으로 인해 자유무역, 관세, 고용과 관련된 분야와 국제적인 정보 교환을 위한 관련 경제적 조건에 있어 개인정보 국외 이전을 규율할 회원국들의 권리를 제한하지는 않는다.[469]

---

465) *Ibid.*
466) OECD, *Annex, supra* note 431, para. 4, a).
467) *Supra* note 463.
468) OECD, *Annex, supra* note 431, para. 18.
　　"회원국들은 프라이버시 및 개인의 자유 보호라는 명분으로 그러한 보호를 위한 한도를 넘어 개인정보의 국가 간 이전에 장애요소가 되는 법, 정책 및 실무의 개발을 피해야 한다."
469) OECD, *Explanatory Memorandum of OECD Guidelines, supra* note 432, para. 68.

개인정보 국외 이전을 위해서 회원국 상호간에 각국 국내법상 개인정보 보호규정을 존중하는 것이 중요하다. 왜냐하면 OECD 가이드라인에서는 각국의 국내법을 존중하지 않는 경우 개인정보 이전에 제한을 가할 수 있는 합법적 권한을 회원국에 부여하고 있기 때문이다. OECD 가이드라인을 반영한 국내법 또는 정책을 채택하지 않거나 정보보호를 위한 각국의 국내법을 우회하고자 하는 경우, 그리고 다른 회원국이 채택하고 있는 정보보호 법률을 존중하기 위한 적절한 수단을 마련하지 않은 회원국으로의 정보이전을 제한함으로써 실질적으로 OECD 가이드라인을 반영하는 법과 정책을 취하고 있는 국가로 정보이전을 도모함으로써 정보보호와 정보의 국외 이전 보장이라는 상충하는 두 법익 간의 조화를 이루고 있다.

5) 협력

OECD 가이드라인은 회원국들로 하여금 요청이 있을 경우 다른 회원국들에게 동 가이드라인에서 규정하고 있는 원칙의 준수 내용을 상세히 알려 주도록 규정하고 있다. 또한 회원국들이 개인정보 국외 이전 절차와 프라이버시보호 및 개인의 자유 보호 절차가 간단하면서도 동 가이드라인을 준수하는 다른 회원국들의 절차와 상충되지 않도록 보장할 것을 요구한다.[470] OECD 가이드라인의 이와 같은 규정은 첫째, 규칙과 규범 및 판결 등에 관한 정보 파악의 필요성과 둘째, 회원국 간 불필요하게 복잡하고 이질적인 절차와 이행 요건 등으로 인해 개인정보 국외 이전이 방해받지 않도록 하기 위해서이다.

첫 번째 문제는 일반적으로 복잡한 프라이버시보호 규범과 정보보호 정책으로 인해 발생한다. 규범의 수준도 다양하고 중요한 규칙들이 법령 속에 변함없이 유지되는 것도 가능하지 않으므로 그러한 규범과 규칙들은 명확히 공개되어 있어야 하며 하위 의사결정기관의 재량에 두어야 한다. 이러한 필요성을 만족시키기 위해서는 각국 법률에 대한 정보를 보호기관 상호간에 교환할 수 있는 권한을 실제 보호임무를 담당하는 실무기관에 부여해야 할 필요가 있다.

---

470) OECD, *Annex*, *supra* note 431, para. 20.

두 번째 문제는 개인정보의 국외 이전을 규율하는 국내법의 수적인 균형에 관한 것이다. 더군다나 이행 조치와 관련된 특별 협정뿐만 아니라 국내법의 정보 국외 이전에 관한 특별 규정의 조화가 필요하다.[471] 이러한 요건을 만족시키기 위해서는 정보 국외 이전에 관한 별도의 법률을 두거나 국가 간에 필요한 별도 협정을 체결하여 정보이전을 위한 규범의 단일화가 요구된다.

OECD 가이드라인은 국제적 협력을 위해 회원국들이 가이드라인과 관련된 정보를 교환하고, 소송 및 조사와 관련된 문제들에 관해 상호 지원을 촉진하기 위한 절차 마련을 요구하고 있다.[472] 이와 같은 규정은 OECD 가이드라인이 회원국들의 국내절차에서 지속적으로 협력할 수 있도록 하기 위한 것으로 정보보호 및 정보통신 분야의 정책을 담당하는 기관이나 전문기구가 이 문제에서 중요한 협력관계를 유지할 수 있다.[473] 또한 소송 및 조사와 관련된 정보요청을 위해 국가 간에 상호 지원해야 하는 문제는 국제적인 정보통신망 발달과 관련된 문제가 더욱 복잡해지고 그 수가 증가함에 따라 그 중요성을 더하게 될 것이다.

II. UN 가이드라인

1. 채택 배경

UN 가이드라인은 차별 방지 및 소수자 보호에 관한 UN 소위원회[474] 1988년 제40회기에서 그 초안이 보고되었고, 동 소위원회에서 인권위원회와 경제사회이사회가 이를

---

471) OECD, *Explanatory Memorandum of OECD Guidelines*, *supra* note 432, paras. 71-72.

472) OECD, *Annex*, *supra* note 431, para. 21.

473) OECD, *Explanatory Memorandum of OECD Guidelines*, *supra* note 432, para. 73.

474) UN 소위원회(The United Nations Sub-Commission on the Prevention of Discrimination and the Protection of Minorities)는 인권위원회(Commission on Human Rights)의 보조기관(subsidiary body)으로 1947년에 경제사회이사회(ECOSOC)에 의해서 설립되었다. 동 소위원회는 26명의 인권 분야의 전문가로 구성되어 있으며, 인권과 관련한 폭넓은 주제에 관해 연구하고 인권위원회에 권고하기 위해 매년 제네바에서 모임을 갖는다. UN 소위원회의 이러한 성격으로 볼 때 UN 총회 가이드라인은 인권보호의 측면이 강조될 수밖에 없었다.

공개·배포해 줄 것을 권고하는 결의가 채택되었다.[475] 이후 1990년 12월 14일 UN 총회에서 UN 가이드라인이 채택되었다.[476] UN 가이드라인은 컴퓨터로 처리되는 개인정보파일에 정보를 제공하는 사람의 프라이버시권과 인권의 보호가 보장되도록 최소한의 기준을 규정하고, UN 가이드라인의 기준들이 국제기구와 각국 정부에 의해 국내 입법에 반영될 수 있도록 하는 것을 목적으로 한다.[477]

2. 개인정보보호 원칙

1) 보호원칙

UN 가이드라인의 보호원칙들은 개인정보보호를 위해 각국 국내 입법에 반영해야 하는 최소한의 보장기준을 정한 원칙들로 제1원칙: 적법성과 공정성(Lawfulness and fairness), 제2원칙: 정확성(Accuracy), 제3원칙: 목적(Purpose), 제4원칙: 접근권(Interested-person access), 제5원칙: 비차별(Non-discrimination), 제6원칙: 예외(Power to make exceptions), 제7원칙: 보안(Security), 제8원칙: 감독 및 제재(Supervision and sanctions), 제9원칙: 국외 이전(Transborder data flows), 제10원칙: 적용 범위(Field of application)를 규정하고 있다.

적법성과 공정성은 개인정보가 적법하고 공정하게 수집되고 처리되어야 하며, 또한 UN 헌장의 원칙과 목적에 배치되는 목적으로 이용되어서는 안 된다.[478] 정확성은 정보의 정확성과 타당성에 대한 정기 검사와 가능하면 정보가 누락되지 않도록 완전한 상태로 보관해야 하며 정보에 대한 정기적 갱신이 이루어져야 한다.[479] 목적은 정보파일의

---

475) Sub-Comm'n Res. 1988/29, 1988 Report, p. 56.

476) A/RES/45/95. UN 총회에서 채택된 가이드라인의 정식 명칭은 '컴퓨터를 사용하여 처리하는 개인정보파일의 규율을 위한 가이드라인(*Guidelines for the Regulation of Computerized Personal Data Files*)'이다. 1990년 12월 14일 제68회기에 투표 없이 채택되었다.

477) Katherine Brennan, et al., 「The 40th Session of the UN Sub-Commission on Prevention of Discrimination and Protection of Minorities」, *Human Rights Quarterly*, Vol. 11(1989), pp. 311-312.

478) UN, *Guidelines, supra* note 475, A. 1.

479) *Ibid*, A. 2.

제공 및 이용 목적이 특정되고 적법해야 하며, 그러한 목적을 정보 당사자에게 통지해야 한다. 이러한 통지를 통해 정보 당사자는 수집·기록된 개인정보가 목적에 타당하고 적절한지, 정보 당사자의 동의 없이 목적에 맞지 않게 개인정보가 사용 또는 공개되는지, 목적의 달성에 필요한 기간을 초과하여 보유하고 있는지 여부를 확인할 수 있다.[480] 관계자 접근권은 정보 당사자로 하여금 정보처리에 대한 알 권리와 정보 수정권을 인정한다. 또한 구제조치의 제공과 이러한 원칙을 정보 당사자의 국적과 거소(居所)에 상관 없이 적용한다.[481] 비차별은 민족, 인종, 피부색, 성생활, 정치적 견해, 종교, 철학적 신념, 단체가입이나 노조활동 등에 관한 정보처럼 불법적 자의적 차별을 불러일으키기 쉬운 정보에 대해서 수집을 금한다.[482] 예외 설정 권한은 각국의 국가안보, 공공질서, 공중보건 또는 공중도덕, 박해받는 사람의 권리와 자유를 보호하기 위해 필요한 경우 원칙으로부터 예외를 인정한다.[483] 보안은 사고로 인한 멸실 및 파괴 등 위험이나 부당한 접근 또는 컴퓨터 바이러스에 의한 오염으로부터 정보를 보호할 수 있는 조치를 취해야 한다.[484] 감독과 제재는 모든 국가가 국내법에 따라 독립적 감독임무를 수행할 수 있는 감독기관을 지정하고 UN 가이드라인을 반영한 국내법 위반의 경우, 개인의 구제와 더불어 형사적 또는 기타의 벌칙을 과하도록 한다.[485] 정보 국외 이전은 각국이 유사한 정보보호를 하는 경우, 정보가 자유롭게 국경 간 이동할 수 있도록 하며, 서로 상이한 수준의 보호를 하는 경우에도 정보 이전에 대해 과도한 제한을 해서는 안 된다.[486] 끝으로, UN 가이드라인은 공공부문과 민간부문에서 컴퓨터로 처리되는 정보파일에 적용되며, 체약국의 선택에 따라 수작업 문서철(文書綴, manual files)에도 적용된다.[487] 또한 자

---

480) *Ibid*, A. 3.
481) *Ibid*, A. 4.
482) *Ibid*, A. 5.
483) *Ibid*, A. 6.
484) *Ibid*, A. 7.
485) *Ibid*, A. 8.
486) *Ibid*, A. 9.
487) *Ibid*, A. 10.

개인정보보호를 위한 국제적 협력에 관한 연구

연인에 관한 정보를 대상으로 하나 법인도 그 적용 범위로 할 수 있다.[488]

2) 인권 관련 보호원칙

(1) 수집기준

정보 수집에 있어 개인정보 남용 가능성에 대해 경종을 울리는 사건이 있었다. 2차 대전 당시 파시스트 정권하에 국민의 출신과 혈통에 관한 정부 기록물들이 유대인과 로마 출신 및 기타 소수 인종 출신들을 체포하는 데 사용되었다. 조금 더 최근에 일어난 사건은 르완다에서 있었다. 과거 식민지 유산으로 남아 있던 후투족(Hutu)과 투치족(Tutsi) 구별이 이전에는 중요하게 생각되지 않았으며 신분증에도 소지자의 출신 민족이 표시되어 있었다. 하지만 이러한 정보가 1994년의 집단학살(Genocide) 당시에 투치족 희생자들을 색출하는 데 사용되었다.[489]

개인정보의 보안 문제와 관련해서 여러 국제기구에서 개인의 프라이버시보호를 위한 여러 문서들을 채택하여 왔다. 개인의 프라이버시권은 세계인권선언 제12조[490]와 시민적 정치적 권리에 관한 국제규약 제17조[491]에서 모두 규정하고 있다. UN은 또한 UN 가이드라인 제5원칙에서, 제6원칙에 제한적으로 규정된 예외를 조건으로, 민족 또는 인종

---

488) *Ibid.*

489) Katy Negrin, 「Collecting Ethnic Data: An Old Dilemma, The New Challenges, EUMAP: EU Monitoring and Advocacy Program」, *Online Journal*(April 3, 2003), 〈http://www.eumap.org/journal/features/2003/april/oldilemma〉(검색일: 2008. 12. 9.);

   Amnesty International, *Rwanda: Mass murder by government supporters and troops in April and May 1994*, Section 2.1, AFR/47/11/94.

490) A/RES/217 Ⅲ), *Universal Declaration of Human Rights*(Dec. 10, 1948), art. 12.

   No one shall be subjected to arbitrary interference with his privacy, family, home or correspondence, nor to attacks upon his honour and reputation. Everyone has the right to the protection of the law against such interference or attacks.

491) A/RES/2200(ⅩⅩⅠ), *International Covenant on Economic, Social and Cultural Rights*(Dec. 16, 1966.), art. 17.

   1. No one shall be subjected to arbitrary or unlawful interference with his privacy, family, home or correspondence, nor to unlawful attacks on his honour and reputation.

출신, 피부색, 성생활, 정치적 견해, 종교, 철학적 또는 기타 신념, 노조 또는 기타 단체
에의 가입을 포함하여 불법적 또는 자의적인 차별을 야기할 수 있는 정보는 수집되어서
는 안 된다고 규정하고 있다.[492] 제6원칙에서는 제5원칙에 대한 예외는 국제적 인권장
전[493]과 인권의 보호와 차별의 방지 분야에서의 기타 관련 문서에 규정된 한계 내에서
만 허가될 수 있는 것으로 하고 있다.[494]

앞서 본 바와 같이 OECD 또한 개인정보와 프라이버시보호, 그리고 개인정보의 국경
간 이동을 보호하기 위한 가이드라인을 채택하였다.[495] 유럽인권협약 제8조에서도 프라
이버시권을 인정하고 있으며, 이는 유럽평의회 108협약을 통해 보완되었다.[496] 유럽평의
회 108협약은 민족 또는 인종 등에 관한 정보의 수집을 허용하고는 있으나 그러한 정보
의 저장, 변경, 삭제, 검색 또는 유포를 위한 자동처리를 금지하고 있다.[497] EU도 개인정
보처리와 관련하여 개인의 보호와 정보의 자유로운 이전에 관한 지침을 채택하였다.[498]

(2) 소수민족 보호정책

최선의 소수민족 보호정책 실현을 위해서는 소수민족집단에 대한 정확한 정보가 필
수적이다. 광범위한 통계정보를 통해서만 소수민족이 처한 상황에 대해 깊이 있는 사고
를 할 수 있으며, 소수민족집단의 규모, 인구 구성과 사회경제적 상황 등에 대한 기본 정
보를 가늠할 수 있다. 하지만 이러한 정보에 대해 소수민족 대표자들은 프라이버시 상

---

492) UN, *Guidelines, supra* note 475, A. 5.
493) 국제적 인권장전 또는 권리장전은 세계인권선언(1948), 시민적 정치적 권리에 관한 국제규약(1966)과
　　2개의 선택의정서, 그리고 경제 사회 문화적 권리에 관한 국제규약(1966)을 칭하는 비공식적 용어임.
494) UN, *Guidelines, supra* note 475, A. 6.
495) 제5장 제1절 I. 1. 참조.
496) 제5장 제2절 I. 1. 참조.
497) ETS No. 108, art. 6(Special categories of data).
　　Personal data revealing racial origin, political opinions or religious or other beliefs, as well as
　　personal data concerning health or sexual life, may not be processed automatically unless domestic
　　law provides appropriate safeguards. The same shall apply to personal data relating to criminal
　　convictions.
498) 제5장 제2절 II. 1. 참조.

실이나 심지어 박해받을 것을 우려하며, 그러한 정보의 수집에 반대한다. 소수민족에 대한 보호정책을 추진하려는 정부는 소수민족의 우려를 고려하여 차별이나 박해를 받지 않도록 신중을 기하고 있으며, 출신 민족, 인종, 모국어 또는 기타 소수민족임을 표시하는 정보의 수집이나 분석을 하지 않고 있다.

소수민족 보호정책 수립을 위해서 믿을 만한 인종정보 등이 수집되어야 하고 남용으로부터 보호되어야 하나, 정보수집 과정에서 소수민족의 이익 또한 존중되어야 한다. 이와 같은 양극단의 상황에서 합의점을 찾기는 쉽지 않아 보인다.[499] 개인정보보호를 위한 국제적 문서들은 개인정보보호를 위한 절차 및 이행에 관해서는 국가들에 광범위한 재량권을 부여하고 있다. 국제적 기준들 또한 개인정보 수집과 보호에 관한 가이드라인만을 정해 놓고 있으며, 각 국가들 간의 인종정보 등의 적절한 사용을 위한 폭넓은 합의는 아직 성립되어 있지 않다.[500] 다만 개인정보보호를 위한 국내법을 채택한 유럽국가들은 인종정보를 민감한 개인정보로 구분하여 일반적인 개인정보에 비해 그 처리를 위해서는 엄격한 동의요건을 부과하도록 규정하고 있다.[501]

UN 가이드라인의 원칙들은 이미 OECD 가이드라인이나 후술하는 유럽평의회 108협약에서 볼 수 있는 원칙들과 매우 유사하다. 다만, UN 소위원회의 성격상 OECD 가이드라인이나 유럽평의회 108협약상 원칙들과 유사한 원칙들을 규정하면서도 인권 보호를 강조한 측면이 있다. [표 1] 참조.

---

499) Katy Negrin, *supra* note 488.

500) *Ibid.*

501) EU 지침(95/46/EC) 제8조 제1항에서는 인종정보를 특별한 정보로 분류하여, 그러한 정보를 처리하기 위해서는 정보주체의 '명시적(explicit)' 동의를 포함하여 엄격한 조건을 충족하도록 하고 있다(제2항).

[표 1] 국제적 개인정보보호원칙

보호 원칙	UN 가이드라인	OECD 가이드라인	CoE 108협약
적법성과 공정성	목적과 UN 헌장의 원칙에 맞는 적법하고 공정한 정보의 수집과 처리.	수집 제한: 적법하고 공정한 수단에 의한 정보 수집, 정보주체의 동의.	정보 품질: 개인정보의 공정하고 적법한 수집과 처리.
정확성	정보의 정확성 확보와 갱신.	정보 품질: 목적의 범위 내에서 정확하고 완전하고 갱신된 정보이어야 함.	정보 품질: 개인정보는 정확하고 갱신되어야 함.
목적	정보의 이용 목적의 특정과 통지, 동의 없는 목적 외 사용 금지, 필요 이상의 기간 동안 정보 보유 금지.	목적 특정: 정보의 수집 목적은 수집 당시 특정되어 있어야 함. 이용 제한: 정보주체의 동의 없이 목적 외 사용 금지.	정보 품질: 개인정보는 특정되고 적법한 목적으로 저장되고 목적에 맞지 않게 사용되어서는 안 되며, 그 처리는 저장목적에 비추어 적절하고 타당하고 과도하지 않아야 하며 목적에 필요한 기간 이상 보유 금지.
관계자 접근	정보에 대한 알 권리, 수정 또는 삭제할 권리, 구제받을 권리. 정보주체의 국적이나 거소에 상관없음.	개인 참여: 정보 이용자의 개인정보 보유 여부 확인, 정보가 삭제, 교정, 완성 또는 수정되도록 할 것.	정보주체에 대한 추가적인 보호조치로서 정보에 대한 알 권리, 수정 또는 삭제할 권리. 국적이나 거소에 상관없이 모든 개인의 프라이버시권과 기본적 자유 존중.
비차별	민족, 인종, 피부색, 성생활, 정치적 견해, 종교, 철학적 신념, 노조활동 등 불법적이고 자의적 차별을 야기하는 정보의 수집 금지.	정보주체에 대한 부당한 차별이 없도록 노력할 것.	특별한 범주의 정보: 국내법상 적절한 보호가 없으면 인종, 정치적 견해, 종교 또는 기타 신념, 건강 또는 성생활, 범죄기록 등 개인정보 자동처리 금지.
예외 설정 권한	국가안보, 공공질서, 공중보건, 공중도덕, 박해받는 자의 권리와 자유를 보호하기 위해 필요한 경우. 특히, 비차별에 대한 예외는 국제인권장전과 인권보호와 차별방지 분야의 기타 관련 문서상의 제한에 따라야 함.	국가주권, 국가안보, 공공정책(공공질서)과 관련하여 예외를 인정할 수 있음.	국가안보, 공공안전, 국가의 이익 또는 범죄예방, 정보주체의 보호 또는 다른 사람의 권리와 자유 보호를 위한 예외 가능. 통계목적, 과학적 연구목적의 예외 가능.

개인정보보호를 위한 국제적 협력에 관한 연구

보안	사고에 의한 멸실, 파괴와 부당한 접근, 정보의 남용, 컴퓨터 바이러스에 의한 오염에서 정보를 보호할 적절한 조치를 취할 것.	정보의 멸실, 부당한 접근, 파괴, 사용, 변경, 공개 위험을 방지할 보안 조치.	정보 보안: 사고 또는 사고로 인한 멸실, 부당한 파괴, 부당한 접근, 변경, 공개로부터 개인정보를 보호할 적절한 보안조치 취할 것.
감독과 제재	감독기관을 지정하여 원칙의 준수 여부를 감시, 위반의 경우 피해자 구제와 형사상 또는 기타 벌칙 규정.	원칙을 이행하기 위한 조치를 따르지 않을 경우에 적절한 제재와 구제를 할 것	위반의 경우 적절한 제재와 구제를 할 것.
국가 간 정보 이전	국가 간 유사한 보호수준인 경우 정보의 자유로운 이전 보장, 상이한 보호수준의 경우 과도한 제한 부과를 피할 것.	회원국들 간에 개인정보의 국가 간 이전을 제한하지 말 것, 가이드라인을 준수하지 않는 경우에는 제한 가능. 특정 범주에 속하는 개인정보의 국가 간 이전을 제한.	개인정보의 국가 간 이전을 금지하거나 특별허가의 대상으로 할 수 없음. 특정 범주의 정보에 대해서는 동등한 정도의 보호를 하지 않는 경우 예외 가능.
적용 범위	공공부문과 민간부문의 컴퓨터로 처리되는 개인정보파일. 서류철과 법인도 적용대상이 될 수 있음.	공공부문과 민간부문의 개인정보에 적용.	공공부문과 민간부문의 개인정보파일에 적용. 선언으로 특정 범주의 개인정보를 협약의 적용대상으로 하거나 하지 않을 수 있으며 자연인 또는 법인에 적용할 수 있으며, 자동 처리되지 않는 정보에도 적용되도록 할 수 있음.

III. APEC 정보보호체제

1. 채택 배경

1998년 APEC[502] '전자상거래실행계획(APEC Blueprint for Action on Electronic Commerce: 이하, 실행계획)'에서는 APEC 국가 간 전자상거래 활성화를 위한 작업계

---

502) APEC은 아시아·태평양 지역의 21개 회원국으로 구성되어 있어서 이러한 국가들의 다양한 특성들을 반영하며, 무역과 투자 그리고 경제 문제를 중점적으로 다룬다.

획(Work Program)을 통해 실행계획의 조정과 수행을 계속하기 위해서는 각국 대표로 구성된 운영그룹을 설치해야 한다는 데 합의하였다. APEC '전자상거래운영그룹(Electronic Commerce Steering Group: 이하, ECSG)'은 여기에 근거하여 1999년 2월 설립되었다. ECSG는 APEC 지역 내에서 예측 가능하며 투명하고 일관된 법적 규제적 정책적 환경을 만듦으로써 전자상거래 발전과 이용을 증진시키며, 1998년 실행계획에서 합의된 원칙에 따라 APEC 국가 간 전자상거래 관련 활동들의 조정자 역할을 한다.

2002년 설치된 ECSG 산하의 '정보프라이버시 소그룹(Data Privacy Sub-Group: 이하, 소그룹)'은 'APEC 프라이버시 프레임워크(APEC Privacy Framework: 이하, APEC 프레임워크)'[503]를 작성하였다. APEC 프레임워크는 APEC 국가의 개인정보보호를 위한 기본 골격체제를 규정하고 각국이 개인정보보호를 위해 이행해야 할 최소 기준을 정한 것이다. 소그룹은 APEC 프레임워크를 준비하면서 1980년 OECD 가이드라인을 참고하였다.[504] APEC 프레임워크는 APEC 지역에서 전자상거래 성장과 국가 간 무역 증진을 위해 APEC 국가 간 협력 증진에 기여하며, 정보프라이버시보호(information privacy protection)를 위해 APEC 회원국 간 일관성 있는 접근과 정보의 자유로운 이전을 위해 불필요한 장애를 제거하고자 한다.[505]

2. 개인정보보호 원칙

1) 보호원칙

세계화된 경제에서 정보 이전은 기업 활동에 필수적이다. APEC 프레임워크는 정보 이전에 대한 불필요한 장애를 제거함과 동시에 개인정보보호에 있어서 융통성 있는 접근을 하고자 한다. 즉, APEC 프레임워크는 무역에 대한 장애를 예방하는 한편, 정보 이

---

503) *APEC Privacy Framework*, issued by the APEC Electronic Commerce Steering Group(2004. 10. 29.).

504) *APEC Privacy Framework*, para. 5. 〈http://www.pmc.gov.au/privacy/apec/apec_privacy_framework.cfm〉(검색일: 2008. 7. 18.).

505) *Ibid*, paras. 6-8.

전에 있어서는 책임을 질 수 있게 하는 실용적인 정책적 접근을 하고 있다.[506)]

APEC 프레임워크는 아시아·태평양 지역의 전자상거래 증진 및 정보화 사회에서 프라이버시의 가치를 재확인하는 데 중점을 두고 있다. 기업들에게 APEC 회원국 내의 공통된 프라이버시 문제에 관한 분명한 지침과 방향을 제시하며, 여러 가지 합법적 사업 모델에 미치게 되는 영향을 제시하고 있다.[507)] APEC 프레임워크는 '해로운 결과의 방지(Preventing Harm)',[508)] '통지(Notice)',[509)] '수집 제한(Collection Limitation)',[510)] '이용(Uses of Personal Information)',[511)] '선택(Choice)',[512)] '완결성(Integrity of Personal Information)',[513)] '보안(Security Safeguards)',[514)] '접근 및 수정(Access and Correction)',[515)] '책임(Accountability)'[516)]의 9가지 보호원칙을 규정하고 있다.

2) 이행절차

2007년 9월 APEC 소그룹은 APEC 회원국들의 APEC 프레임워크 이행을 위해 '정보프라이버시 선도계획(Data Privacy Pathfinder: 이하, 선도계획)'과 실행계획을 마련하였다. 13개 APEC 회원국들은 기업에 의한 개인정보 국외 이전에 초점을 맞추어 APEC 지역에서 개인정보의 책임 있는 이전을 위한 체제(framework) 개발에 합의하였다.[517)] 이

---

506) *APEC Privacy Framework*, Preamble.

507) *APEC Privacy Framework*, *supra* note 503, para. 7.

508) *APEC Privacy Principles of APEC Privacy Framework*, Part Ⅲ. para. 14.

509) *Ibid*, para. 15.

510) *Ibid*, para. 18.

511) *Ibid*, para. 19.

512) *Ibid*, para. 20.

513) *Ibid*, para. 21.

514) *Ibid*, para. 22.

515) *Ibid*, para. 23.

516) *Ibid*, para. 26.

517) *APEC Data Privacy Pathfinder*, 2007/CSOM/019, Agenda Item: Ⅱ.
　　 합의한 13개 APEC 회원국들은 다음과 같다: Australia, Canada, Chile, Hong Kong, China, Japan, Republic of Korea, Mexico, New Zealand, Peru, Chinese Taipei, Thailand, United States, Viet Nam.

러한 체제는 정보의 국외 이전과 관련해서 소비자와 기업의 신뢰성을 제고하고, 기업들의 요구와 이행 비용 경감, 효과적인 소비자 구제, 규제 당국의 규제 부담 최소화에 유용할 것이다.

선도계획의 목적은 APEC 국가에서 개인정보 국외 이전과 관련해서 책임 원칙이 어떻게 작용할 것인가에 대한 개념 정립, 규칙과 절차의 준비에 있어 다양한 이해관계인을 포함하기 위한 협의 절차의 개발, 자율 평가 형식, 검토 기준, 인정·수락, 분쟁 해결 제도와 같은 초국경적 프라이버시규칙을 위한 실용적인 문서와 절차의 개발, 실용적인 문서와 절차가 실제로 이행될 수 있는 방법의 모색, 이해관계인에게 APEC 국가 간 책임 있는 정보 이전 가능성에 관해 교육하는 것이다.[518] 선도계획은 기본적으로 APEC 국가들이 경제발전의 정도가 다르고 각국의 프라이버시보호 이행 수준도 다르다는 것을 인정한다. 선도계획은 '초국경적 프라이버시규칙(Cross-Border Privacy Rules: 이하, CBPRs)' 개발에 관한 일반적 약속을 규정하고 있다. CBPRs은 상호 연관된 9가지 프로젝트(project)에 의해서 이행되며, 프로젝트는 필요에 따라 추가될 수 있다. CBPRs의 운영과 관련된 정책은 소그룹에 의해 다루어지며, CBPRs의 중요 요소들은 다음과 같다.[519] [표 2] 참조.

[표 2] CBPRs 이행 프로젝트의 요소

- 1. 자율 평가(self-assessment)
- 2. 프로젝트 1 - 기업을 위한 자율 평가 지침
- 3. 준수 검토(compliance review)
    프로젝트 2 - 트러스트마크(trustmark) 지침
    프로젝트 3 - CBPRs의 준수 검토 과정
- 4. 인정/수락(recognition/acceptance)
    프로젝트 4 - 준수 기업들의 목록

---

518) *APEC Privacy Principles*, *supra* note 507, para. 26.
519) *APEC Data Privacy Pathfinder Initiative*, Report from representatives of civil society on meetings in Lima, Peru, Feb. 18-22, 2008.

```
● 5. 분쟁 해결 및 집행(dispute resolution and enforcement)
   프로젝트 5 - 정보보호당국과 프라이버시 관계 공무원을 위한 연락처
   프로젝트 6 - 집행협력협정을 위한 틀
   프로젝트 7 - 초국경적 불만 신청 처리 형식
   프로젝트 8 - CBPRs 체제에 적합한 지침과 절차
● 프로젝트 9 - 이행 안내 계획을 통한 다양한 프로젝트의 이행과 검증
```

프로젝트 1은 국내법에서 요구하는 프라이버시 정책 또는 선언을 말한다.[520] 이러한 프라이버시 정책 또는 선언은 규제기관이나 트러스트마크(trustmark)기관과 같은 책임 있는 기관(accountability agent)에 의한 평가를 받아야 한다(프로제트 2). 프로제트 3은 법적 기준이나 자율규제 기준을 준수하는 기업을 평가하는 경우에 사용하는 트러스트마크 개발 지침에 관련된 것이다.[521] 프로젝트 5 내지 7은 여러 관할권이 관련되는 민원신청을 위한 협력 체제를 마련하는 것과 관계된다.[522] 특히, CBPRs의 개발과 관련하여 국가 간 분쟁의 해결과 각국의 프라이버시법 집행을 위한 국가 간 협력을 달성하기 위해서는 초국경적 성격을 갖는 민원의 분류 방법을 조사하여 국가 간 동일한 분류 범주를 확정하고 각국이 공통적으로 관심을 갖는 협력 사항을 확인하는 노력이 있어야 한다. 또한 각국 정보보호기관 간 협력을 증진하기 위해서는 관련 당국들 간의 통지와 정보공유, 조사지원 등 구체적인 사안에 대한 협력 방안을 마련해야 한다. 위반에 대한 제재와 피해에 대한 구제의 집행 가능성과 적절성이 고려되어야 할 것이며, 국가 간 재판 인정이나 피해자에 대한 금전배상이 집행될 수 있도록 하는 방안도 고려되어야 한다. 그 밖에도 실질적 협력도구의 일환으로 각국 정보보호기관 목록 또는 협력 요청 양식이나 결과 보고 방법 등의 통일에 대한 고려도 필요하다. 프로젝트 9는 책임 있는 기관을

---

520) *Ibid*, p. 3.

521) *Ibid*.

522) *Ibid*, p. 4.

통해 이러한 모든 과정을 검증하는 절차를 마련하고자 하는 것이다.[523]

APEC 프레임워크가 개인정보 국외 이전에 대한 장애 제거라는 목적을 달성하게 되면 EU 지침 제29조와 제31조 위원회 절차와 유사한 적절성 평가(adequacy assessment)의 요구를 피할 수 없게 될 것이다. APEC 국가에 있어 위의 프로젝트가 세이프하버(safe harbour)를 통한 적절성 판정(adequacy determination)과 유사하게 적절성을 결정하는 기준을 대체하게 될 수 있다.

3. 국외 이전 관련 원칙

1) 협력

APEC 프레임워크는 정보 이전에 대한 불필요한 장애를 제거함과 동시에 개인정보보호에 있어 융통성 있는 접근을 하고자 하였다. APEC 프레임워크는 개인정보와 관련된 보호 원칙들을 규정하고 있으며,[524] 이와 같은 원칙들은 '개인정보보호를 위한 적절한 보호의 개발', '정보 이전에 대한 불필요한 장애 제거·예방', '국제기업으로 하여금 정보 수집, 사용, 처리에 있어 통일된 접근방법 이행의 유도', '개인정보보호 증진과 집행을 위한 국내적 국제적 노력의 달성'이라는 4가지 주요한 목적 달성을 위해 존재한다.[525] 이러한 네 가지 목적 가운데 하나가 정보 프라이버시보호를 위한 국제적 노력을 촉진하는 것을 포함한다.

2) 구제

APEC 프레임워크 제4장은 프레임워크 이행과 관련해서 회원국들에게 지침을 제공한다. 동 지침은 Section A와 B로 나뉘어 있는데, Section A는 회원국들이 APEC 프레임워크를 국내적으로 이행하는 데 있어 고려해야 할 조치들이 주를 이루고 있으며, Section B는 프레임워크의 초국경적 요소를 이행하기 위한 범APEC 차원의 협정을 예정

---

523) *Ibid.*
524) *APEC Privacy Principles, supra* note 507.
525) *APEC Privacy Framework*, Preamble.

하고 있다. [526] 또한 Section B는 APEC 프레임워크의 국제적 이행을 다루며, 국내적 이행과 관련된 Section A의 조치들과 부합하도록 회원국들이 개인정보보호와 관련해서 고려해야 할 중요 사항들을 제시한다. 주요 고려사항들은 첫째, 정보 공유,[527] 둘째, 조사·집행에 있어서 국경 간 협력,[528] 셋째, 초국경적 프라이버시규칙의 협력적 개발[529]이라는 세 가지 측면이 있다. 세 가지 측면의 고려사항들은 APEC 프레임워크의 국제적 이행에 있어 무관한 것이 아니며, 서로 연관되며 상호 의존적이다.[530] 즉, 잘 짜여진 정보공유망은 조사와 집행을 위한 협력 구조 개발에 도움이 되며, 이러한 구조는 초국경적 프라이버시규칙의 집행 수단을 촉진하게 된다.

APEC 프레임워크의 국제적 이행을 위한 협력협정 개발에 관한 지침에서는 회원국들로 하여금 프라이버시 법률 집행에 있어 국경 간 협력을 촉진하기 위한 협력협정 개발에 노력할 것을 규정하고 있다.[531] 협력협정에 포함될 내용으로는 통지(notification), 정보공유(information sharing), 조사지원(investigative assistance), 협력 우선순위 설정(the establishment of cooperation priorities), 비밀성 유지(the maintenance of confidentiality)의 측면이 있다.[532] 또한 회원국들은 프라이버시보호와 관련해서 회원국 간 협력과 정보공유를 촉진하는 데 책임을 지게 될 공공당국을 지정하여 다른 회원국이 알 수 있게 해야 한다.[533]

---

526) *APEC Privacy Principles*, *supra* note 507, Part IV.

527) *Ibid*, B, Ⅰ.

528) *Ibid*, B. Ⅱ.

529) *Ibid*, B. Ⅲ.

530) Cooperation and Cross-Border Privacy Rules: Building Confidence in an Accountable System for Personal Information Moving Between Economies, *A Background Paper for the Seminar*, Technical Assistance Seminar on International Implementation of the APEC Privacy Framework, Lima, Peru, Feb. 19-20, 2008, section 4.1.

531) *APEC Privacy Principles*, *supra* note 507, Part IV. B. Ⅱ. para. 44.

532) *Ibid*, para. 45.

533) *Ibid*, para. 43.

제2절
구속적 법규범

I. 유럽평의회 108협약

1. 채택 배경

1960년대 초부터 전자정보처리 분야의 급속한 발전과 함께 공공기관과 거대기업들로 하여금 방대한 데이터뱅크(data bank)를 구축하고 개인정보의 수집과 처리 그리고 상호연계를 증진하게 하는 대형컴퓨터(main frames)가 등장하였다. 이러한 발전은 효율성과 생산성이라는 측면에서 상당한 기여를 하였던 반면에 그러한 발전의 대가로 방대한 분량의 개인의 사적인 정보가 전자적으로 저장되는 추세를 부추기게 되었다. 이와 같은 추세에 대하여 유럽평의회(Council of Europe)는 개인정보의 불공정한 수집과 처리를 방지하기 위한 구체적인 원칙과 규범의 기본골격(framework)을 마련하기로 하였다. 유럽평의회의 이러한 결정에 대한 최초의 조치는 각각 1973년과 1974년에 민간부문과 공공부문의 자동화된 데이터뱅크에서의 개인정보보호를 위한 원칙을 마련하는 결의 (73)22[534)와 (74)29[535)를 채택함으로써 취해졌다.

결의 (73)22와 (74)29의 목적은 이들 결의에 근거하여 구체적이고 체계적인 국내입법을 추진하는 것이었다. 하지만 이러한 결의안을 준비하는 과정에서 개인정보보호가 그

---

534) 유럽평의회, *Resolution (73)22 on the protection of the privacy of individuals vis-à-vis electronic data banks in the private sector.* Adopted by the Committee of Ministers on 26 September 1973 at the 224th meeting of the Ministers' Deputies.

535) 유럽평의회, *Resolution (74)29 on the protection of the privacy of individuals vis-à-vis electronic data banks in the public sector.* Adopted by the Committee of Ministers on 20 September 1974 at the 236th meeting of the Ministers' Deputies.

실효를 거두기 위해서는 구속력 있는 국제규범을 통한 국내규칙의 강화를 통해서만 가능하다는 것이 명백해졌다.[536]

'유럽평의회 108협약'[537]은 1950년 '인권과 기본적 자유에 관한 유럽협약(European Convention on Human Rights and Fundamental Freedoms: 이하, 유럽인권협약)'으로부터 직접적인 영향을 받았다.[538] 유럽인권협약 제8조에는 "모든 사람은 그의 사생활과 가정생활, 그의 가정과 통신을 존중받을 권리를 갖는다."고 규정하고 있다.[539] 하지만 동 협약 제10조에서는 표현의 자유에 대한 기본적 권리를 규정하고 있는데, 여기에는 공적 기관에 의한 간섭과 국경에 상관없이 정보와 사상을 주고받을 수 있는 자유(freedom to receive and impart information)가 포함된다.[540] 동 조에서 규정하고 있는

---

536) 정보처리기술의 발달에 따른 정보의 대량처리가 가능함으로 해서 얻게 되는 혜택으로 인해서 개인의 보호가 약화되지 않도록 보장하는 것이 무엇보다 중요하다. 회원국들이 가지고 있었던 민감 정보에 대한 보호법 체계가 개인의 보호를 위해 일정 부분의 기여를 한 것이 사실이나, 개인정보의 저장과 사용에 관한, 특히 제3자가 수집, 이용하는 정보에 대해서 정보주체인 개인이 그에 대해서 통제할수 있는 방안은 없었다. 결의 (73)22과 (74)29는 각각 개인정보가 데이터뱅크에 저장되는 경우에 준수해야 될 기본 규칙들을 열거하고 있었지만, 정작 그 국내적 이행에 대해서는 회원국들의 재량에 의존하고 있었고 각국은 국내법의 제정을 통해 결의를 이행하고자 하였다. 이와 같은 견해는 1972년의 유럽법무장관회의(Conference of European Ministers of Justice)에서도 표명된 바가 있다.

537) 개인정보의 자동처리에 있어서 개인의 보호를 위한 유럽평의회 ETS No. 108협약, Convention for the protection of individuals with regard to automatic processing of personal data[ETS No. 108(1981. 1. 28.)(발효: 1985. 10. 1.)]. 현재 38개 국가가 유럽평의회 108협약을 비준하였고, 그중 18개 국가가 동 협약의 추가의정서를 비준하였다(2008년 5월 19일 현재). www.coe.int 참조.

538) 유럽평의회 108협약은 모든 개인의 국적과 거소(居所)에 상관없이 개인정보의 자동처리와 관련하여 개인의 권리와 기본적 자유 특히, 프라이버시의 존중을 확보하기 위한 것이다. 유럽평의회의 회원 여부를 불문하고 모든 국가가 가입할 수 있으며, 개인정보보호 분야에서는 유일하게 전 세계적인 적용 범위를 갖는 구속력 있는 법적 문서(international legal instrument)이다.

539) *Convention for the Protection of Human Rights and Fundamental Freedoms.*
Art. 8. (Right to respect for private and family life)
Everyone has the right to respect for his private and family life, his home and his correspondence. (…)
이러한 권리는 국내법에 따라서 그리고 필요한 한도 내에서 수많은 합법적인 목적을 지키기 위해서 오직 공적 기관에 의해서만 제한될 수 있다.

540) *Ibid*, Art. 10. (Freedom of expression)
Everyone has the right to freedom of expression. This right shall include freedom to hold opinions

정보를 받을 자유는 정보를 추구할 자유(freedom to receive information)를 의미하는 것으로 간주된다. 유럽인권협약의 구조상 제8조와 제10조의 규정은 상호 보완적인 것으로 보아야 하지만,[541] 실제에 있어서 동 협약상의 제8조와 제10조에서 규정하고 있는 권리 행사에 있어서는 어느 권리 행사로 인해 다른 권리 행사가 제한될 수 있는 경우가 발생된다. 이 때문에 유럽인권법원은 유럽인권협약 제8조와 제10조에서 규정하고 있는 권리들을 행사하는 한계와 공적 기관의 간섭 범위를 명확히 하였다. 예를 들면 유럽인권협약 제8조는 특정 상황에서 정보의 공개를 요구할 수 있으나 예외적인 상황에서는 공개가 제한될 수 있을 것이다. 또한 제10조는 정보를 주고받을 자유를 의미하는 것이며 공공기관이 보유하는 정보에 대한 공개를 요구할 일반적인 권리를 부여하고 있는 것으로 해석되지 않는다. 즉, 개인 간의 자유로운 정보 이동을 공공기관이 간섭하게 되는 경우에 제10조 제1항 위반이 문제될 것이다. 공공기관에 의한 제10조상의 권리에 대한 간섭은 제10조 제2항에 의한 경우에만 정당화될 수 있다. 유럽인권법원의 해석에 의하면 유럽인권협약이 프라이버시권을 인정하되(제8조), 공공기관이 보유한 정보에 대한 일반적 접근권을 인정하고 있는 것은 아니라고(제10조) 한다.[542]

유럽인권법원의 판례는 개인정보보호에 관한 유럽평의회의 작업에 있어 개인정보보호에 관한 국내규제 개발을 위한 근거로서 매우 중요하다. 유럽인권법원은 1997년 8월 27일 M. S. v. Sweden 사건에서 유럽인권협약 제8조에서 보장하고 있는 사생활과 가정생활을 존중받을 권리를 향유하기 위해서는 개인정보보호가 매우 중요함을 재차 강조하고 있다.[543]

---

and to receive and impart information and ideas without interference by public authority and regardless of frontiers. (…)

541) 1969년 조약법에 관한 비엔나협약 제31조 참조.

542) *Leander v Sweden* (1987) 9 E. H. R. R. 433, para. 74.

543) *M. S. v. Sweden* (74/1996/693/885) Aug. 27, 1997, para. 41, 〈http://www.hrcr.org/safrica/privacy/ms_sweden.html〉(검색일: 2008. 7. 1.).

2. 개인정보보호 원칙

1) 보호원칙

유럽평의회 108협약 체약당사국들은 그들 영토 내 모든 사람의 개인정보에 관해 협약상 원칙들을 이행하기 위해서 각자의 국내법상 필요한 조치를 취해야 한다.[544] 이러한 협약상 원칙들은 특히, 공정하고 합법적인 정보 수집과 정보 자동처리, 구체적인 합법적 목적의 저장과, 이러한 목적에 일치하지 않는 목적 외 사용금지와 필요 이상 오래 보관하지 않는 것에 관해 다루고 있다. 또한 동 원칙들은 정보 품질 특히, 정보가 적당하고 적절하며, 과도하지 않고 정확하며, 민감한 정보의 비밀성과, 정보주체의 정보와 그에 대한 접근권과 수정권의 보장을 다룬다. 또한 유럽평의회 108협약은 협약 당사국 간의 개인정보 자유 이전에 관한 규정을 두고 있다. 개인정보 자유 이전은 당사국들이 이와 같은 규정의 예외적인 경우에 해당되지 않는 한 개인정보보호를 이유로 방해받아서는 안 된다. 유럽평의회 108협약상 예외적인 두 가지 경우는 첫째, 다른 당사국에 의한 개인정보보호가 동등(equivalent)하지 않은 경우, 둘째, 개인정보가 동 협약 당사국이 아닌 제3국으로 이전되는 경우이다.

기본원칙 형태로 구성된 실체법 규정[545]은 유럽평의회 108협약이 정보보호를 위한 기본적 원칙들을 규정하고 있는 것으로서 동 협약에서 가장 중심적 부분이 되는 공통 핵심 원칙들(common core principles)이다. 각 당사국은 이러한 원칙들이 국내법을 통해 실행될 수 있도록 해야 한다. 공통 핵심 원칙들은 모든 협약 당사국의 정보주체가 개인정보 자동처리에 있어 최소한의 보호를 받을 수 있도록 보장하기 위한 것이다. 이들 핵심 원칙들을 적용함으로써 당사국들 상호 간 정보 이전에 대한 제한을 하지 않게 되

---

544) 유럽평의회 108협약 제4조에서 국가는 동 협약의 당사국이 되기에 앞서 적절한 국내 입법을 해야 한다고 규정하고 있다. ETS No. 108, *supra* note 536, art. 4. (Duties of the Parties)

   1. Each Party shall take the necessary measures in its domestic law to give effect to the basic principles for data protection set out in this chapter.

   2. These measures shall be taken at the latest at the time of entry into force of this convention in respect of that Party.

545) ETS No. 108, *supra* note 536, Chapter Ⅱ.

어 국경 간 자유로운 정보 이동이 저해되는 것을 피할 수 있다. 또한 공통 핵심 원칙들을 적용함으로써 결국은 체약국들 간의 국내법이 조화됨으로 국내법 충돌이나 관할권 문제의 발생 가능성도 낮출 수 있다.[546]

2) 분야별 권고

1981년 유럽평의회 108협약이 채택된 이후에 사회가 급격하게 변화함으로써 개인용 컴퓨터와 인터넷 등을 이용하여 거의 모든 개인 또는 기업은 정보의 자동처리가 가능하게 되었다. 이러한 중에도 사회적 경제적 발전은 강력해진 정보처리시스템에 기반을 두어 기업과 경영 그리고 생산의 형태를 보다 복잡하게 만들었다. 이러한 과정에서 개인은 정보사회(information society)의 능동적 행위자가 되었으며 이와 동시에 개인의 프라이버시는 수많은 공공부문과 민간부문 서비스의 정보시스템에 의한 침해의 위험에 더 많이 노출되게 되었다.[547] 이러한 발달의 결과는 정보보호에 있어 수많은 과제들을 만들어 내고 있다. 개인정보보호와 관련해서 오늘날 과거와는 비교할 수 없이 많은 새로운 난제들과 실제적인 문제들이 정보보호에 책임을 지고 있는 국가기관에 제기되고 있다.[548]

그럼에도 불구하고 현실을 보면 유럽평의회 108협약의 원칙들이나 국내규제 모두가 서로 다른 분야에서 수집되는 개인정보를 모든 상황에 맞게 정확하게 규율할 수 있는

---

546) 유럽평의회, *Explanatory Report to Convention for the Protection of Individuals with regard to Automatic Processing of Personal Data*(ETS No. 108).
제4장에서 언급한 바와 같이 정보보호에 관한 국가들의 국내법이 조화를 이루고 있는 경우에는 다른 국가의 국내법 적용이 곧 자국의 국내법 적용과 마찬가지의 효과를 갖게 되어 자국의 관할권 행사를 주장하지 않아도 결과적으로 같은 효과를 얻게 된다.
547) 이러한 공적 사적 서비스로는 은행, 신용조회서비스, 사회복지서비스, 사회보장서비스, 보험서비스, 경찰, 의료서비스 등이 있다.
548) 이러한 국가기관은 국가 데이터보호 당국(national data protection authority)으로 대부분 국가에서 국가 데이터보호 감독관(national data protection commissioner)으로 존재하고 있다. 이러한 국가기관들은 옴부즈맨제도처럼 민주주의사회에 있어서 통제시스템의 중요한 일부가 되어 유럽평의회 108협약의 원칙들을 해석하고 개인정보보호에 관한 새로운 난제와 실제적인 문제들에 이러한 원칙들을 적용하여야 한다.

것 같지는 않다.[549] 물론 서로 다른 각각의 서비스 분야에도 유럽평의회 108협약 원칙에 맞게 정보가 수집되고 처리되어야 한다. 하지만 동 협약상 원칙들이 적용되는 방식이나 수단은 차별화될 것이다. 다시 말해서, 어떤 분야에 있어서 정보보호 원칙의 적용 조건은 다른 분야에서보다 유연하게 적용될 것이고, 어떤 직업군에서는 자율규제가 우선시되는 경우도 있게 된다. 그러므로 각 부문별로 유럽평의회 108협약 원칙들이 보다 더 정교해질 필요가 있다.

유럽평의회는 이러한 필요성을 충족시키기 위해 동 협약을 수정하거나 협약에 의정서를 추가하는 대신 각국 정부에 대한 권고(recommendation)의 방법을 더 선호하였다. 왜냐하면 권고를 통하게 되면 그러한 권고안을 작성하고 채택하고 이행하는 것이 보다 더 용이하기 때문이다. 또한 각 회원국가가 서명하고 비준하는 대신 각료회의에서 만장일치로 채택하기만 하면 되기 때문이다. 이렇게 함으로써 협약을 수정하는 것보다 간단하게 협약상의 원칙들이 환경의 변화에 보다 잘 적응할 수 있으며, 무엇보다도 권고의 방식을 통한 협약상 원칙의 분야별 적용방식은 권고 그 자체의 성격상 법적 구속력을 가지는 것은 아니지만, 유럽평의회 108협약 당사국인지 여부를 떠나서 모든 회원 국가들에게 참고해야 할 실제적인 기준(real standard of reference)을 담고 있다. 따라서 여기서 권고라는 것은 유럽평의회 108협약에 규정되어 있는 원칙들이 국제적으로 합의된 해석에 부합하게 국내법에서 제정되고 이행될 수 있는 가능성을 성실하게 고려할 것을 요청하는 것이다.

유럽평의회 108협약에 규정된 일반원칙들을 사회의 다양한 부문에서 구체적인 요구에 적용하기 위해 채택된 권고들은 의료데이터뱅크,[550] 과학적 조사와 통계,[551] 직접판

---

549) 즉, 의료서비스와 의료목적의 연구, 사회보장서비스, 보험, 은행, 고용, 경찰, 통신, 직접 판매 등의 각 서비스 분야에 있어서 유럽평의회 108협약의 원칙들이나 이를 토대로 한 국내 규제가 실효성 있게 적용되지 않는 것으로 보인다. 이러한 이유는 각 분야의 서비스의 공급방식이나 서비스 자체의 특성상 그 적용이 쉽지 않은 측면이 있기 때문인 것으로 생각된다.

550) 유럽평의회, *Recommendation No. R(81) 1 on regulations for automated medical data banks*(Jan. 23, 1981.).

551) 유럽평의회, *Recommendation No. R(83) 10 on the protection of personal data used for scientific*

매,[552] 사회보장,[553] 경찰범죄기록,[554] 고용정보,[555] 금융의 지불과 관련 거래,[556] 공공기관에 의한 제3자와의 정보교환,[557] 전화서비스 등 통신 분야에서의 개인정보보호,[558] 의료와 유전정보의 보호,[559] 통계목적으로 수집·처리되는 개인정보의 보호,[560] 인터넷상의 프라이버시보호,[561] 보험서비스[562] 등이다. 하지만 여기서 그치지 않고 새로운 기술들이 개인정보보호와 관련해서 미치는 영향에 대한 여러 활동들이 진행되고 있다. 현재까지는 새로운 정보화 기술은 주로 통신, 전자상거래, 자유로운 정보 이전의 견지에서 보아 왔으며, 이러한 정보화 기술의 발달에 따른 정보보안, 프라이버시와 같은 기본적 권리에 관한 우려에 관심이 집중되고 있다. 하지만 새로운 기술 발달과 이러한 기술의 통합으로 인해 장차 개인정보 보유 및 프라이버시와 관련되어 발생하는 문제들은 결코 현재보다 쉽지만은 않을 것이다. 유럽평의회가 인터넷상의 프라이버시보호를 위해 내

---

    research and statistics(Sep. 23, 1983).

552) 유럽평의회, *Recommendation No. R(85) 20 on the protection of personal data used for the purposes of direct marketing*(Oct. 25, 1985).

553) 유럽평의회, *Recommendation No. R(86) 1 on the protection of personal data for social security purposes*(Jan. 23, 1986).

554) 유럽평의회, *Recommendation No. R(87) 15 regulating the use of personal data in the police sector*(Sep. 17, 1987).

555) 유럽평의회, *Recommendation No. R(89) 2 on the protection of personal data used for employment purposes*(Jan. 18, 1989).

556) 유럽평의회, *Recommendation No. R(90) 19 on the protection of personal data used for payment and other operations*(Sep. 13, 1990).

557) 유럽평의회, *Recommendation No. R(91) 10 on the communication to third parties of personal data held by public bodies*(Sep. 9, 1991).

558) 유럽평의회, *Recommendation No. R(95) 4 on the protection of personal data in the area of telecommunication services, with particular reference to telephone services*(Feb. 7, 1995).

559) 유럽평의회, *Recommendation No. R(97) 5 on the protection of medical data*(Feb. 13, 1997).

560) 유럽평의회, *Recommendation No. R(97) 18 on the protection of personal data collected and processed for statistical purposes*(Sep. 30, 1997).

561) 유럽평의회, *Recommendation No. R(99) 5 for the protection of privacy on the Internet*(Feb. 23, 1999).

562) 유럽평의회, *Recommendation No. R(2002) 9 on the protection of personal data collected and processed for insurance purposes*(Sep. 18, 2002).

놓은 권고도 이와 그 맥을 같이하는 것으로 볼 수 있다.

3. 국외 이전 관련 원칙

1) 협력

유럽평의회 108협약은 비유럽권 국가들에게도 개방되어 있다.[563] 유럽평의회 108협약 제4장과 제5장에서는 체약국 간 협력수단을 규정하고 있다. 유럽평의회 108협약 제4장에서는 체약국 간 상호지원에 관한 광범위한 규정들을 두고 있다. 제4장에서 규정하고 있는 주요 조항들은 행정적 문제와 관련된 두 개의 유럽협약에 기초하고 있으나,[564] 이러한 협약과 별도로 유럽평의회 108협약에 국경 간 협력에 관한 새로운 규정을 두고 있는 것은 많은 국가들이 정보보호문제에 전문화된 기구가 국가 간 상호지원문제를 해결하게 되기를 바라기 때문이다.[565]

체약국 간 지원을 규정하고 있는 제13조는 지원을 위해 적어도 하나 이상의 당국을 지정할 것을 요구하고 있으며,[566] 지정된 당국은 다른 체약국이 지정한 당국의 요청이 있는 경우에 정보보호와 관련된 목적의 정보를 제공하도록 규정하고 있다.[567] 주의할

---

563) 유럽평의회 108협약은 그 명칭에서도 알 수 있듯이 유럽협약(European Convention)이라 하지 않고 단순히 협약(Convention)이라고 칭함으로써 적용범위를 유럽에만 한정하고 있지 않다. 유럽평의회, *Explanatory Report to ETS No. 108*, *supra* note 545, para. 24. 유럽평의회 108협약 제23조에서는 동 협약이 유럽평의회 회원국들에게만 한정되지 않고 비회원국에게도 협약에 가입할 수 있는 규정을 두고 있다. ETS No. 108, *supra* note 536, art. 23. (Accession by non-member States)
　　1. After the entry into force of this convention, the Committee of Ministers of the Council of Europe may invite any State not a member of the Council of Europe to accede to this convention by a decision taken by the majority provided for in Article 20.d of the Statute of the Council of Europe and by the unanimous vote of the representatives of the Contracting States entitled to sit on the committee.

564) *European Convention on the Service Abroad of Documents relating to Administrative Matters of 24 November 1977, European Convention on the Obtaining Abroad of Information and Evidence in Administrative Matters of 15 March 1978.*

565) 유럽평의회, *Explanatory Report to ETS No. 108*, *supra* note 545, paras. 71-72.

566) ETS No. 108, *supra* note 536, art. 13.2.

567) *Ibid*, art. 13.3.

것은 제13조에서 각 체약국으로 하여금 당국을 지정할 것을 요구하고 있으나, 모든 국가가 새로운 정보보호당국을 설립하도록 요구하는 것은 아니다.[568] 따라서 새로운 정보보호당국을 설치하여 지정하거나 기존에 정보보호 임무를 수행하던 당국을 지정하는 것도 무관하다. 또한 제13조에서는 정보 제공에 관한 규정을 두고 있는데, 여기서 제공되는 정보는 법률적 또는 실제적 특성을 갖는 정보이다. 법률적 정보(legal information)의 교환은 양자 간 교환뿐만 아니라 유럽평의회 사무국을 통한 다자간 정보교환을 포함한다.[569] 정보 교환에 있어 정보파일에 담긴 정보의 내용은 예외로 하고 있는데, 이러한 조항은 개인의 프라이버시보호를 위한 정보보호 조치를 규정한 것이다.[570] 따라서 이 경우에 개인정보보호와 관련해서 체약국 간 제공되는 정보가 어떤 것이어야 하는가의 문제가 제기되는데, 개인정보보호를 위한 각국 법령정보와 개인정보보호당국에 관한 일반적인 사항에 관한 정보가 제공될 수 있다.[571]

제4장이 당국 간 상호협력과 해외 정보주체에 대한 지원과 같은 개별적 사안의 협력수단을 규정하고 있다면 제5장은 유럽평의회 108협약 전반의 협력수단을 규정하고 있다. 제5장의 규정들은 모두 동 협약의 원활한 운영을 촉진하기 위해 규정된 것들이다. 유럽평의회 108협약상 규정들은 컴퓨터를 이용한 자동화된 정보처리로 인해 발생되는 새로운 문제들을 다루기 위해 만들어진 전혀 새로운 형태의 규범으로서 협약의 실제 적용 및 의미와 관련해서 문제가 발생할 것으로 예상되었다. 제5장에서 규정하고 있는 자문위원회(Consultative Committee: 이하, T-PD)[572]는 모든 체약국 대표로 구성되어 있으며 협약

---

568) 유럽평의회, *Explanatory Report to ETS No. 108*, *supra* note 545, para. 73.

569) *Ibid*, para. 75.

570) *Ibid*, para. 76.

571) *Ibid*.

572) T-PD는 유럽평의회 108협약 당사국 대표로 구성되어 있으며, 기타 회원국 또는 비회원국 그리고 국제기구 옵서버(Observer)의 참여로 이루어진다. 유럽평의회 108협약을 대다수의 유럽평의회 회원국가들이 비준하게 되면서 협약의 당사국 대표로 구성된 위원회와 모든 유럽평의회 회원국들로 구성된 위원회를 자원과 작업수단의 합리화 차원에서 2003년 말 통합하게 되면서 단일의 확대된 위원회로서 T-PD가 되었다. T-PD의 임무는 유럽평의회 108협약 규정의 해석과 이행을 촉진하는데 있으며 이에 책임을 진다. T-PD는 EU가 유럽평의회 108협약에 가입할 수 있도록 협약 수정안을 채택하

의 적용과 해석에 관한 문제를 해결하기 위해 체약국들에게 제안을 하거나 조언을 할 수 있다. 필요한 경우에는 T-PD 스스로 협약의 수정을 제안할 수도 있다.[573] T-PD는 국제적 차원의 정보보호기관 또는 협약상의 분쟁해결기관은 아니지만 체약국 간 발생하는 문제들을 회원국 간 협력을 통해 해결함으로써 협약의 원활한 운영을 돕는다.

2) 지원

유럽평의회 108협약 제14조는 외국 정보주체에 대한 지원을 규정하고 있다. 각 체약국은 유럽평의회 108협약 제8조에 규정된 원칙에 따라 국내법상 권리를 행사할 수 있도록 외국에 거주하는 모든 사람에 대해 지원하도록 규정하고 있다.[574] 이 규정을 통해 체약국 또는 제3국을 불문하고 외국에 거주하는 정보주체는 정보파일에 저장된 정보에 대한 접근권과 수정권을 행사할 수 있다. 이는 국적과 거주지에 상관없이 모든 개인을 보호하고자 하는 유럽평의회 108협약 제1조의 목적상 당연한 귀결이다.[575]

접근권과 수정권은 정보프라이버시보호를 위한 가장 중요한 수단이 될 수 있다. 하지만 정보주체가 파악할 수 있는 접근권과 수정권이 인정되는 정보의 범위에 관해서는 명확한 기준을 제시하고 있지 않다. 결국 외국 정보주체에 대한 지원 범위를 어느 정도까지 인정할 수 있는가는 이행의 문제로서 각 회원국들에게 일임하고 있다. 따라서 외국 정보주체에 대한 동일한 수준의 보호를 제공하기 위해 외국 정보주체에게 인정될 수 있

였으며, 감독권한과 정보의 국외 이전에 관한 유럽평의회 108협약 추가의정서를 채택함으로써 감독권한을 강화하고, 적절한 수준의 보호를 제공하지 않는 국가 또는 기업에 대한 개인정보 이전을 금지하도록 하였다.

573) 자문위원회는 국제적인 정보보호당국이나 협약의 적용에 관한 분쟁해결기관으로서 작용하는 것은 아니지만 체약국 간 발생하는 어려운 문제들을 회원국 간 협력을 통해 해결함으로써 협약의 원활한 운영에 도움을 줄 수 있다. 유럽평의회, *Explanatory Report to ETS No. 108, supra* note 545, para. 86.

574) ETS No. 108, *supra* note 536, art. 14.

575) 유럽평의회, *Explanatory Report to ETS No. 108, supra* note 545, para. 77;
Ibid, art. 1.
"The purpose of this convention is to secure in the territory of each Party for every individual, whatever his nationality or residence, …"

는 접근권과 수정권의 범위와 관련된 기준 마련이 필요하다.

3) 정보이용 제한

유럽평의회 108협약 제15조는 지원을 제공하면서 취득한 정보의 사용을 제한하고 있다. 이것은 목적 외 사용금지 원칙과 같은 국내 개인정보보호원칙을 국경 간 협력관계에서도 적용하려는 것이다.[576] 생각건대, 개인정보보호를 위한 국내 원칙은 정보처리에 있어 보호를 위한 원칙으로서 집행을 위한 국경 간 협력을 위한 기관 간 정보교환의 경우에도 정보처리에 해당하므로 당연히 국내에서의 보호 원칙이 적용되어야 한다. 따라서 제15조는 이러한 보호 원칙을 다시 강조하는 규정이다. 또한 제15조에서는 체약국 간 지원요청에 의해 교환하는 정보는 지원요청에서 특정된 목적 외로 사용할 수 없도록 하고 있을 뿐만 아니라, 각 체약국은 지정 당국이 그 정보에 대해 비밀의무를 부과하도록 하고 있으며, 외국에 거주하는 정보주체를 대신해서 지원요청을 하는 경우에는 그 정보주체의 명시적 동의를 받도록 하고 있다.[577] 이와 같은 조항으로 정보보호당국은 자국 내에서 준수해야 하는 의무와 동일한 의무를 외국 정보보호당국과 외국에 거주하는 정보주체에게 부담한다.[578] 이것은 상호지원이 근거로 하고 있는 상호신뢰의 중요성을 강조하는 것이다.

4) 지원의 거절

유럽평의회 108협약 제16조는 국경 간 지원을 거절할 수 있는 근거를 열거하고 있다.[579] 제16조는 우선 지원요청에 따라야 할 의무가 있음을 규정하고, 지원요청을 거절할 수 있는 근거를 열거하고 있다. 지원요청이 협약상의 조건이나 당국의 권한과 맞지 않는 경우, 또는 요청받은 국가나 정보주체의 중대한 이익에 맞지 않는 경우에는 지원

---

576) 유럽평의회, *Explanatory Report to ETS No. 108*, *supra* note 545, para. 77.

577) ETS No. 108, *supra* note 536, art. 15.

578) 유럽평의회, *Explanatory Report to ETS No. 108*, *supra* note 545, para. 79.

579) ETS No. 108, *supra* note 536, art. 16.

요청을 거절할 수 있다. 또한 지원요청에 '따르는 것(compliance)'이 체약국의 주권, 안보, 공공 정책 또는 정보주체의 권리 및 기본적 자유와 양립할 수 없다는 것은 지원 요청에 대한 정보의 제공이나 정보를 구하는 조치를 포함하는 광범위한 개념으로 이해해야 한다.[580] 즉, 요청받은 당국은 개인의 기본적 자유에 피해를 입히는 정보의 제공을 거절할 수 있을 뿐만 아니라, 정보를 구한다는 사실이 개인의 기본적 권리를 저해하는 경우에도 거절할 수 있다.[581] 개인정보보호를 위한 지정 당국 간의 지원을 요구하면서도 이에 대한 광범위한 예외를 인정함으로써 자칫 개인정보보호를 명목으로 국경 간 지원을 위한 정보 이동을 제한하는 합법적 근거를 제공하게 될 우려가 있다. 따라서 협약상의 원칙을 충실히 반영한 국내 입법뿐만 아니라 유사한 기능과 권한을 갖는 지정 당국을 설치해야 하며, 지원요청에 대한 예외 사유를 보다 구체화해야 한다.

II. EU 지침

1. 채택 배경

EU 지침[582]은 다른 EU의 지침[583]들이 그러하듯이 이행 기한까지 지침을 실행할 국내법상 이행 의무를 회원국들에게 부과하고 있다.[584] EU 지침은 전문에서 명시하듯이, 개

---

580) 유럽평의회, *Explanatory Report to ETS No. 108, supra* note 545, para. 81.

581) *Ibid.*

582) 정식명칭은 다음과 같다 : '개인정보처리에 있어 개인 보호와 개인정보 자유 이전에 관한 지침' *Directive 95/46/EC of the European Parliament and of the Council of 24 October 1995 on the protection of individuals with regard to the processing of personal data and on the free movement of such data.*

583) EU의 입법 형태인 규칙(Regulation)과 지침(Directive)에서 규칙은 각 회원국에 즉시 적용이 가능하여 국내 이행 입법을 요구하지 않으나, 지침은 개별 회원국에서의 이행 입법이 필요하다.

584) EU 지침은 1995년 10월 24일 채택되었으며, 3년의 기한이 경과한 1998년 10월 24일까지 모든 회원국들은 동 지침을 이행하기 위한 국내 조치를 취해야 한다. 스웨덴만이 이행 기한을 지켜서 국내 조치를 하였으며, 이행 기간 이후에 현재까지 EU 회원국 가운데 벨기에, 불가리아, 덴마크, 독일, 에스토니아, 그리스, 스페인, 아일랜드, 이탈리아, 룩셈부르크, 몰타, 네덜란드, 오스트리아, 포르투갈, 슬로베니아, 슬로바키아, 핀란드, 영국 등이 이행을 위한 국내 조치를 하였으며, 비EU 회원국인 EFTA

인의 권리와 자유, 특히 프라이버시보호를 위해 회원국들 간 보호 수준의 차이를 조정하여 국경 간 정보 이동이 방해받지 않도록 하려는데 그 취지가 있다. 즉, 모든 회원국들의 보호 수준을 동일하게 하여 개인정보의 자유로운 이전에 대한 장애요인을 제거하고자 한다. EU 지침은 1980년 OECD 가이드라인과 1981년 유럽평의회 108협약에 기초하고 있기 때문에 EU 회원국들에게 생소한 것은 아니다. EU 지침은 입법을 위한 일반적 골격규정(a general framework legislative provision)으로서 개인정보처리와 관련해서 프라이버시보호와 회원국 간 정보보호법 조화라는 두 가지 목적을 갖고 있다.[585]

2. 개인정보보호 원칙

개인정보처리와 관련해서 개인의 프라이버시보호와 회원국 간 정보보호법의 조화라는 목적을 달성하기 위해 EU 지침은 개인정보의 적법한 처리와, 개인정보처리와 관련된 개인의 권리, 그리고 충족해야 할 개인정보 품질(quality)에 관한 최소한의 기준을 정하고 있다. EU 지침 제6조는 개인정보를 처리할 때 준수해야 할 기본 원칙을 정하고 있다.[586] 또한 제7조는 정보처리를 위해 충족해야 할 몇 가지 조건들을 규정하고 있다. 즉, EU 지침상 정보처리의 조건은 '정보주체가 당사자인 계약의 이행을 위해 필요한 경우',

---

국가들 가운데 노르웨이가 국내 조치를 이행하고 있다. 〈http://ec.europa.eu/justice_home/fsj/privacy/law/implementation_en.htm〉(검색일: 2008. 5. 8.). 참조.

585) Peter Carey, 『Data Protection, A Practical Guide to UK and EU Law』(2nd ed., Oxford Univ. Press, 2004), pp. 6-8.

586) *Directive 95/46/EC, supra* note 581, art. 6.

　　1. Member States shall provide that personal data must be:
　　　(a) processed fairly and lawfully;
　　　(b) collected for specified, explicit and legitimate purposes and not further processed in a way incompatible with those purposes. (…);
　　　(c) adequate, relevant and not excessive in relation to the purposes for which they are collected and/or further processed;
　　　(d) accurate and, where necessary, kept up to date; (…);
　　　(e) kept in a form which permits identification of data subjects for no longer than is necessary for the purposes for which the data were collected (…).

'정보처리가 법적 의무 준수를 위해 필요한 경우', '정보처리가 정보주체의 사활(死活)을 보호하기 위해 필요한 경우', '정보처리가 공익차원의 임무수행 또는 공적 권한의 행사를 위해 필요한 경우', '정보관리자(정보이용자)의 적법한 이익을 충족하기 위해 필요한 경우'(다만, 정보주체의 이익 또는 기본적 권리와 자유가 우선한다.), 그리고 '정보주체의 동의'가 있어야 한다.[587]

정보주체는 자신 또는 제3자로부터 정보를 수집하는 경우, 정보 수집과 관련해서 정보관리자(정보이용자, data controller or data user)의 신분, 정보 이용 목적, 공정한 처리를 보장하는 데 필요한 기타 정보 등을 '통지 받을 권리'를 갖는다.[588] 이 외에도 정보주체는 '개인정보에 접근할 수 있는 권리', '불완전한 또는 부정확한 정보에 대한 수정, 삭제 또는 폐쇄하도록 할 권리', '개인정보처리를 거부할 권리', '개인정보가 직접판촉(direct marketing)에 사용되는 것을 거부할 권리', '자동화된 정보처리만으로 법적 효과를 가지는 결정의 대상이 되지 않을 권리'를 갖는다.[589] EU 지침은 이와 같은 조건들을 규정함으로써 모든 회원국들에게 동등한 수준의 개인정보보호가 보장될 수 있도록 함으로써 EU 내에서 개인정보의 국경 간 이동이 촉진될 수 있도록 한다.

3. 국외 이전 관련 원칙

1) 적절성

EU 지침 제25조와 제26조는 제3국으로의 개인정보 이전 관련 규정을 두고 있는데, 이는 기업의 활동범위가 국제화되고 인터넷 이용과 전자상거래 활성화로 인해 개인정보 침해 위험에 대한 우려가 커졌기 때문이다. 하지만 이러한 규정은 국제적인 기업 활동과 관련해서 정보 이전을 제한하게 될 것이라는 우려를 낳고 있다. EU 지침의 이와 같은 규정으로 인해 본사가 해외나 EU 밖에 있는 국제기업들은 본사에서의 집중적인 정

---

587) *Ibid*, art. 7.
588) *Ibid*, arts. 10-12.
589) *Ibid*, arts. 14-15.

보처리에 제한을 받게 될 것이다. 하지만, EU 지침은 개인정보처리와 관련해서 일정한 조건하에 EEA 국가[590] 밖으로 개인정보 이전을 가능하게 하는 규정을 두고 있다. EEA 국가 밖으로 개인정보를 이전할 수 있는 일반적 조건으로는 개인정보가 이전되는 제3 국에서 정보주체의 권리와 자유를 보호하기 위한 '적절한' 수준의 보호를 보장하는 경우 이다.[591] 또한 정보주체의 동의가. 있거나 계약의 이행을 위해 개인정보 이전이 필요한 경우, 또는 공익 차원에서 법적으로 요구되는 경우에는 예외적으로 EEA 국가 밖으로 개인정보 이전이 허용된다.

EU 지침 제25조 제2항에 따르면 보호의 '적절성(adequacy)'은 제3국으로의 정보 이전 활동과 관련된 주변 사정에 비추어 판단되어야 하며 정보의 성격, 정보처리 활동의 목 적과 기간, 정보의 이전국과 최종 목적지, 제3국의 법제도, 제3국의 직업상 규칙과 정보 보안 조치가 고려되어야 한다.[592] EU 지침 제26조 제1항은 동 지침 제25조의 규정에도 불구하고, 제3국이 적절한 수준의 보호를 보장하지 못하는 경우에도 예외적으로 지침 에서 규정하는 조건에 해당하는 경우에는 제3국으로 정보 이전이 가능하도록 하고 있 다. 이 경우에 해당되는 것으로서 첫째, 회원국은 정보주체의 명백한 동의를 조건으로 하여 정보를 이전할 수 있다. 둘째, 제26조 제2항에서는 앞과 같이 제3국에서 적절한 정 보보호를 제공하지 않는 경우에도 정보관리자가 개인정보의 보호와 관련해서 충분한 '보장'을 제공하는 경우에는 개인정보를 제3국으로 이전할 수 있다. 정보관리자는 EU 밖 해외 계약 당사자와의 '계약'에서 이전된 개인정보에 관해 높은 수준의 보호 의무를 부과함으로써 충분한 보장을 제공할 수 있다. EU 지침 제27조는 동 지침의 적절한 이행 과 각 산업부문의 특징을 감안하여 다룰 수 있도록 국내적으로 또는 국제적으로 행위규

---

590) European Economic Area(EEA)에 속하는 국가들은 EU 회원국들과 노르웨이, 아이슬란드, 리히텐슈 타인 등이다.

591) *Directive 95/46/EC, supra* note 581, art. 25(1).
The Member States shall provide that the transfer to a third country of personal data (⋯) may take place only if, (⋯), the third country in question ensures an adequate level of protection.

592) *Ibid*, art. 25(2).

약(codes of conduct)의 책정을 장려하고 있다. 이상에서 살펴본 바와 같이 EU 지침은 정보의 자유로운 이전을 저해하지 않으면서도 EU 내의 정보보호 기준이 다른 국가들 간의 관계에서 약화되는 것을 방지하는 규칙을 발전시키고 있다.

2) 감독기관

EU 지침 제28조는 회원국 내에서 완전히 독립적으로 그 감시 기능을 수행할 수 있는 감독당국을 하나 이상 설치할 것을 규정하고 있다.[593] EU 회원국은 개인정보처리와 관련해서 개인의 권리와 자유 보호에 관한 규범이나 행정 조치를 준비하는 경우에 감독당국과 협의하도록 한다.[594] EU 회원국들의 감독당국은 '조사 권한', '개입 권한', '소송 수행 권한'을 갖는다.[595]

감독당국의 '조사 권한'은 정보에 대한 접근 권한과 감독 의무를 수행하는데 필요한 모든 정보를 수집할 수 있는 권한이다. 감독당국에 의한 효과적인 '개입 권한'은 '정보처리 작업에 앞서 의견을 개진하는 것', '의견을 적절히 공표하는 것', '정보를 차단, 삭제, 폐기하는 것', '정보처리를 일시적 또는 영구적으로 금지하는 것', '정보관리자에게 경고하는 것', '문제를 의회나 기타 정치 기구에 회부하는 것'을 말한다. '소송 수행 권한'은 EU 지침에 따라 채택된 국내 법률을 위반하였거나 이러한 위반을 사법 당국의 처분에 맡기는 경우 그 소송을 수행할 수 있다. 주의할 점은 감독당국에 의해 이루어진 결정이 민원을 야기하는 경우에는 법원에서 항소 대상이 된다. 각각의 감독당국은 다른 회원국 감독당국으로부터 권한 행사를 요청 받을 수 있는데, 이 경우에 감독당국들은 모든 유용한 정보를 교환함으로써 의무 수행에 필요한 범위에서 서로 협력해야 한다.[596]

---

593) *Ibid*, art. 28.1.
594) *Ibid*, art. 28.2.
595) *Ibid*, art. 28.3.
596) *Ibid*, art. 28.6.

3) 비밀유지

EU 지침은 국경 간 협력과 관련해서 감독당국 직원은 물론 직원이었던 자가 그 직무상 알게 된 비밀정보에 대해 직무상 비밀 준수 의무의 대상으로 하고 있다.[597] 이와 같은 규정을 통해 EU 내 정보보호 감독기관들 간 정보교환을 통해 보다 많은 협력이 가능할 것이다.

4) 개인정보보호작업반

EU 지침 제29조는 제28조에 따라 설치된 각 회원국의 감독기관들 및 그 대표로 이루어진 작업반을 구성하도록 하고 있다. 작업반은 독립적으로 행동하며 EU집행위원회에 권고하는 역할을 맡고 있지만, 이와 동시에 유럽 정보보호 당국들 간 공동 견해의 성립과 공동 집행 활동을 위한 중요한 수단이 된다.[598] 제29조 작업반[599]의 의사결정은 감독당국 대표에 의한 단순 다수결에 의한 방식을 채택하고 있다. 작업반은 그 스스로 또는 감독기관 대표의 요청에 의해 의제를 상정하고 심리한다. 제29조에 규정된 작업반의 역할은 EU집행위원회에 대한 권고 역할을 맡고 있지만 유럽 정보보호 당국들 간 공통된 의견 형성과 공동 집행활동의 중요한 수단 가운데 하나다.[600]

---

597) *Ibid*, art. 28.7.

598) 제29조 작업반은 *Microsoft*의 *Net Passport* 서비스가 EU의 개인정보보호 기준에 부합하는지에 대해서 의견을 내기도 하였다. Working Document, *First orientations of the Article 29 Working Party concerning on-line authentication services*, 11203/02/EN/final, WP 60, Adopted on July 2, 2002.

599) 제29조 작업반의 정식 명칭은 동 조항의 규정으로 보아 '개인정보처리에 있어 개인 보호에 관한 작업반(Working Party on the Protection of Individuals with regard to the Processing of Personal Data)'이다. *Directive 95/46/EC, supra* note 581, art. 29. 이러한 명칭은 작업반(Working Party) 또는 제29조 작업반(Article 29 Working Party)으로 약칭되고 있다.

600) OECD, *Report, supra* note 7, p. 23.

제3절

평가

OECD 가이드라인은 개인정보 이용과 관련된 원칙들을 선언하고 있을 뿐만 아니라 국가들이 이러한 원칙의 이행을 위한 국내 조치를 하도록 하며 개인정보의 국경 간 이동을 원활하게 하기 위해 국제적으로 협력할 것을 요구하고 있다. 특히, 국제적 협력과 관련해서 OECD 가이드라인은 회원국들로 하여금 동 가이드라인과 관련된 정보교환절차 마련과 소송 및 조사 문제에서 상호 지원할 것을 주문하고 있다. OECD 회원국들 간의 협력은 회원국 각각의 기본 법 체제 내에서 필요한 조치를 취할 수 있도록 하고 있으며, 협력적 집행 체제를 통해 보호원칙이나 관련 정책의 이행, 보상 방법 등을 다룰 수 있도록 하고 있다.[601] 또한 소송과 조사 문제는 양자 간 또는 다자간 체제를 통해 집행기관 간 협력을 달성할 수 있도록 하고 있다.[602]

유럽평의회 108협약은 개인정보와 프라이버시 보호를 위한 기본원칙들과 정보의 국경 간 이동을 위한 상호 지원 체제에 관한 특별 규정을 두고 있다. 유럽평의회 108협약의 기본원칙들은 회원국 국내법상의 원칙들과 OECD 가이드라인의 원칙들을 반영한 것이다. 국제적 협력과 관련해서는 유럽인권협약 제8조상의 예외가 반영되어 있으나,[603] 개인정보보호를 이유로 국경간 정보 이동을 금지 또는 제한할 수 없도록 회원국들의 권한을 제한하고 있다. 유럽평의회 108협약에서는 국가 간 상호 협력에 관한 규정을 두고 있으며, 상호 지원을 위한 의무를 이행하기 위한 당국을 지정할 것을 요구하고

---

601) OECD, Ministerial Conference, *"A Borderless World: Realising the Potential of Global Electronic Commerce"*, Ottawa, Canada, Oct. 7-9, 1998.

602) OECD, *Privacy Online: Policy and Practical Guidance*, 2003.

603) ETS No. 108, *supra* note 536, art. 16.

있다.[604] 또한 외국 정보주체에 대해서도 지원하도록 요구할 수 있도록 하며,[605] 이를 위해 취득한 정보의 이용에 제한을 부과하고 있다.[606] 국가 간 상호 지원을 거절할 수 있는 예외를 규정함과 동시에 지원에 필요한 비용과 절차에 관한 규정도 두고 있다.[607] 유럽평의회 108협약은 자문위원회(T-PD) 설치에 관한 규정을 두고 있는데, 이는 유럽 국가들 간 협력의 근거가 되었을 뿐만 아니라 EU 지침의 규율 범위에 속하지 않는 국가들 간의 협력을 위해서도 이용되고 있다.

EU 지침은 지금까지 살펴본 국제적인 문서들 가운데 가장 적극적으로 협력에 관해 규정하고 있다. EU 지침은 국내 감독기관에게 협력 의무를 부과하고 이를 통한 협력 체제 구축에 관해 매우 자세하게 규정하고 있다.[608] EU 지침은 국내 감독기관에게 조사, 개입, 소송 개시 권한과 개인정보처리 감독 및 민원 해결에 관한 권한을 부여하고 있어서 EEA 국가들 간에 상호 협력 요청을 교환할 수 있도록 하여 당국들 간의 협력을 용이하게 하고 있다. 또한 개인정보보호작업반은 EEA 내의 정보보호 기관 간에 개인정보보호 관련 문제에 대한 공동의견의 형성과 집행활동의 중요한 수단으로 작용하고 있다.

다만, 유럽평의회 108협약과 EU 지침은 유럽 내에서는 협력을 위한 중요한 근거로서 작용하고 있으나, 유럽 밖에서는 어느 정도의 협력을 이끌어 낼 수 있을지 불확실한 측면이 있다. 아마도 전혀 협력이 불가능하다든지 또는 특정 사건과 관련된 조사에서 지원을 위해 제한된 범위 내에서만 가능하다든지 예측할 수 있을 뿐이다. 그럼에도 불구하고 EU 지침의 규율 범위 내에 속하는 EEA 국가 내에서는 협력의 가능성과 범위에 관한 확실한 예측이 가능하다. 또한 EU 지침상 협력을 통해 알게 된 정보에 대한 비밀 준수의무[609]로 인해 신뢰성을 가지고 협력해 갈 수 있다.

---

604) *Ibid*, art. 13.2.
605) *Ibid*, art. 14.
606) *Ibid*, art. 15.
607) *Ibid*, arts. 16-17.
608) *Directive 95/46/EC, supra* note 581, art. 28.
609) *Ibid*, art. 28.7.

UN 가이드라인은 개인정보보호의 인권적 측면을 강조한 보호원칙을 규정하면서 그 위반에 대해 감독과 제재를 할 수 있는 독립적 감독기관을 설치할 것을 요구하고 있다.[610] UN 가이드라인은 국제적 정보 이전이 과도하게 제한되지 않도록 요구하고는 있으나,[611] 이동하는 정보의 보호를 위한 상호 협력 의무를 규정하고 있지는 않다.

APEC 정보보호체제는 개인정보와 프라이버시 보호를 위한 규칙들의 집행을 위해 국제적인 노력을 기울일 것을 규정하고 있다. APEC 프레임워크에서는 개인정보와 프라이버시 보호를 위해 회원국 내에 위반 시 적용할 적절한 구제장치를 마련하도록 하고 있으며, 장래 선도계획에서는 초국경적 관계에서 침해가 발생하는 경우에 이를 구제하기 위한 협력 의무를 규정하고 있다. 따라서 이들 목적을 위해 APEC 내에서는 초국경적 관계에서 위반 사항을 조사하고 집행하기 위한 관련 기관들 간의 협력 수단 마련을 위해 노력해야 한다. APEC 정보보호체제에서 가장 특징적인 점은 집행과 관련된 정보의 조사와 집행에 있어서 각국 개인정보와 프라이버시 보호 관련 당국 간의 협력을 추진하기 위해 CBPRs를 규정하고 이를 이행하기 위한 상세한 프로젝트를 구상하고 있다는 것이다.

이상 살펴본 바와 같이, 개인정보의 보호 및 국외 이전과 관련된 OECD, 유럽평의회, UN, EU, APEC의 관련 문서들은 기본원칙의 이행과 개인정보의 국경 간 이동을 보호하기 위한 내용에 중점을 두고 있으며, 이는 지역적 차원에서 관계 당국 간에 집행과 관련해서 협력할 수 있는 기본체계를 형성하고 있다. 첫 번째로, 기본원칙의 이행은 각 국가들이 원칙의 내용을 국내법에 반영하도록 함으로써 개인정보보호와 관련해서 각국 간에 공통의 이해관계를 형성하도록 한다는 데 의의가 있으며, 이를 토대로 국제적인 협력을 위한 토대가 마련될 것이다. 두 번째로, 개인정보의 국경 간 이동을 보호하기 위해서 정보 이동과 관련된 규정들의 단일화를 요구하고 있다. 단일화의 최우선 과제는 정보보호 임무를 담당할 관련 기관을 설치하는 것이 된다. 유사한 권한을 갖는 기관 간에

---

610) UN, *Guidelines, supra note* 475, A. 8.
611) *Ibid*, A. 9.

집행 단계에서 협력하게 함으로써 정보 이전에 따르는 피해의 효과적인 구제가 가능할 수 있다. 결국 이와 같은 노력들은 전 세계적으로 개인정보와 프라이버시를 보호하기 위해서 피해가 발생했을 때 이러한 피해를 구제할 수 있는 국제적인 협력적 집행 체제를 마련하기 위한 것이다.

제6장

개인정보보호를 위한
협력 방안

제1절

서설

국가는 다른 국가의 동의가 있어야 그 국가의 영토 내에서 권한을 행사할 수 있으므로[612] 외국에서의 개인정보보호 위반에 대한 국내법상의 보호를 실효성 있게 집행하기 위해서는 다른 국가와의 협력이 필요하다. 2007년 OECD에서 채택된 프라이버시보호법 집행을 위한 국경 간 협력권고[613]에서도 개인정보를 보호하기 위해 회원국들이 효과적인 집행을 위해 협력할 것을 규정하고 있으며, 이러한 목적을 위해 국내적, 국제적 협력 체제를 개발할 것을 요구하고 있다.

법의 집행 가능성(enforceability)은 법의 적절성의 관점에서 중요한 의미를 가지며, 외국과의 관계에서는 법을 준수하지 않는 경우에 받게 될 제재의 두려움을 야기하도록 한다는 데 그 중요성이 있다.[614] 인터넷을 통해 자국민과 거래한 해외 기업의 정보보호 위반이나 자국과 외국과의 정보보호 수준의 차이로부터 예기치 않은 개인정보 침해가 발생하는 경우, 해킹에 의해 자국민의 개인정보가 유출되는 경우 등에서 법 위반 시 집행 가능성은 외국의 기업이나 해커로 하여금 법 준수의 동기를 유발할 수 있다. 국내법의 집행 가능성은 국가 간 실체법적, 절차법적 협력을 통해서 달성할 수 있는데, 무엇보다도 법의 집행을 담당하는 집행기관 간의 국제적 협력이 중요하다. 국제적 협력을 통해 보호하고자 하는 분야에서 공동의 이해를 갖는 집행기관 간의 최우선적인 협력 고려 사안을 확인하고 국경 간 거래에서 발생하는 민원을 체계적으로 관리하며, 적절한 제

---

612) F. A. Mann, *supra* note 383, p. 37.
613) OECD, *Recommendation of the Council on Cross-border Co-operation in the Enforcement of Laws Protecting Privacy*(June 13, 2007). 제6장 제2절 참조.
614) Uta Kohl, *supra* note 273, p. 205.

재와 구제의 수준을 보완해 나갈 수 있을 것이다. 또한 집행기관 간 협력은 유사한 위반 사례의 처리와 관련된 정보를 전문 집행기관 간에 교환함으로써 법 집행의 일관성 확보 차원에서도 유용할 것이다.

개인정보보호 임무와 보호기관 간 협력은 독립적인 정보보호전문기관을 통해 달성될 수 있다. 하지만 실제 국가별 상황을 보면, 독립적인 정보보호전문기관을 설치하지 않은 국가에서는 소비자보호를 위한 일반집행기관,[615] 산업별 자율규제기관,[616] 협력협정 관련기관,[617] 개별기업(또는 조직)의 집행담당자[618] 또는 법원[619]을 통해 개인정보보호 임무를 수행하고 있다. 하지만 이러한 기관들에 의한 구제는 사후적 성격을 갖는 것이 대부분이나, 개인정보 유출로 인한 피해의 특성은 대개 일회적으로 끝나는 것이 아니라 2차적 피해를 야기한다. 따라서 개인정보 유출로 인한 2차적 피해를 예방하기 위해서는 사전적인 감시가 필수적이다. 그러므로 개인정보보호 위반에 대한 사전 감시 임무를 담

---

615) 소비자보호를 위한 일반집행기관은 미국 연방거래위원회(Federal Trade Commission: 이하, FTC)가 있다. FTC는 소비자보호라는 일반적인 임무 내에 정보프라이버시 집행의 측면을 포함하고 있다.

616) 산업별 자율규제기관은 미국 기업들이 선호하고 있다. 자율규제계획(self regulatory scheme)에 따라 산업별(industry level)로 여러 형태의 집행 기관을 설치한다. 산업별 자율규제기관은 두 가지 형태로 나눌 수 있다. 첫 번째 형태는 회원사들의 행위규약(code of conduct)에 의해 설치된 국내 직접 판매 연합회의 불만처리위원회(complaints committee)가 해당하며, 회원사들이 연계한 인터넷인증마크 프로그램(web seal programmes)도 여기에 해당된다. 두 번째 형태는 호주 프라이버시법에 근거하여 작성한 공동규제규약(co-regulatory codes)에서 인정하는 불만처리기관이 여기에 해당된다. Mark S. Merkow, *supra* note 177, p. 177, 195.

617) 선택적 집행협정 관련 기관은 미국 상무부(US Department of Commerce)가 운영하는 세이프하버협정(Safe Harbor arrangements)과 관련된다. 선택적 집행협정(opt-in enforcement arrangements)과 관련된 기관은 기업이 집행협정에 가입하기로 하는 경우 당해 기업이 따르기로 한 기준들을 집행할 의무를 지게 된다.

618) 최고정보보호책임자(Chief Privacy Officer: 이하, CPO)를 말한다. CPO는 내부 감사자와 마찬가지로 자율성을 가지고 행동할 수 있는 충분한 권한을 가지고, 조직과 어느 정도의 독립성이 인정되고, 분쟁해결에 있어서 조직을 강제할 수 있는 경우에만 적합한 집행담당자로서 의미를 부여할 수 있다.

619) 법원은 침해를 당한 개인이 정규법원을 통해 구제를 받고자 하는 경우에 최종적이며 효과적인 정보보호를 위한 집행기관의 역할을 한다. 하지만 법원에 의한 집행에 있어서는 집행을 위한 국경 간 협력을 논의할 여지가 많지 않으며, 인터넷 관련 침해 사건의 경우에 국가 간 관할권 문제가 우선 해결되어야 하는 문제가 있다.

당할 전문 개인정보보호기관의 설치가 필요하며, 개인정보보호 임무와 협력은 개인정보보호 전문기관에 의해서 가장 효과적으로 달성될 수 있다.

하지만 개인정보보호 전문기관을 설치하고 있는 국가들의 상황을 보면 전문기관 간의 협력이 쉽지 않음을 알 수 있다. 각 국가들이 설치하고 있는 개인정보보호 전문기관은 정보감독관,[620] 정보감독위원회,[621] 다목적기관,[622] 복합적 형태[623]를 띠고 있으며,

---

620) 유럽, 캐나다, 호주, 홍콩에서 정보감독관 형태를 채택하고 있다. 정보감독관(Commissioner)은 정보보호기관을 설치하고 있는 국가에서 가장 광범위하게 이용하고 있는 형태이다. 가장 공통적으로 사용되고 있는 명칭은 정보보호감독관(Data Protection Commissioner) 또는 프라이버시감독관(Privacy Commissioner)이다. 경우에 따라서는 피해신고와 조사(complaint/investigation) 및 개인정보 취급 사실의 등록(registration) 기능을 강조하여 각각 정보보호옴부즈맨(Data Protection Ombudsman) 또는 정보보호등록관(Data Protection Registrar)이라고 하기도 한다. 정보보호 기능과 정보공개 책임이 결합된 국가에서는 때로는 정보프라이버시감독관(Information and Privacy Commissioner)이라는 명칭을 사용한다.

621) 우리나라와 프랑스, 캐나다 등에서 정보감독위원회 형태를 채택하고 있다. 프랑스의 Commission Nationale de l'informatique et des Libertés(CNIL), 캐나다의 Commission d'accès à l'information du Québec(CAI), 우리나라 한국정보보호진흥원(Korea Information Security Agency, KISA)의 개인정보분쟁조정위원회(Personal Information Dispute Mediation Committee)가 정보감독위원회의 형태에 속한다. 프랑스에서는 합의제기관이면서도 독립적인 행정기관으로 설립되었다. 따라서 프랑스에서는 행정부의 간섭을 받을 가능성이 매우 제한적이다. 김일환, 「개인정보보호감독기구의 설치에 관한 연구-외국사례를 중심으로-」, 전자정부법제연구, 제1권(2006. 7), p. 168. 정보감독위원회(Commission) 형태를 채택하고 있는 정보보호 법률은 위원회 구성원의 임명절차를 규정하고 있다. 정보감독위원회는 통상적으로 특정 기능을 의장이나 기타 위원, 소위원회 또는 직원에게 위임할 수 있는 권한을 가질 것이지만, 법이 부여하고 있는 모든 권한과 기능은 정보감독위원회가 행사한다. 정보감독위원회는 경우에 따라서는 위원회라는 명칭 대신에 Board라는 명칭이 붙는다.

622) 다목적 기관은 정보보호기능과 관련성 있는 기능을 하나로 통합하게 되면서 나타난다. 다목적 기관은 정보와 관련된 기능을 하나로 통합함으로써 정보의 보호와 감독을 더욱 강화할 수 있다. 다목적 기관에서는 정보보호와 감독 기능의 통합 현상이 가장 일반적이다. 호주는 국가기록물보관법상의 일부 기능과 프라이버시와 정보공개에 관한 기능의 통합 문제를 고려하여 왔으며, 2003년 북부지역정보법(Northern Territory Information Act 2003)에서 통합된 기능을 갖는 정보감독관을 채택하였다. 뉴질랜드에서는 인권재판소(Human Rights Review Tribunal)가 1993년 프라이버시법(Privacy Act 1993), 1993년 인권법(Human Rights Act 1993), 1994년 보건장애감독관법(Health and Disability Commissioner Act 1994) 등과 관련된 사건을 심리한다.

623) 복합적 형태의 기관은 정보감독관 및 정보감독위원회 형태의 요소를 모두 가지는 정보보호기관이다. 일반적으로 정보감독관 형태를 도입하고 있는 법률에서 정보감독관을 지원할 자문위원회(advisory committee)의 설치를 규정하는 경우가 있는데, 이런 경우가 복합적 형태에 해당된다.

개인정보 침해와 관련한 민원처리, 조사, 제재, 구제에 있어서도 각 전문기관이 가지는 기능과 권한에 차이점을 나타내고 있다.[624] 하지만 이와 같은 차이점은 범죄자의 신병 확보와 증거 수집이 어려운 인터넷 관련 범죄의 성격에 비추어 봤을 때 신속하고 효과적인 협력에 심각한 지장을 초래할 우려가 있다. 또한 전문기관이 가지는 기능과 권한의 차이로 인해 협력 절차와 비용이 필요 이상 과다하게 소요되어, 각 국가들이 협력을 기피하게 될 우려도 배제할 수 없다. 더욱이 개인정보의 국제적 보호와 협력을 위해 채택된 국제적 문서[625]에서는 공히 개인정보보호 임무를 담당하는 각 국가들의 기관으로 하여금 유사한 기능과 권한을 갖출 것을 요구하고 있다는데 비추어, 현재의 상황은 국제적인 협력을 달성하는 데 있어 장애요인이 될 수 있다. 그러므로 개인정보보호를 위한 국제적인 협력을 달성하기 위한 최우선적인 과제는 협력의 주체가 될 수 있는 개인정보보호 전문기관을 설치하되 그러한 전문기관이 유사한 기능과 권한을 갖출 수 있어야 한다는 것이다.

하지만 각국이 개인정보보호 전문기관의 기능과 권한에 대한 별도의 합의에 도달하기에는 초국경적인 법률위반에 대한 국제적인 협력의 시급성에 비추어 시간과 비용이 많이 소요될 것이며 완전한 합의를 이루기도 어려울 것이다. 따라서 각 국가들은 자발적으로 기존에 존재하는 국제적 기준을 참고하여 전문기관의 기능과 권한을 적절히 조정할 수 있을 것이다. 개인정보보호 전문기관이 유사한 기능과 권한을 갖추게 되면, 이들 전문기관 간의 협력을 위해 효과적인 국제적 체제를 마련하기 위한 노력이 병행되어야 한다. 이러한 점에서 볼 때 OECD의 협력권고[626]는 국가 간 협력적 집행을 위한 정책적 지침으로 작용할 수 있다. 또한 전문 정보보호기관의 기준으로는 EU와 UN의 기준을 고려해 볼 수 있고,[627] 국제적 협력체제 마련을 위한 시도는 미국 FTC의 사례[628]를 통해

---

624) OECD, *Report*, *supra* note 7, pp. 12-17. 참조.
625) 제5장 참조.
626) OECD, *Recommendation*, *supra* note 612.
627) 제6장 제3절 Ⅰ. 참조.
628) 제6장 제3절 Ⅱ. 참조.

접근할 수 있다. 그리고 협력에 필요한 적절한 국내적 체제를 제고하기 위한 방안으로
는 미국의 입법례[629]를 참고할 수 있다.

---

629) 제6장 제3절 III. 참조.

제2절

개인정보보호분야의 국제적 협력

프라이버시보호법 집행을 위한 국경 간 협력권고[630]는 1980년 OECD 가이드라인,[631] 1998년 오타와 각료선언,[632] 2003년 사기방지지침,[633] 2006년 스팸방지권고[634]를 반영하고 있다.[635] 국가마다 법률과 집행 체제가 상이할 것이지만, 개인정보를 보호하고 국

---

630) OECD, *Recommendation of the Council on Cross-border Co-operation in the Enforcement of Laws Protecting Privacy* (June 13, 2007).

631) OECD, *Guidelines Governing the Protection of Privacy and Transborder Flows of Personal Data* (1980. 9. 23.). OECD 가이드라인에서는 회원국들은 국경 간 정보 이동을 부당하게 침해하지 않으면서 프라이버시를 보호하는 데 공동의 이익이 있음을 확인하였다. 따라서 회원국들은 이와 관련된 절차와 조사에 있어 상호 지원을 촉진하기 위한 절차를 마련하도록 규정하고 있다.

632) OECD, *Ministerial Declaration on the Protection of Privacy on Global Networks* [C(98)177]. 각료선언에서는 프라이버시보호를 위한 각각의 접근방법들이 범세계적인 네트워크에서 함께 작용할 수 있음을 인정하였다. 따라서 회원국들은 효과적인 집행 체제를 통해 프라이버시보호원칙들의 비준수 문제를 다룰 수 있고 피해에 대한 구제를 보장하기 위한 조치를 취할 것을 규정하고 있다.

633) OECD, *Recommendation of the Council Concerning Guidelines for Protecting Consumers from Fraudulent and Deceptive Commercial Practices across Borders*, June 11, 2003. 사기방지지침에서는 국경 간 사기 및 기만적 상업 관행에 대해 국제적 협력을 위한 원칙들을 규정하고, 회원국 간 협력을 제고할 수 있는 방안을 상세히 다룬다.

634) OECD, *Recommendation of the Council on Cross-border Co-operation in the Enforcement of Laws against Spam* [C(2006)57]. 스팸방지권고에서는 초국경적 스팸에 대하여 집행을 위한 국제적인 협력을 위한 원칙들을 규정하고 있으며 회원국 간 협력을 제고할 수 있는 방안을 다루고 있다.

635) OECD에서는 프라이버시와 개인정보보호를 위한 국제적 협력 문서의 채택에 앞서, 이미 이와 관련된 두 가지 개별 분야에서 법 집행을 위한 국제적 협력을 촉진하는 활동을 진행해 왔다. 국경 간 사기와 스팸 분야에서 OECD가 채택한 문서들은 국제적 협력을 위한 원칙을 규정하고 있다. 특히, 스팸 분야의 OECD 문서는 대다수 OECD 회원국들이 개인정보보호 당국에게 스팸과 관련된 집행의 책임을 부여하고 있어서 프라이버시와 개인정보보호를 위한 협력과는 특별한 연관성을 갖는다.

외 이전에 대한 방해를 최소화하는 수단으로써 집행당국 간 국제협력이 유용하다.[636] 이와 같은 협력이 전혀 없었던 것은 아니지만 OECD 국경 간 협력권고는 보다 세계적이고 포괄적으로 협력에 접근할 수 있는 방법이 될 수 있다.[637]

국경 간 협력권고는 OECD에서 정보사회의 유용성 극대화를 위한 정책개발을 담당하는 '정보, 컴퓨터, 통신정책위원회(Committee for Information, Computer and Communications Policy: 이하, ICCP)'[638]가 제안한 것이다. OECD 국경 간 협력권고는 회원국들이 프라이버시보호법 집행을 위해 협력하며, 이러한 협력을 위해 일정한 조치를 취하도록 하고 있다. 이러한 조치들은 첫째, 회원국들은 집행당국들이 외국 집행당국들과 협력할 수 있도록 국내 체제를 제고하기 위한 조치를 취하고,[639] 둘째, 프라이버시법의 집행을 위한 국경 간 협력을 위한 국제적 체제를 개발하고,[640] 셋째, 회원국들은 프라이버시법 집행의 통지(notification), 민원위탁(complaint referral), 조사지원(investigative assistance), 정보공유(information sharing)를 통해 상호 지원하며,[641] 넷째, 프라이버시법 집행의 협력 촉진을 위한 토론과 활동에 관련 이해관계자들이 참여할 수 있도록 한다.[642] 그 밖에 회원국들이 이행해야 할 사항들은 OECD 국경 간 협력권고 부속서에 자세히 규정되어 있으며, 비회원국들도 동 권고를 고려하여 그 이행을 위해 회원국들과 협력하도록 규정하고 있다.

---

636) OECD, *Recommendation*, *supra* note 629, Preface.

637) *Ibid.*

638) ICCP는 정보 사회의 혜택을 극대화하기 위한 정책의 개발을 담당하며, 2008년 6월 우리나라에서 인터넷 경제의 미래에 대한 각료 회의를 개최하였다. 〈http://www.oecd.org/sti/ict〉(검색일: 2008. 7. 1.).

639) OECD, *Recommendation*, *supra* note 629, a).

640) *Ibid*, b).

641) *Ibid*, c).

642) *Ibid*, d).

Ⅰ. 국내조치

1. 대상과 목적

국경 간 협력권고 부속서에서 프라이버시보호 법률은 국내법 또는 규칙을 의미하며, 그 집행으로 OECD 가이드라인에 따른 개인정보보호 효과가 있는 것이다.[643] 또한 프라이버시 집행당국은 프라이버시보호 법률의 집행을 맡아 조사를 실시하거나 집행 절차를 진행할 수 있는 권한을 가지는 모든 공공기관이다.[644] 국경 간 협력권고 부속서의 목적은 정보 또는 개인이 어디에 위치하고 있든지 개인정보를 보호하기 위해 프라이버시 집행당국들 간 국제적 협력을 제고하고자 한다. 국경 간 협력권고는 프라이버시보호 효율성 증진을 위해 회원국들의 집행 체제와 법률을 향상시키기로 한 2003년 사기방지 지침[645]과 2006년 스팸방지권고[646]의 약속을 반영한다.

국경 간 협력권고 부속서는 주로 프라이버시 집행당국들의 권한과 집행 활동에 관한 문제를 다루고 있으나, 형사법 집행당국들, 공공기관과 민간기관의 프라이버시 담당자, 민간부문 감시단체들 또한 외국과의 관계에서 효과적인 프라이버시보호를 위해 중요한 역할을 하며, 이러한 주체들과의 적절한 협력이 지원되어야 한다고 규정하고 있다.[647] 국경 간 협력은 복잡하면서도 많은 자원이 소요될 수 있으므로, 국경 간 협력권고 부속서는 프라이버시보호 법률의 심각한 위반에 대한 협력에 중점을 두고 있다. 심각한 위반의 판단을 위한 고려 요소는 영향을 받는 개인의 수뿐만 아니라 위반의 성격, 피해 또는 위험의 크기가 된다.[648]

국경 간 협력권고 부속서의 일차적 목적은 민간부문을 규율하는 프라이버시보호 법

---

643) OECD, *Recommendation*, *supra* note 629, Annex, para. 1, (a).

644) *Ibid*, para. 1, (b).

645) OECD, *Recommendation for Protecting Consumers*, *supra* note 632.

646) OECD, *Recommendation against Spam*, *supra* note 633.

647) OECD, *Recommendation*, *supra* note 629, Annex, para. 3.

648) *Ibid*, para. 4.

률의 집행에 있어서 협력을 촉진하는 것이지만, 공공부문에서 개인정보처리와 관련된 문제에 대한 협력 가능성도 열어 두고 있다.[649] 하지만 국가주권, 국가안보, 공공정책(공공질서)과 관련된 정부 활동에 대해서는 간섭하지 않을 것을 하나의 제한으로서 규정하고 있다.[650]

2. 고려사항

프라이버시보호 법률의 집행에 있어 국경 간 협력을 증진하기 위해서는, 첫째, 회원국들은 프라이버시 집행당국들이 외국 프라이버시 집행기관 및 다른 국내 프라이버시 집행기관과 협력할 수 있는 국내 조치를 개발하고 유지하기 위한 작업을 해야 한다.[651] 둘째, 회원국들은 국내 체제를 검토하여 협력을 위한 효율성 보장을 위해 필요한 경우 적절한 수정을 한다.[652] 셋째, 회원국들은 프라이버시보호 법률 위반으로 피해를 입은 개인들이 어디에 위치하고 있든지 적절한 보상과 구제를 위한 방법을 고려한다.[653] 넷째, 회원국들은 상호 관심사의 경우에 자국 프라이버시 집행당국들이 국내에서 동일하거나 관련된 행위를 다루기 위한 능력을 제고하기 위해 다른 국가의 프라이버시 집행당국이 수집한 증거, 판결, 집행명령을 사용할 방안을 고려한다.[654]

3. 권한제공

회원국들은 프라이버시 집행당국들이 그 영토로부터 또는 그 영토에 영향을 미치는 프라이버시보호 법률 위반에 대해 적시에 이를 방지하고 조치를 취하는데 필요한 권한을 갖도록 조치를 취한다.[655] 이와 같은 조치는 첫째, 프라이버시보호 법률의 위반 방지

---

649) *Ibid*, para. 5.
650) *Ibid*, para. 6.
651) *Ibid*, para. 7.
652) *Ibid*, para. 8.
653) *Ibid*, para. 9.
654) *Ibid*, para. 10.
655) *Ibid*, para. 11.

개인정보보호를 위한 국제적 협력에 관한 연구

및 제재를 위한 조치,[656] 둘째, 프라이버시보호 법률 위반이 될 수 있는 정보에 대한 접근과 조사를 위한 조치,[657] 셋째, 프라이버시보호 법률을 위반한 정보관리자에 대해 보상을 요구할 수 있는 조치[658]를 말한다.

4. 제도정비

회원국들은 프라이버시 집행당국들이 요청에 따라 외국 프라이버시 집행당국들과 협력할 수 있도록 조치를 취해야 하는데,[659] 이 경우 적절한 보호 조치가 있어야 한다. 적절한 보호조치를 위해서 고려되는 것으로는 첫째, 회원국들의 프라이버시 집행당국들에게 외국 당국들과 위반에 관한 정보를 공유하기 위한 체제를 제공해야 한다.[660] 둘째, 회원국들의 프라이버시 집행당국들이 외국 당국에게 프라이버시보호 법률 위반에 관한 지원을 제공할 수 있도록 한다.[661] 특히, 이러한 지원의 제공은 인물로부터의 정보 수집, 문서 또는 기록물의 수집, 관련 기업 또는 인물이나 대상의 위치 파악 또는 신원 확인에 관한 것이다.

II. 협력

1. 상호지원

회원국들과 프라이버시 집행당국들은 국경 간 협력권고 부속서와 국내법에 따라 프라이버시보호 법률의 집행과 관련하여 제기되는 초국경적 측면을 다루기 위해 서로 협력한다.

---

656) *Ibid*, para. 11, a).
657) *Ibid*, para. 11, b).
658) *Ibid*, para. 11, c).
659) *Ibid*, para. 12.
660) *Ibid*, para. 12, a).
661) *Ibid*, para. 12, b).

프라이버시보호 법률의 집행과 관련한 절차와 조사 및 기타 관련 문제에서 다른 회원국 프라이버시 집행당국의 지원을 요청하는 집행당국들이 고려할 것은 첫째, 지원 요청은 요청받은 프라이버시 집행당국이 조치를 취하는 데 충분한 정보를 포함해야 한다.[662] 이러한 정보는 요청을 이행하기 위해 취해야 하는 특별한 사전 주의사항, 요청의 근거가 되는 사실관계 설명, 얻고자 하는 지원 형태를 포함한다. 둘째, 지원 요청은 요청된 정보의 사용 목적을 구체적으로 기술해야 한다.[663] 셋째, 지원을 요청하기 전에 프라이버시 집행당국은 그 요청이 국경 간 협력권고 부속서의 적용범위에 합치하는 것인지, 요청 받은 프라이버시 집행당국에게 과도한 부담을 지우는 것은 아닌지 예비조사(preliminary inquiry)를 수행한다.[664]

예외적으로, 요청을 받은 프라이버시 집행당국은 협력이 국경 간 협력권고 부속서의 범위에 속하지 않는 것이거나, 일반적으로 협력이 국내 법률과 배치되거나 중요한 이익 또는 우선 사항과 배치되는 경우에 지원 요청을 거절하거나 협력을 제한하거나 협력에 조건을 부과할 수 있다.[665] 집행 문제에 관해 지원을 요청하는 프라이버시 집행당국들은 진행 중인 조사의 지원에 관해서 서로 정보를 교환한다.[666] 프라이버시 집행당국들은 관련 프라이버시 집행당국에게 민원을 위탁하거나 다른 회원국의 프라이버시보호 법률 위반 가능성을 고지해야 한다.[667]

상호 지원의 제공과 관련해서 프라이버시 집행당국들은 첫째, 지원요청에서 구체적으로 명시된 것 이외의 목적을 위해 다른 프라이버시 집행당국으로부터 수집한 비공개 정보의 사용을 중지한다.[668] 둘째, 교환된 비공개 정보의 비밀성 유지를 위해 적절한 조치를 취하며, 그러한 정보를 제공한 프라이버시 집행당국이 요청한 보호조치를 존중한

---

662) *Ibid*, para. 14, a).
663) *Ibid*, para. 14, b).
664) *Ibid*, para. 14, c).
665) *Ibid*, para. 15.
666) *Ibid*, para. 16.
667) *Ibid*, para. 17.
668) *Ibid*, para. 18, a).

개인정보보호를 위한 국제적 협력에 관한 연구

다.[669] 셋째, 보다 효과적인 집행과 진행 중인 조사에 방해가 되지 않도록 조사와 집행 활동이 다른 회원국 프라이버시 집행당국들의 활동과 조화되도록 한다.[670] 넷째, 협력과 관련해서 제기될 수 있는 불일치를 해결하기 위해 최선의 노력을 한다.[671]

2. 공동노력

회원국들은 국경 간 협력권고 부속서에 규정한 협력과 상호 지원을 위해 국내 연락처를 지정하고, 이러한 정보를 OECD 사무국에 제공한다.[672] 연락처 지정은 다른 협력 수단을 대체하는 것이 아니라 보충하기 위한 것이다. 프라이버시보호 법률에 대한 최신 정보는 모든 회원국들을 대신해서 법률과 연락처에 관한 정보의 기록을 보관하게 될 OECD에 제공한다.[673] 또한 프라이버시 집행당국들은 프라이버시 법률의 집행 양상에 대한 이해 증진을 위해 집행 결과에 관한 정보를 공유한다.[674]

회원국들은 프라이버시보호 법률의 집행과 관련된 협력의 실제적인 측면을 논의하기 위해 프라이버시 집행당국과 기타 이해관계자 간의 비공식적 네트워크를 지원하며, 초국경적 문제에 대한 최선의 관행을 공유하고, 공동 집행 우선순위 개발을 위한 작업을 하고, 공동 집행 노력과 인식 확산 운동을 지원한다.[675]

3. 기타 협력

회원국들은 프라이버시 집행당국들이 다른 당국들과도 협의할 수 있도록 지원한다. 범죄 성격의 프라이버시 문제에 관한 최선의 협력 방법을 알기 위해 형사법 집행당국들

---

669) *Ibid*, para. 18, b).
670) *Ibid*, para. 18, c).
671) *Ibid*, para. 18, d).
672) *Ibid*, para. 19.
673) *Ibid*.
674) *Ibid*, para. 20.
675) *Ibid*, para. 21.

과 협의할 수 있도록 지원한다.[676] 또한 공공기관과 민간기관의 프라이버시 담당자들
및 민간부문 감시단체들과 프라이버시 관련 민원을 초기 단계에서 가장 쉽고 효과적으
로 해결할 수 있는 방법에 관해 협의할 수 있도록 한다.[677] 그리고 시민사회 및 기업과
는 프라이버시보호 법률의 초국경적 집행을 촉진하고, 민원의 제기와 보상에 관해 초국
경적 측면에 특별한 주의를 하여 개인 간의 인식 향상을 위한 각각의 역할에 대해 협의
할 수 있도록 한다.[678]

III. 평가

개인정보보호분야의 국경 간 협력권고는 개인정보의 보호와 국외 이전을 보호하기
위한 수단으로써 집행당국 간 국제적 협력을 강조하고 있다. 또한 최선의 협력을 위해
형사법 집행당국은 물론, 민간부문과 공공부문의 다양한 행위자들이 중요한 역할을 할
수 있으므로 이들과의 협력이 필요하다. 국경 간 협력권고는 세계적이고 포괄적인 협력
을 규정하는 대신에 국가주권, 안보, 정책 분야의 활동에 대해서는 예외를 규정하고 있
다. 특징적인 것은 회원국들 간에 공통의 이해관계를 갖는 문제에 관해서는 다른 국가
의 집행당국이 수집한 증거, 판결, 집행명령을 인정할 수 있도록 제안하고 있다. 또한
집행기관의 조사, 집행 활동이 다른 회원국 집행당국의 활동과 조화될 수 있도록 절차

---

676) *Ibid*, para. 22, a). 사이버범죄와 관련하여 우리나라에서는 1997년 8월 컴퓨터범죄수사대로 창설된
경찰청 사이버테러 대응센터가 영국, 프랑스, 미국, 독일과 협력약정을 체결하여 초국경적 개인정보
와 프라이버시 침해 관련 사건에 대하여 서로 수사에 협조하고 있으며 상호간의 인적 교류를 통한
교육을 통하여 보다 나은 협력을 위해 노력하고 있다. 경찰청 사이버테러 대응 센터, 〈http://www.
netan.go.kr〉(검색일: 2009. 3. 26.). 영국 하이테크범죄대책단과 협력약정 체결(2005. 10.), 〈http://
www.soca.gov.uk〉(검색일: 2009. 3. 26.). 프랑스 정보통신기술범죄대응센터와 협력약정 체결
(2005. 11.), 〈http://www.interieur.gouv.fr〉(검색일: 2009. 3. 26.). 미국 FBI 사이버수사부와 협력약
정 체결(2006. 11.), 〈http://www.fbi.gov〉(검색일: 2009. 3. 26.). 독일 연방범죄수사청 중대범죄조
직국(BKA)과 협력약정 체결(2007. 9.), 〈http://www.bka.de〉(검색일: 2009. 3. 26.).

677) OECD, *Recommendation, supra* note 629, Annex, para. 22, b).

678) *Ibid*, para. 22, c).

적 부분에서의 통일성을 요구하며, OECD 사무국이 각국 법률에 대한 최신정보를 회원국들에게 제공할 수 있도록 관련 정보를 OECD에 제공하도록 요구하고 있다.

OECD 국경 간 협력권고에서 요구하고 있는 바와 같이, 적절한 권한을 갖춘 집행기관과 실효성 있는 구제 수단이 갖추어진 국내 체제로부터 국제적 협력이 시작될 수 있다. 따라서 집행에 있어서 협력하기 위한 우선적 조치는 집행기관에 적절한 권한과 기능을 부여하는 것이다. 집행기관에 협력에 적절한 권한과 기능을 부여하기 위해서 필요한 경우에는 국내법 체제의 제·개정과 같은 조치가 필요한 경우가 발생한다. 이는 국가 간의 절차적 체제가 어느 정도 유사성을 갖추어야 집행을 위한 협력이 실효성을 얻을 수 있다는 것을 의미한다. 결국에는 집행당국들 간의 국제적 협력을 제고하기 위한 국제적 문서들은 정보나 개인의 지리적 위치에 무관하게 개인정보를 보호할 수 있도록 하기 위한 것이다.

다만, 개인정보보호분야의 법률 집행과 관련해서 국제적 협력을 추진하기 위해 채택된 국경 간 협력권고는 협력을 위해 필요한 집행권한, 정보수집과 공유, 조사결과의 집행, 우선집행사항 등에 관해 규정함으로서 집행과 관련된 중요한 협력정책의 원칙들을 규정하고 있으나, 협력정책의 이행책임이나 집행 관련 권한의 범위와 관련된 문제들은 회원국 각자의 선택에 맡겨 두고 있다. 따라서 협력을 위한 양자협정의 유용성도 언급하고 있다.

제3절

개인정보보호를 위한 협력 체제의 개발

Ⅰ. 독립된 정보보호기관의 설치

집행에 있어서의 협력은 독립된 정보보호 집행기관에 의해서 보다 더 잘 이루어질 수 있다. 독립된 집행기관은 개인정보보호 문제에 관해 외국 집행기관과 정보를 공유하고 조사와 집행에 있어 협력이 가능하다. 국가 간 집행기관들이 모여서 협력을 위한 협의체를 구성하여 보다 긴밀한 협력도 가능하다. 개인정보보호와 관련된 사건은 피해자인 개인이 의식하지 못하는 경우가 있으므로 독립된 보호기관은 스스로 개인정보보호를 위한 노력을 할 수 있다. 초국경적 사건에서 독립된 보호기관을 통해 집행기관 간 민원 신청의 위탁도 가능하며, 처리를 위한 정보교환이나 이행 상황의 관리가 용이하다.

독립된 집행기관을 통해 국제적인 협력이 가능하기 위해서는 집행기관을 설치하거나 지정할 때, 그 기관의 기능에 관한 국제적 기준을 충족하도록 할 필요가 있다. 독립된 정보보호기관의 기능이 국제적 기준에 부합할수록 협력의 공백이 발생하지 않게 되어 보다 더 원활한 협력이 가능하다. 정보보호기관 또는 프라이버시보호기관을 다루고 있는 국제적 문서는 'EU 지침'과 '인권의 보호와 증진을 위한 국가기관의 지위에 관한 원칙(Principles relating to the status of national institutions: 이하, 파리원칙 Paris Principles)[679]이 있다. 파리원칙은 인권의 보호를 위해 국가인권기관이 갖추어야 하는

---

679) UN, *A/RES/48/134*(Dec. 20, 1993), *National institutions for the promotion and protection of human rights*(Paris Principles), 〈http://www.unhchr.ch/Huridocda/Huridoca.nsf/(Symbol)/A.RES.48.134. En?Opendocument〉(검색일: 2009. 2. 3.).

기능과 권한을 규정한 것이지만, 개인정보보호의 프라이버시보호로서의 측면을 고려한다면, 파리원칙에서 규정하고 있는 국가인권기관의 기능과 권한에서 개인정보보호기관이 갖추어야 될 기능과 권한을 유추해 볼 수 있다.[680]

1. EU 지침의 기준

EU 지침의 정보보호기관에 관한 규정들은 유럽평의회 108협약 추가의정서에도 반영되고 있다.[681] EU 지침 전문에서 회원국들은 완전한 독립성을 가지고 그 기능을 행사하는 감독기관을 설립하는 것이 개인정보처리와 관련해서 개인을 보호하기 위한 필수적 요소라고 하고 있다.[682] 또한 그와 같은 기관은 의무를 수행하기 위해 특히, 개인의 피해신고가 있을 경우에는 조사와 개입 권한 그리고 소송을 수행할 권한 등 필요한 수단을 갖추어야 한다.[683]

EU 지침은 보다 실체법적인 차원에서 감독기관(supervisory authority)을 다루고 있는데, EU 회원국들로 하여금 그 영토 내에서 지침의 적용에 대한 감독 책임을 부담하게 될 하나 또는 그 이상의 공적 기관을 마련하도록 요구하고 있다. 또한 이러한 기관은 그 기관에게 부여된 기능을 완전히 독립적으로 수행해야 한다고 규정한다.[684] 뿐만 아니라 회원국은 개인정보처리에 있어 개인의 권리 및 자유 보호와 관련된 행정적 조치 또는 규제를 준비하면서 감독 기관과 협의하도록 규정한다.[685]

EU 지침은 특히 각각의 정보보호기관에 부여되는 권한으로 '조사 권한', '개입 권한', '소송 수행 권한'을 규정하고 있다.[686] 조사 권한은 정보처리 활동과 관련된 정보에 접

---

680) 제3장 제1절 참조.

681) 유럽평의회, *Additional Protocol to the Convention for the Protection of Individuals with regard to Automatic Processing of Personal Data regarding supervisory authorities and transborder data flows*, 2001, art. 1.

682) *Directive 95/46/EC*, Recital(62).

683) *Ibid*, Recital(63).

684) *Ibid*, art. 28.1.

685) *Ibid*, art. 28.2.

686) *Ibid*, art. 28.3.

근할 수 있는 권한과 감독 임무의 수행에 필요한 정보를 수집할 수 있는 권한을 말한다. 개입 권한은 특히, 위험한 처리활동이 수행되기 전에 의견을 개진하거나 공표하는 것, 정보의 차단, 삭제, 파기를 명령하는 것, 정보처리를 금지하는 것, 정보 관리자에 대한 경고 또는 감시하는 것, 의회 또는 기타 정치 기관에 문제를 의뢰하는 것과 같은 권한을 말한다. 소송 수행권한은 정보보호법의 위반이 있는 경우 소송을 수행할 수 있는 능력을 말한다. 또한 EU 지침은 정보보호기관의 결정이 법원의 상소 대상이 될 수 있으며, 정보보호기관은 개인 및 대표 단체가 입은 피해에 관한 진술을 들어야 하며, 정보보호 기관은 그 활동에 대해 정기적으로 보고해야 한다고 규정한다.[687] 이러한 규정은 정보 보호기관이 수행할 활동을 보여 주는 것이다.[688]

2. 파리원칙의 기준

파리원칙에서도 정보보호기관이 어떤 종류의 기능을 수행하는지에 대한 기준을 제공한다. 파리원칙에서는 인권의 보호와 증진을 위해 국가기관(national institutions)이 부담해야 하는 권한과 책임에 대해 다루고 있으며, 무엇보다도 인권을 보호하고 증진하기 위한 권한을 국가기관에 부여해야 한다는 것, 국가기관이 광범위한 권한의 위임을 받되 그 조직과 권한의 범위가 구체적으로 헌법 또는 법률 안에 명확히 규정되도록 할 것, 그리고 국가기관이 특정한 책임을 부담할 것을 규정하고 있다.[689] 여기서 국가기관이 부담해야 하는 특정한 책임의 내용은 다음과 같다. 첫째, 감독기관은 정부, 의회, 기타 권한 있는 기관에 대하여 그들 기관의 요청 또는 그 스스로가 권고의 형태로 인권의 보호와 증진에 관한 의견, 권고, 제안, 보고 제출을 포함하며, 그러한 의견 등은 입법적 또는 행정적 규정들, 인권의 위반 및 정부 조치의 필요성 등과 같은 분야에 관한 것들이다. 둘째, 감독기관은 국가의 법, 규칙, 관행 등이 국제적인 인권 문서들과의 조화와 그 효

---

687) *Ibid*, art. 28. 4.

688) Blair Stewart, 「A comparative survey of data protection authorities-Part 2: Independence and functions」, *Privacy Law and Policy Reporter*, Vol. 11, No. 3, 2004, pp. 1-2.

689) UN, A/RES/48/134, *supra* note 678, annex, §§1, 2.

과적인 이행을 증진하고 보장하도록 해야 한다. 또한 인권교육을 위한 공식 프로그램을 지원해야 한다. 셋째, 감독기관은 인권을 홍보하고 특히 정보, 교육, 뉴스 매체 등의 사용을 통하여 일반 국민의 인식을 증진하여 인권 위반을 방지하기 위한 노력을 해야 한다.[690]

3. 정보보호기관의 국제기준

EU 지침에서의 감독기관과 파리원칙에서의 국가기관은 모두 유사한 책임을 부담하고 있지만, 각각에 규정된 두 개의 국가기관이 동일한 권한을 가지는 것은 아니다. 하지만 국가기관이 수행하는 전형적인 기능들을 정보보호기관 설치를 위한 국제적 기준의 한 방안으로 다음과 같이 정리해 볼 수 있다.

첫째, 정보보호기관은 교육 기능을 갖는다.[691] 교육과 홍보를 통해 정보보호원칙의 이해와 수용(受容)을 증진한다. 이러한 권한은 전단지나 소식지의 출판, 회의에서의 발표, 뉴스 매체의 이용, 웹사이트 운영, 세미나와 워크숍의 조직 등 다양한 방법을 통해 이루어진다. 둘째, 정보보호기관은 준수를 확보하기 위한 기관이다.[692] 기업이나 정부기관 등이 법을 준수할 수 있도록 지원하며 준수 여부를 감사 등을 통해 감독한다. 셋째, 정보보호기관은 개인 구제기관이다.[693] 정보보호법을 위반하였다는 주장을 조사하는 것을 말한다. 각국의 국내법상의 접근방법에는 상당한 차이를 보이는데, 공통적인 제도는 개인으로 하여금 개인정보의 옹호자인 정보보호기관에 피해 신청을 제기할 수 있도록 하고 있다. 넷째, 정보보호기관은 법률안 조사기관이다.[694] 법률 제정절차에서 정부에 전문적 의견을 제공하며 입법부에게는 독립적인 조언자로서 기능한다. 때로는 정부와 입법부가 적극적으로 정보보호기관의 의견을 구하기도 하지만, 경우에 따라서

---

690) *Ibid*, annex, §3.
691) *Ibid*, §3(f), (g).
692) *Ibid*, §3(a), (iii), (iv); *supra* note 681, art. 28. 1.
693) *Ibid*, §3(a), (ⅱ); *Ibid*, recital. (63), art. 28. 3, 4.
694) *Ibid*, §3(a), (ⅰ); *Ibid*, art. 28. 2.

는 그러한 의견을 요청하였는지 여부와 관계없이 정보보호기관이 제안된 법률에 대해 자발적인 의견을 제시하기도 한다. 다섯째, 정보보호기관은 임무 수행 결과에 대한 보도(報道)기관이다.[695] 임무는 비공개로 이루어지기도 하지만, 정보보호기관은 그 자신의 임무 수행 결과에 대한 보고 및 기타 수단을 통해 공개 토론이 필요한 문제를 제기하는 중요한 역할을 수행한다. 여섯째, 정보보호기관은 국제적 협력을 위한 기관이다.[696] 세계화로 인해 각국 정보보호법 간에는 일관성이 요구되며 정보의 국외 이전에 대한 방해를 제거하기 위해서는 전 세계의 정보보호기관 간 협력이 요구된다. 유럽에서 정보보호기관은 국제적 문서상의 특정한 의무를 수행하는 국가기관을 의미한다. 일곱째, 정보보호기관은 전문적 의견을 제시하고 연구를 수행하는 기관이다.[697] 정보보호에 관한 전문적 의견의 일차적 제공자로서 정보보호기관은 새로운 기술의 발전, 법률의 제정 또는 새로운 기술적 발전에 관한 공개토론 등에서 그 의견을 제공한다. 대다수 정보보호기관은 기술적 문제를 연구 또는 검토할 권한을 부여받고 있다.

4. 우리나라의 기관

우리나라의 정보보호 관련 기관들은 그 권한과 기능 면에서 정보보호기관의 국제기준에 어느 정도 부합한다고 할 수 있다. 특히, 한국인터넷진흥원은 그 임무와 관련된 교육, 홍보, 권리구제, 법률안 연구, 국제협력 등에 있어서 국제기준에 근접한다고 할 수 있다. 다만, 아쉬운 것은 한국인터넷진흥원을 방송통신위원회 산하에 둠으로써 개인정보보호 전문기관이 가져야 하는 자율성과 독립성을 확보하는 데 한계가 있다는 것이다. 이러한 한계로 인해 개인정보보호법 제정안에서는 개인정보보호위원회의 독립성을 확보하고자 신분보장에 관한 규정을 두고 있으며, 국무총리 소속하에 설치된 기관으로서 어느 정도 자율성과 독립성을 확보하고 있다. 또한 금융위원회는 개인정보보호와 관련된

---

695) *Ibid*, §3(a), (ⅰ), (ⅲ); *Ibid*, art. 28. 5.
696) *Ibid*, §3(b), (c), (d), (e); *Ibid*, recital(64), art. 28. 6.
697) *Ibid*, §3(a), (ⅰ).

그 임무의 범위가 제한적이기는 하지만 자율성과 독립성의 관점에서만 본다면 정보보호기관의 국제기준에 부합하는 것이라고 할 수 있다.

1) 한국인터넷진흥원

'정보통신망이용촉진및정보보호등에관한법률'[698]에 따라 범정부적으로 추진되는 공공기관 선진화 방안에 따라 방송통신위원회 산하의 한국정보보호진흥원, 한국인터넷진흥원, 정보통신국제협력진흥원을 통합하여 한국인터넷진흥원이 설립되었다.[699] 이와 같이 정보통신분야의 진흥과 정보보호, 국제협력을 위한 별도의 기관들이 이들 기능을 통합함으로써 관련 업무가 유기적으로 수행될 수 있으며 동일 분야에서 유사한 기능을 수행하는 기관이 중복적으로 존재함에 따른 비효율을 제거함으로써 공공분야의 효율성을 제고할 수 있다. 이와 같은 기관 통합에 대해서 해당 기관 고유의 기능이나 설립 취지를 약화시킬 수 있다는 지적이 있으나, 인터넷 이용 과정에서 발생하는 각종 민원사항을 한 기관을 통해 일원화해서 제공받을 수 있어 국민들의 편익 제고라는 측면에서는 유리할 뿐만 아니라 국제적인 추세에도 부합한다.

한국인터넷진흥원은 정보통신망의 고도화와 안전한 이용 촉진 및 방송통신과 관련한 국제협력·국외진출 지원을 효율적으로 추진하기 위해 설립되었다.[700] 한국인터넷진흥원은 '정보통신망의 이용 및 보호', '방송통신과 관련한 국제협력·국외진출 등을 위한 법·정책 및 제도의 조사·연구', '정보통신망의 이용 및 보호를 위한 홍보 및 교육·훈련', '정보통신망의 정보보호', '개인정보보호를 위한 대책의 연구 및 보호기술의

---

698) 정보통신망이용촉진및정보보호등에관한법률, 법률 제9637호.(일부개정 2009. 04. 22.)(시행일 2009. 7. 23.).

699) 기존 법제에서 한국정보보호진흥원은 '정보통신망이용촉진및정보보호등에관한법률'에 따라 2001년 7월 설립되어 개인정보보호, 스팸차단, 해킹·바이러스 대응 등의 업무를 담당하였으며, 한국인터넷진흥원은 '인터넷주소자원에관한법률'에 따라 2004년 7월 설립되어 인터넷 주소 관리 및 개발 업무를 담당하고 있었고, 정보통신국제협력진흥원은 '국가정보화기본법'에 따라 2007년 1월 설립되어 통신분야 국제협력 및 해외진출 지원 기능을 담당하고 있었다.

700) *Ibid*, 제52조 제1항.

개발·보급 지원', '분쟁조정위원회의 운영 지원과 개인정보침해 신고센터의 운영', '광고성 정보 전송 및 인터넷광고와 관련한 고충의 상담·처리', '인터넷 이용자의 저장 정보 보호 지원', '인터넷상에서의 이용자 보호', '인터넷 주소 분쟁조정위원회의 운영 지원', '방송통신과 관련한 국제협력·국외진출 및 국외홍보 지원' 등의 사업을 진행한다.[701] 특히, 분쟁위원회, 개인정보침해 신고센터, 인터넷 주소분쟁조정위원회의 운영과 지원을 통해서 개인정보보호 등에 있어서 당사자 간의 분쟁을 효과적으로 해결할 수 있는 대체적 분쟁해결방법(alternative dispute resolution, ADR)으로서의 역할을 해낼 것으로 기대된다.

2) 공공기관개인정보보호심의위원회

공공기관의개인정보보호에관한법률[702]에서는 국무총리 소속하에 공공기관개인정보보호심의위원회를 두고 공공기관의 컴퓨터 등에 의해 처리되는 개인정보의 보호에 관한 사항을 심의하도록 하고 있다.[703] 위원회는 '개인정보보호에 관한 정책 및 제도 개선 관련 사항', '처리정보의 이용 및 제공에 대한 공공기관간의 의견조정 관련 사항', '심의요청을 받은 사항', '처리정보의 이용 또는 제공에 관한 사항' 등에 관해 심의할 수 있다.[704] 위원장은 행정안전부차관이 맡으며 국무총리가 임명한다.[705]

하지만 실제적으로 개인정보보호와 관련된 관리·감독은 행정안전부장관에게 있는데, 개인정보파일의 보유 또는 변경 시 공공기관의 장이 행정안전부장관과 협의하도록 하고 있다.[706] 또한 행정안전부장관은 인터넷상의 본인확인을 위한 안전성 확보에 필요한 조치를 지원하기 위한 관련 법령의 정비, 계획의 수립, 필요한 시설 및 시스템 구

---

701) *Ibid*, 제3항.
702) 공공기관의개인정보보호에관한법률, 법률 제8871호((타)일부 개정 2008. 2. 29.).
703) *Ibid*, 제20조 제1항.
704) *Ibid*, 제2항.
705) *Ibid*, 제4항.
706) *Ibid*, 제16조.

축 등의 조치를 할 수 있고,[707] 공공기관의 장에 대하여 개인정보의 처리에 관한 자료 제출을 요구하거나 소속 공무원에게 실태조사를 명할 수 있다.[708] 행정안전부장관은 필요한 경우 공공기관의 장에게 개인정보의 보호에 관한 의견을 제시하거나 권고할 수 있다.[709] 정보처리의 열람 및 정정 등에 관한 민원의 청구는 관계 중앙행정기관의 장에게 '행정심판법'으로 정하는 바에 따라 행정심판을 청구하거나 '행정소송법'에 따라 행정소송을 제기할 수 있도록 하고 있다.[710]

3) 금융위원회

신용정보의이용및보호에관한법률[711]에서는 금융위원회로 하여금 신용정보산업과 신용정보회사 등에 관해 관리·감독하도록 규정하고 있다. 신용정보의 열람 및 정정청구 등과 관련해서 이의가 있는 신용정보주체는 금융위원회에 시정을 요청할 수 있다.[712] 신용정보주체의 이의신청과 관련하여 금융위원회는 '금융위원회의설치등에관한법률' 제24조에 따라 설치된 금융감독원장에게 사실 여부의 조사와 시정 명령 등 필요한 조치를 하도록 할 수 있다.[713] 금융위원회의 시정명령의 결과는 금융위원회에 보고해야 한다.[714] 신용정보회사 등에 대한 감독 및 검사와 관련하여 금융위원회와 금융감독원장은 신용정보회사 등으로 하여금 필요한 자료의 제출, 관계자의 출석 및 의견의 진술을 요구할 수 있으며, 신용정보주체의 권익을 해칠 우려가 있는 경우에는 위반행위에 대한 시정명령이나 신용정보제공의 중지 등 필요한 조치를 취할 수 있다.[715]

---

707) *Ibid*, 제9조의2.

708) *Ibid*, 제18조.

709) *Ibid*, 제19조.

710) *Ibid*, 제15조.

711) 신용정보의이용및보호에관한법률, 법률 제9617호(전부 개정 2009. 04. 01.)(시행일 2009. 10. 2.).

712) *Ibid*, 제38조 제4항.

713) *Ibid*, 제5항.

714) *Ibid*, 제7항.

715) *Ibid*, 제45조.

4) 개인정보보호위원회

개인정보보호법(제정안)[716]에서는 개인정보의 보호에 관한 사항의 심의를 위해 국무총리 소속하에 개인정보보호위원회의 설치를 규정하고 있다.[717] 개인정보보호위원회는 '개인정보보호 기본계획 및 시행계획', '개인정보보호 관련 정책, 법령 및 제도 개선에 관한 사항', '개인정보처리 관련 공공기관 간 의견조정에 관한 사항', '개인정보보호에 관한 법령 해석·운용에 관한 사항', '개인정보의 목적 외 이용·제공에 관한 사항', '개인정보 영향평가 결과에 관한 사항', '행정안전부장관의 의견제시 및 개선권고에 관한 사항', '개인정보처리의 실태 및 침해사실 등의 조사 결과에 따른 의견제시, 권고, 시정명령 등의 처리결과 공표에 관한 사항' 등을 심의할 수 있다.[718] 하지만 실태조사를 위한 자료의 제출이나 의견 진술 등의 요청[719]이나 개선을 권고할 수 있는 권한은 행정안전부장관에게 있으며,[720] 개인정보영향평가에 대한 결과도 행정안전부장관에 제출하도록 하고 있다.[721]

제정안에서는 개인정보에 관한 분쟁의 조정을 위해 개인정보분쟁조정위원회의 설치를 규정하고 있다.[722] 위원은 행정안전부장관이 임명하도록 규정하고 있지만,[723] 위원의 신분보장에 관한 규정[724]과 위원의 제척·기피·회피에 관한 규정[725]을 둠으로써 위원회의 독립성과 조정 결과의 공정성을 확보하고자 하였다. 개인정보와 관련한 분쟁의 조정을 원하는 자는 분쟁조정위원회에 조정을 신청할 수 있고,[726] 신청을 받은 위원회는 당사자에게 필요한 자료의 제공을 요청하거나 분쟁당사자나 참고인을 위원회에 출

---

716) 개인정보보호법제정안(입법예고), 행정안전부.

717) *Ibid*, 제9조.

718) *Ibid*, 제10조.

719) *Ibid*, 제11조.

720) *Ibid*, 제30조.

721) *Ibid*, 제31조.

722) *Ibid*, 제37조.

723) *Ibid*, 제3항.

724) *Ibid*, 제38조.

725) *Ibid*, 제39조.

726) *Ibid*, 제40조.

석하도록 할 수 있다.[727] 분쟁조정위원회는 조정 전 합의를 권고할 수 있으며, 침해행위의 중지, 원상회복·손해배상 등의 구제조치, 동일 또는 유사한 침해의 재발 방지를 위해 필요한 조치를 담은 조정안을 작성할 수 있다.[728] 분쟁조정위원회는 조정이 적합하지 않은 경우나 부정한 목적의 조정신청을 거부할 수 있으며,[729] 일방 당사자가 소를 제기하는 경우에는 조정절차를 중지할 수 있다.[730]

5. 평가

정보보호 감독기관의 두 가지 본질적인 특징은 자율성(autonomy)과 독립성(independence)이라고 할 수 있다. 자율성으로 인해 정보보호기관은 다른 기관의 허락을 구할 필요가 없이 적절한 정보보호 업무를 개시하고 수행할 수 있는 법적 실제적 방식의 권한을 부여받는다. 또한 정보보호기관이 다루는 문제와 관련하여 독립성이 요구된다. 정보보호기관이 정치적 간섭 없이 그 임무를 수행할 수 있고 기득권의 영향으로부터 물러나지 않는 것이 무엇보다 중요하다. 정보보호와 프라이버시감독관 국제회의(International Conference of Data Protection and Privacy Commissioners)에서는 무엇보다도 자율성과 독립성을 강조하는 인정 원칙들(accreditation principles)을 채택하기도 하였다.[731]

국가적인 정보보호기관의 독립성은 일반적으로 기본법(primary legislation)에 의한 기관의 설립, 임명과 해임, 임기 등과 관련된 성문법 조항을 포함함으로써 달성될 수 있

---

727) *Ibid*, 제42조.
728) *Ibid*, 제44조.
729) *Ibid*, 제45조 제1항.
730) *Ibid*, 제2항.
731) UN, *Criteria and rules for Credentials Committee and the Accreditation Principles*, Adopted on 25 September 2001 during the 23rd International Conference of Data Protection Commissioners held in Paris, 24-26 September 2001 and as amended on 9 September 2002 during the 24th International Conference of Data Protection and Privacy Commissioners held in Cardiff 9-11 September 2002, 〈http://www.unhchr.ch/Huridocda/Huridoca.nsf/(Symbol)/A.RES.48.134.En?Opendocument〉(검색일: 2009. 2. 3.).

다. 독립성을 보장하기 위해서는 이러한 조치들 그 자체만 가지고는 충분치 않으며, 법령 안에는 정부 수반 또는 입법부에 직접 보고할 수 있는 조항, 독립적 기관에 적합한 것으로 인정되는 행정 조직에 관한 조항, 정보감독관이 재임 중에 다른 업무나 직업에 종사하는 것을 제한하는 것에 관한 조항, 독립성의 필요성을 인정하는 자금조달 구조에 관한 조항, 공무 수행 중의 행위에 대한 개인적 소추의 면제에 관한 조항, 우려 사항에 대하여 정보감독관이 공개적으로 발표할 수 있도록 하는 조항, 독립성을 띠고 행동할 수 있도록 하는 명시적인 법령상의 방침에 관한 조항 등[732]과 같은 여러 가지 조항들에 대한 고려도 필요하다.

II. 국가 간 협력적 집행 체제 개발

인터넷 이용과 국경 간 정보 이동이 증가함으로써 집행기관이 초국경적인 관계에서 발생하는 문제를 해결해야 할 경우가 증가하고 있다. 정보주체와 정보관리자가 서로 다른 국가에 위치하고 있거나 정보가 제3국으로 이동하는 경우, 위법행위의 중요한 증거가 제3국에 위치하고 있는 경우 등에서는 집행기관의 집행조치가 외국에 미치지 못하게 되므로 법과 현실 간에 차이가 발생하게 된다. 이러한 문제의 직접적인 원인은 인터넷 자체의 성격에 기인한 것이지만, 또 다른 원인으로는 국가들의 공통 관심사항을 반영하여 국제적으로 적용될 수 있는 개인정보보호규범이 없다는 것과 개인정보보호와 관련하여 중요한 위반에 대해 공통의 이해를 같이한다고 해도 그러한 위반에 대해 집행할 수 있는 국가기관의 권한과 기능에 차이가 있기 때문이다.

국가들은 서로 다른 가치관을 가지고 있으므로 보호하고자 하는 정보의 종류나 보호의 형태에 차이가 있을 수밖에 없다. 이러한 차이는 고스란히 각 국가의 국내법에 반영되어 있으며 국가기관에 의해 집행되고 있다. 따라서 전 세계적으로 적용될 수 있는 개인정보보호규범에 도달하고자 한다면 이러한 각 국가들의 가치관의 차이를 극복해야

---

732) *Ibid.*

하는 문제가 남는다. 이러한 문제를 극복하고 하나의 합의에 도달하기 위해서는 막대한 시간과 비용, 노력 등이 요구될 것이다. 그렇기 때문에 국가들은 인터넷 환경에서도 해외로부터 기인하는 행위의 피해를 방지하고자 자국법을 적용하여 규율하고 있다. 해외로부터 시작되어 국내에 피해를 야기하는 행위를 방지해야 할 국가의 책임은 인터넷 환경에서도 변함이 없으며, 개인정보보호라는 공적 가치를 보호할 책임을 부담하는 국가기관의 대응을 필요로 한다. 일반적으로 국가는 자국 내에서는 강제력을 행사할 수 있지만 국경 밖에서는 그렇지 못하다. 따라서 위법행위자가 집행기관의 통제를 벗어난 외국에 위치하고 있는 경우와 같은 초국경적인 상황에서, 이를 통제하고자 하는 국가는 다른 국가와의 협력을 통해 문제를 해결하고자 할 것이다. 이러한 점에서 *FTC v. Internic.com* 사건과 *FTC v. CSCT, Inc., et al.* 사건에서 보여 준 집행기관 간 협력 사례는 중요한 의미가 있다. 다음에 언급하는 두 건의 사례들은 비록 소비자보호 집행기관 간의 국제적 집행협력에 관한 것이지만, 미국에서는 FTC가 개인정보보호와 관련된 소비자보호 임무를 집행하는 기관이므로 개인정보보호 집행기관간의 협력과 관련해서도 시사하는 바가 있다.

1. 협력적 집행 사례

1) FTC v. Internic.com 사건

FTC v. Internic.com 사건[733]은 위장 도메인 이름 등록업체에 대해서 미국과 호주의 소비자보호 당국이 초국경적으로 공동으로 대응한 사건이다. 동 사건에서 피고는 *Internic Technology Pty Ltd.*로서 소비자로 하여금 공식적인 도메인이름 등록 서비스를 제공하는 *InterNIC(www.internic.net)*을 이용하고 있다고 오인할 수 있는 웹사이트를 운영하고 있었다. 공식적인 *InterNIC*은 인터넷 도메인이름을 등록할 수 있도록 미국

---

733) FTC, *Commission Enforcement Actions Involving the Internet and Online Services*, para. 12, Coordinated U.S./Australian action against deceptive domain name registrar, 〈http://www.ftc.gov/bcp/internet/cases-internet.pdf〉(검색일: 2009. 4. 21.).

정부와 독점적인 계약을 체결하고 있었던 *Network Solutions*에 의해 운영되고 있었다. 호주에 설립된 *Internic Technology Pty Ltd*은 복제 인터넷 사이트*(www.internic.com)*를 운영하고 있었다. 9개 국가로부터 13,000 명 이상의 소비자가 이 복제 사이트에 도메인이름을 등록하기 위해 정상 가격인 100 달러(US $)보다 높은 250 달러의 가격을 지불하고 등록하였다. 피고는 100 달러는 *Network Solutions* 측에 지불하고 나머지 차액은 피고의 이익으로 하였다.

　1997년 8월 27일, FTC는 *internic.com*의 행위는 소비자를 오인하게 하는 것으로 FTC 법을 위반하는 것이라고 *Network Solutions* 측에 권고적 의견을 내놓았고,[734] 이 사건을 호주경쟁소비자위원회(Australian Competition and Consumer Commission: 이하, ACCC)에 위탁하였다. 이에 따라 FTC와 ACCC는 피고의 행위를 조사하였으며, 그 결과 피고의 도메인이름이 공식적인 도메인 등록사이트와 사실상 동일하다는 것을 밝혀냈으며, *Network Solutions* 측이 제공하는 서비스와 거의 동일한 도메인 등록서비스를 제공하는 것으로 드러났다. 이러한 행위는 피고가 의도적으로 웹사이트 이용자로 하여금 피고를 공식적인 도메인이름 등록기관으로 오인하도록 하여 과다한 비용을 지불하도록 하였다. 1998년 5월 1일 ACCC는 *internic.com*의 기만적이고 오인할 수 있는 행위를 이유로 호주 연방법원에 기소하였다.[735] ACCC는 *internic.com*의 복제 사이트는 소비자로 하여금 *InterNIC*이 제공하는 서비스를 이용하고 있는 것이라고 오인할 수 있도록 하였다는 점을 주된 기소 이유로 들었다. FTC와 ACCC는 피고 사이트에서 도메인이름을 등록한 소비자가 보상받을 수 있도록 하였는데, 1999년 6월 ACCC는 소비자에 대해 실제 등록 비용보다 과다 지급된 등록 비용의 차이에 해당하는 만큼의 배상을 지급하기 위해 피고로 하여금 250,000 호주 달러(미화 약 161,000 달러)의 배상신탁기금을 조성하고 호주에 설립된 회사가 *internic.com*이라는 도메인이름을 쓰지 못하도록 하였다.

---

734) 15 U.S.C. Section 5.
735) Trade Practices Act 1974, Part V.

2) FTC v. CSCT, Inc., et al. 사건

FTC v. CSCT, Inc., et al. 사건[736]은 미국, 캐나다, 멕시코 당국들이 사이비 암 치료제 판매 외국 기업의 기만적 행위에 대해서 소비자를 보호하기 위해 초국경적으로 공동 대응한 사건이다. 피고 *CSCT, Inc.* 와 *CSCT, Ltd.* 는 각각 캐나다와 영국에 설립된 기업이다. FTC는 캐나다와 멕시코 당국들과 협력하여 브리티시 콜롬비아에 설립된 *CSCT, Inc.* 가 암세포를 없애는데 전자기 장치를 이용하여 암을 치료할 수 있다고 소비자를 기만하고 허위 표시를 하여 FTC 법을 위반한 것에 대하여,[737] 이러한 행위를 중지하고 소비자를 구제하기 위해서 피고를 기소하였다.[738] FTC에 따르면 피고는 이러한 치료법을 소비자에게 광고하기 위해서 미국과 그 밖의 지역 등에서 피고의 인터넷 웹사이트를 이용하였다. 또한 피고는 몇 주간 전자기 장치를 이용한 치료를 하는데 소비자로 하여금 선불로 15,000~20,000 달러를 지불하도록 하였다. 따라서 소비자는 이러한 치료를 위해서 멕시코의 티후아나*(Tijuana)*까지 자비로 이동할 수밖에 없었다. FTC는 그와 같은 치료의 방식은 암세포를 가열하여 없애기 위해 진동 자기장을 이용한다고 알려진 "Zoetron machine"에 소비자를 노출하게 하는 방식이라고 하면서, 그러한 장치로는 암세포를 없앨 수도 없을 뿐만 아니라 이러한 치료법 자체가 잘못된 것이라고 하였다. 더욱이 FTC에 따르면 경우에 따라서는 소비자가 화학치료나 방사선치료를 받는 대신에 *CSCT, Inc.* 의 치료를 받는 경우도 있었다.

2003년 2월 FTC는 "Zoetron machine"은 암세포를 없앨 수 없을 뿐만 아니라 치료법이 잘못된 것이라고 주장하며 피고를 상대로 시카고 연방지방법원에 소송을 제기하였으며, 이와 동시에 멕시코 당국으로 하여금 멕시코법을 위반한 부적절한 치료방식을 사

---

[736] US, Civil Action No. 03 C 00880, 〈http://www.ftc.gov/os/caselist/0123056/040212tstip0123056.pdf〉 (검색일: 2009. 4. 21.);
FTC, *FTC, Canada, and Mexico Officials Crack Down on Foreign Companies That Offer Bogus Cancer Treatment*, 〈http://www.ftc.gov/opa/2003/02/csct.htm〉(검색일: 2009. 4. 21.).

[737] 15 U.S.C. Sections 45(a), 52.

[738] 15 U.S.C. Section 53(b).

용하는 티후아나(Tijuana)에 있는 피고의 치료소를 폐쇄하도록 요청하였다. 시카고 연방지방법원은 이러한 치료법의 표시에 대한 금지명령을 내리고 피고의 자산을 동결하였으며 피고의 웹사이트에 대하여 폐쇄를 명령하였다. 멕시코 연방보건안전위원회(Comision Federal para la Proteccion contra Riesgos Sanitarios, COFEPRIS)는 티후아나에 위치하고 있는 치료소를 조사하고 피고가 승인되지 않은 치료법을 이용함으로써 멕시코 법을 위반하였음을 밝혀내었으며, 따라서 치료소를 폐쇄하는 조치를 취하였다. 이와 같은 명령에 대한 감독 임무는 FTC가 행사하도록 하였다. 동 사건에서 FTC와 캐나다 그리고 멕시코와의 협력을 통한 법집행 조치는 1994년에 설립된 미국, 캐나다, 멕시코 3국 간의 보건사기작업반(Mexico-U. S.-Canada Health Fraud Work Group: 이하, MUCH)에 의해서 가능할 수 있었다. MUCH는 3국 간의 초국경적 보건 사기를 방지할 수 있는 능력을 강화해 주는 역할을 하고 있다.[739]

2. 평가

FTC v. Internic.com 사건은 소비자를 보호하기 위한 국경 간 협력의 좋은 예라 할 수 있다. 이와 같은 사례는 국제적으로 소비자보호 단체들이 인터넷을 필수적인 시장공간으로 유지하기 위해서 함께 공동으로 협력할 수 있는 체제를 마련하기 위한 준비 과정에 있다는 것을 보여 준다. 집행기관 간의 민원사항의 위탁과 관련하여 *FTC v. Internic. com* 사건에서 FTC는 사건의 해결을 관련 집행당국인 ACCC에 위탁하였는데, 이러한 집행당국 간의 위탁은 초국경적 문제를 제기하는 민원이 발생하는 경우에 각국의 집행당국 간에 문제된 사건에 관한 공통의 이해가 존재하는 경우에 이루어질 수 있다. 이와 같은 협력의 내용에는 국경 간 사기와 스팸 방지, 개인정보보호분야의 OECD 권고와 지침을 반영하여 집행당국 간에 범죄 발생의 통지, 정보공유, 조사의 지원, 비밀유지 등 세

---

739) The participating agencies include the FTC, Mexico's Secretaria de Salud(Ministry of Health), and Profeco(Federal Agency for Consumer Protection), Canada's Health Canada and Competition Bureau, the U.S. Food and Drug Administration(FDA, the lead U.S. agency), the attorney general offices, and state health departments.

부적인 협력체계가 포함될 수 있다.

멕시코, 미국, 캐나다 3국 간 소비자보호 집행기관인 MUCH는 인간의 건강을 보호하고 증진하기 위해 의약, 의료기, 식품 분야에서 3국 간 의사소통, 협력, 정보교환을 위한 것이다.[740] 이것은 보호하고자 하는 분야에서의 국가 간 협력을 위한 공식적인 체제를 제공하고 공동의 노력을 확대하기 위한 신호로 파악할 수 있다. *FTC v. CSCT, Inc., et al.* 사건에서는 캐나다에 설립된 피고에 대해서 FTC가 미국 법원에 피고를 제소하였고, 동일한 사건에 협력하였던 멕시코는 자국 내에 설치된 치료소를 멕시코법에 따라 폐쇄하는 집행조치를 하였다. 3국 간에 체결된 협력문서(Trilateral Cooperation Charter, TCC)에 따르면, 이를 채택한 기관 간에는 정보를 공유하고, 국경 간 보건사기의 수사에 협력하고, 가능한 빨리 조사의 개시에 관해 다른 기관에 통지하고, 다른 기관의 요청사항을 고려하며, 관련 집행 활동이 조화되도록 하고 있다.

두 사례에서 찾아 볼 수 있는 집행협력을 위한 방법은 집행기관 간의 민원사항의 위탁, 공동조사와 집행을 위한 정보공유, 그리고 집행기관에 대한 접근 보장을 들 수 있다. 공동조사와 집행을 위한 정보공유는 두 사건 모두에서 이루어졌다. 정보공유는 몇 가지 다른 형태의 협력에서 나타날 수 있다. 예를 들면, 새로운 문제와 경향에 관한 정보의 공유, 일반적인 집행 기술에 관한 정보공유, 교육과 일반적인 협력에 관한 정보공유, 특정 분쟁에 관한 정보공유의 형태로 나타날 수 있으며, 이 가운데 특정 분쟁에 관한 정보공유의 형태에서 집행이 고려될 수 있다. 집행기관에 대한 접근보장과 관련해서 *FTC v. Internic.com* 사건과 *FTC v. CSCT, Inc., et al.* 사건에서와 같이 초국경적으로 문제가 되는 사건에 있어서는 FTC가 상대국의 집행당국에 접근할 수 있는 쉽고 통일적인 절차가 마련되어야 한다. 3국간의 집행 협력체인 MUCH는 집행당국이 이용할 수 있는 손쉽고 통일적인 절차로서 초국경적 협력을 위해서는 매우 바람직하다. 또한 피해를 입은 소비자에 대한 구제의 적절한 방법과 보상의 범위, 집행 이후의 이행 상황에 대한 관리감독 그리고 외국의 관련법과 동일한 문제에 대한 외국 법원의 판결의 인정 문제에

---

740) 〈http://www.fda.gov/OIA/charter.html〉(검색일: 2009. 4. 21.).

대한 추가적인 고려가 병행되어야 한다.

III. 국내 입법

FTC v. Internic.com 사건과 *FTC v. CSCT, Inc., et al.* 사건 모두 초국경적 사기에 관하여 소비자보호를 위한 관련 집행기관 간의 양자 간 또는 3자 간 협력체계를 통하여 문제를 해결하고 있다. 하지만 *FTC v. Internic.com* 사건과 *FTC v. CSCT, Inc., et al.* 사건에서 FTC는 외국 집행기관과의 관계에서 적극적인 협력활동을 보이지 못하고, 조사의 대상이 되는 문제에 대한 권고나 의견만 내놓을 뿐, 외국 집행기관 간의 조사지원이나 정보공유 등의 협력 방법은 사용하고 있지 않다. FTC가 이렇게 소극적인 역할만을 할 수 있었던 것은 FTCA 제5조가 무역의 세계화, 통신기술의 발달, 인터넷의 등장으로 인해서 국내 중심의 거래활동에 변화가 발생하리라는 것을 예상하지 못하고, FTC에게 국내 중심의 규제권한만을 부여하였기 때문이다. 국가 간에 협력할 수 있는 개인정보보호 집행기관의 권한과 기능의 국내 중심적 성격은 다른 국가에서도 유사하게 나타나고 있다.[741] 따라서 집행기관이 외국의 정보관리자나 정보주체에 대하여 일정한 조치를 취할 수 있는지, 집행기관 간에 서로 조사를 통지하고 정보를 공유할 수 있는지 여부와 관련해서 국가별로 그 내용이 다양하다. 정보공유의 제한 등 집행기관이 협력을 하는 데 있어서 충분한 권한과 기능을 갖지 못하는 것은 집행기관 간 협력에 있어서 장애요인이 되므로 집행기관이 갖고 있는 국내 중심의 권한을 국제적 협력이 가능한 권한을 행사할 수 있도록 각 국가들의 국내 조치를 통해 확대해 나가야 할 필요가 있다. 이러한 점에서 미국 웹안전법[742]은 집행기관 간 실효성 있는 협력을 위해서 필요한 권한과 자원을 지

---

741) OECD, *Report, supra* note 7, p. 20 *et seq.*

742) PUBLIC LAW 109-455—DEC. 22, 2006 (S. 1608), the *"Undertaking Spam, Spyware, And Fraud Enforcement with Enforcers beyond Borders Act of 2006"*(U.S. SAFE WEB Act of 2006). 미국 웹 안전법의 제정으로 연방거래위원회법(Federal Trade Commission Act, FTCA)이 개정되었고, 국제적인 사기로부터 소비자를 보호하기 위한 연방거래위원회(Federal Trade Commission, FTC)의 권한이

원하기 위한 성공적인 국내 입법의 사례로 평가할 수 있다. 2006년 FTCA의 개정을 위한 웹안전법의 제정은 국제적인 집행협력을 달성할 수 있도록, 국경 밖에서 발생한 행위를 통제하기 위해 국경 내에서 일방적으로 사용할 수 있는 국내조치와 초국경적인 관계에서 협력을 규정함으로써 FTC에게 새로운 권한을 추가하거나 확대하고 있다.

1. 국내조치

1) 정보공유

웹안전법은 FTC로 하여금 외국의 법집행 기관과 문서와 증언 등의 정보를 공유할 수 있는 권한을 부여하고 있다.[743] 웹안전법이 제정되기 전까지는, FTC는 오직 연방, 주(州), 지방의 집행기관들과 그러한 정보를 공유할 수 있었으며, 외국의 집행기관과는 정보를 공유할 수 없었다. 하지만 웹안전법이 제정된 이후에는, FTC는 문서와 증언 등 정보의 공개가 FTC의 법집행에 도움이 되고 미국 소비자에게 도움이 되는 경우에는 그러한 정보를 공개할 것인지에 대한 재량권을 행사할 수 있게 되었다. FTC와 외국의 집행기관이 동일한 목표를 조사하는 경우가 이러한 좋은 예가 될 수 있다.

물론 공동의 목표에 관한 정보를 공유하기 위해서는 먼저 특정 조건들이 충족되어야 한다. 먼저 공유정보에 대한 비밀유지에 대한 보장이 있어야 하며, 또한 그러한 정보가 사기 및 기만적 상업 행위를 금지하는 외국법의 위반과, FTC가 집행하는 법에서 금지하는 행위들과 실질적으로 유사한 기타 행위들과 관련된 기업에 대한 조사 또는 집행을 위한 목적으로만 이용될 것이라는 보장이 있어야 한다. 결국 이것은 FTC가 외국의 기관이 FTC와 유사한 권한을 가지고 행위하는지에 대하여 확인하고 싶어 한다는 것이다. 이러한 조건들이 충족된 후에는, FTC는 정보를 공유할지에 대한 재량권을 행사할 수 있게 된다. FTC와 외국 기관이 모두 동일한 목표를 조사하는 경우에는, 목표에 관한 보다

확대되었다. 웹 안전법은 FTC의 정보 수집 능력과 외국 기관과의 동시 조사 능력을 강화하고, 스팸(spam), 스파이웨어(spyware), 인터넷 사기 범죄(Internet fraud and deception)의 경우에 소비자에게 금전적 배상을 할 수 있도록 권한을 강화하고 있다.

743) *Ibid*, §§4(a), 6(a).

완전한 정보의 공유가 가능해 짐으로써 능률적인 동시 조사가 가능하고 노력의 중복을 피할 수 있으며 보다 신속한 조사가 가능하며, 또한 목표에 대한 증거의 양적 질적 향상을 이끌어 낼 수 있다.

2) 조사권한

웹안전법은 FTC가 외국의 법 집행기관을 위해서 조사 권한을 이용하는 것이 가능하도록 하고 있다.[744] 경우에 따라서는, 효과적인 집행협력을 위해서 FTC가 이미 취득하고 있는 정보 외에도 외국의 법 집행기관을 위해서 새로운 정보를 수집할 것이 요구된다. 웹안전법이 제정되기 전에는, 외국 기관의 조사가 궁극적으로는 미국 소비자에게 유용한 것이라고 할지라도, FTC가 외국 기관에 대하여 그와 같은 지원을 제공하도록 할 수 없었다. 하지만 웹안전법이 제정되고 나서는, FTC가 외국 기관으로 부터의 협력 요청이 FTC의 정책적 목적과 수단에 부합한다고 결정하는 경우에는, FTC는 민사에서의 강제조사절차(civil investigative demand)로서 강제소환장(subpoena)을 발부하여 미국 내에 위치하고 있는 기업에 대하여 문서와 증언을 요청할 수 있으며, 이러한 정보를 외국의 기관과 공유할 수 있다. FTC는 조사 권한을 행사할지 여부에 대하여 결정하기에 앞서서 정보공유에 대한 조건들과 함께, 외국의 기관이 상호 지원을 제공할 것인지, 조사 권한의 행사로 공익을 해치지 않을지, 외국 기관의 조사가 상당수의 개인에게 피해를 야기하는 행위에 관한 것인지를 고려해야 한다.[745] 또한 웹안전법상 FTC는 외국 소송이나 국제 소송에서 사용될 수 있는 문서, 증언, 증거 등을 취득하기 위한 연방법상의 절차를 개시할 수 있다.[746] 이러한 연방법상의 규정은 외국 소송이 이미 진행 중에 있고, 외국인 소송 당사자가 미국으로부터 신속하게 증거를 취득할 필요가 있을 경우에 이용된다.

---

744) *Ibid*, §4(b).
745) *Ibid*, §4(b).
746) *Ibid*, §4(b), 28 U.S.C. §1782.

3) 비밀유지

웹안전법은 FTC로 하여금 외국 기관으로부터 비밀정보 취득을 가능하도록 하고 있다. 웹안전법은 외국 정부기관이 정보 제공의 조건으로 비밀 취급을 요청하는 경우에는, 정부차원에서 외국 정부기관으로부터 FTC에 제공된 정보의 비밀성을 보호하도록 하고 있다.[747] 이러한 규정으로 인해, FTC와 공유하는 자료들을 이해관계인이 FTC에 요청할 수 있도록 하고 있는 미국 정보자유법(US Freedom of Information Act: 이하, FOIA)상의 신청절차를 통해서 공개될 수 있다는 몇몇 외국 정부기관들이 우려하는 문제를 해결하고 있다. 웹안전법의 제정으로 FTC가 정보의 비밀을 유지할 수 있게 됨에 따라 매우 귀중한 정보를 더 얻을 수 있게 되었다. FOIA상의 정보공개에 대한 예외는 국제적인 소비자 피해신고 웹사이트[748]와 같은 연합 소비자 피해신고 프로젝트에 제출된 소비자 피해신고 정보뿐만 아니라, 외국 정부와 민간부문으로부터 FTC에 요청된 소비자 피해신고(consumer complaints)에도 적용된다.[749] 이러한 형태의 소비자 피해신고 정보는 초국경적 문제들의 조사에 있어서 매우 중요할 수 있으며, 이러한 정보를 공개하지 않을 수 있게 됨으로써 FTC는 보다 더 많은 양의 정보를 취득할 수 있게 되었다.

2. 협력

웹안전법은 FTC로 하여금 양자 간 관계 및 다자간 기구 내에서 모두 집행협력관계를 강화할 수 있도록 하는 조항들을 규정하고 있다. 예를 들면, 웹안전법은 FTC가 협력관계에 있는 외국 법집행기관들과의 공동 프로젝트 및 협의에 일정한 한도 내에서 기금을 사용할 수 있도록 하고 있으며,[750] 또한 상호 지원의 조건으로서 협정의 체결이 요구되는 경우에는 FTC로 하여금 국제적인 협력협정을 체결할 수 있도록 하고 있다.[751] 이와

---

747) *Ibid*, §6(b).

748) 〈http://www.econsumer.gov/index.html〉(검색일: 2008. 12. 13.).

749) U.S. Safe Web Act, *supra* note 741, §6(b).

750) *Ibid*, §4(b), 4(c).

751) *Ibid*, §4(b).

같이 웹안전법은 국제적인 집행협력을 위해서, 점점 더 세계화하고 기술적으로 발전하고 있는 세상에서 소비자보호 문제에 적절하게 대응하기 위해 FTC가 사용할 수 있는 수단을 확대하고 있다.

제4절

소결

인터넷 환경에서는 하나의 사건에 대해서 동시에 다수의 국가가 관할권을 주장할 수 있는 상황에 처하게 되는 경우가 많으며, 이와 같은 상황에서도 각 국가들은 거의 예외 없이 자국 국경 내에서만 강제력을 행사할 수 있다. 위법행위자가 외국에 위치하여 자국의 강제력의 범위를 벗어나게 되는 경우에는 이러한 어려움이 가중될 수밖에 없다. 위법행위자가 위치하는 지역의 국가기관이 협조를 거부하는 경우도 있을 것이고, 협조하고 싶어도 자원이 부족하여 하지 못하는 경우도 있을 것이다. 위법행위를 규정한 법률의 차이로 협조하지 않는 경우도 있을 것이지만, 특정 행위를 위법행위로 규정한 동일한 내용의 법률을 가지고 있더라도 법 집행 과정에 많은 시간이 소요되어 증거가 인멸되어 집행이 불가능하게 되는 경우도 있을 것이다. 이와 같이 초국경적인 성격의 위법행위는 그 해결이 어려우며, 이를 해결하고자 하는 국가들은 자연스럽게 국제협력을 통해 다른 국가들의 도움을 받고자 하게 된다. 초국경적인 인터넷 환경에서 발생하는 위법행위에 대한 집행을 위해서는 전 세계적인 접근방법이 필요하며, 이와 같은 해결을 위한 국제적인 협력 기준이 요구된다.

OECD 국경 간 협력권고는 국가 간에 협력을 위해서는 집행당국이 외국 집행당국과 협력할 수 있도록 함과 동시에 프라이버시보호법 집행을 국가 간에 협력할 수 있도록 국제적 협력 체제를 개발하도록 요구하고 있다. 또한 국가 간에 집행을 통지하고 민원을 위탁하거나 조사를 지원하고 정보를 공유함으로써 상호 지원할 수 있도록 요청하고 있다. 이러한 요구사항은 국제적인 협력을 위한 정책적 기준으로 적용할 수 있는데, 이러한 정책적 기준을 통해서 국제적인 협력을 위한 구체적인 기준 마련을 위해서는 세

가지 측면에서의 방안이 마련되어야 한다. 첫째는 국경 밖에서 일어난 행위와 관련하여 국경 내에서 일방적으로 취할 수 있는 조치에 대한 기준을 마련하는 것이다. 이와 같은 조치는 개인정보보호 분야의 국경 간 협력 권고의 규정들을 기준으로 삼을 수 있다.[752] 이러한 예로는, 집행당국을 지정하여 외국의 집행당국과 연락, 정보공유, 통지 등을 할 수 있도록 하거나, 협력을 개시할 수 있는 위반의 수준을 미리 규정할 수 있다. 또한 협력을 원칙으로 하되, 공적 성격의 정부활동에 대해서는 제한할 수도 있다. 상호주의에 입각하여 협력의 효율성과 신속성 확보를 위해서는 외국 집행당국이 수집한 증거, 판결, 집행명령을 활용할 수도 있다. 집행기관에 대해서 법률의 위반방지와 제재, 정보에 대한 접근과 조사 등을 할 수 있는 권한이 제공되어야 한다.

둘째는 초국경적 관계에서 협력을 위해 취할 수 있는 조치에 관한 기준이 마련되어야 한다. 이와 같은 조치 또한 개인정보보호 분야의 국경 간 협력 권고의 규정들이 기준이 된다. 특히 국가들은 자국 법률에 위반하지 않고 상호이익이 있는 분야에서 상호주의에 입각해서 외국 소비자를 보호하고 외국 기업에 대해서 조치할 수 있도록 하며, 필요한 경우 양자협정을 체결할 수도 있다. 집행당국이 외국 집행당국에 대한 지원여부를 직접 결정할 수 있어야 협력의 신속성이 확보될 수 있으며, 지원거절을 통해 지원요청의 적절성을 판단할 수 있다. 또한 국제적인 협력에 소요되는 비용을 절감하고 협력의 효율성을 증진하기 위해서 협력 요청의 적절성과 관련하여 예비조사가 필요하다. 비용과 관련해서는 국제적 협력 체제에 참여하는 국가들이 공동기금을 조성하여 초국경적 사건에 대해서 소요되는 비용은 공동기금에서 출연하도록 할 수도 있다. 국가 간 협력의 신뢰성과 투명성 확보를 위한 조치가 필요하며, 개인정보보호와 관련된 법률, 정책, 교육, 집행과 관련된 포괄적인 협력을 위한 노력을 통해 실체적인 부분의 협력을 이루어 낼 수 있다.

셋째는 인터넷 환경에서 발생하는 개인정보보호 위반을 예방하고 집행하기 위한 국제적인 협력 기준을 정하는 국제조약을 체결하는 것이다. 개인정보의 보호 기준과 관련

---

752) 제6장 제2절 참조.

된 국제조약 체결은 각 국가들의 가치관의 차이로 인해 합의에 도달하기가 어려운 측면이 있으며, 어렵게 합의에 도달하더라도 전 세계 국가에 하나의 규칙을 적용하려 한다면 국가들의 불만이 계속될 것이다. 하지만, 국가들이 국제적 협력의 필요성을 절실히 요구하는 현실에서 국제적인 협력 기준을 정한 국제조약을 체결하는 것은 그리 어렵지 않을 것이다.

제 7 장

결론

이미 다수의 국가들이 개인정보와 프라이버시 보호를 위한 국내법 제정을 추진하였으며, 그 집행을 위한 권한을 관련 기관에 부여하고 있다. 국제적인 차원에서도 이미 1970년대부터 이러한 노력을 해 오고 있었으며,[753] 이후에도 OECD와 유럽평의회, EU, APEC 등을 통해 계속해서 진행되어 오고 있다. 하지만 전 세계적으로 국가 간 정보 이동이 증가하면서 개인정보와 프라이버시 침해 위험도 커지게 되었으며, 국내적 보호에 중점을 둔 기존의 보호 체계로는 실효성 있는 보호를 할 수 없게 되었다. 특히, 각국의 개인정보보호법이 실효성을 발휘하기 위해서는 법률의 효과적인 집행을 위한 국제적인 차원의 협력이 필요하게 되었다. 국가 간의 협력을 위해 유럽평의회와 EU, OECD 그리고 APEC에서 이루어진 노력들은 지역적 협정에 그치거나 비공식적인 합의에 그치고 있지만 집행을 위한 국가 간 협력을 보다 용이하게 한다는 데 의의가 있다. 특히, 1980년 OECD 가이드인은 국경 간 정보이동이 국제적인 상거래에서 중요한 역할을 하게 됨에 따라, 개인정보와 프라이버시를 보호하면서도 이로 인해 개인정보의 국경 간 이동이 방해받지 않도록 보호와 이용의 균형을 유지하기 위한 시도를 하였다. 이러한 균형을 유지하기 위해서는 개인정보와 프라이버시 침해가 발생하였을 때 이를 해결하기 위한 국가 간 협력적 집행 조치가 이루어질 수 있는 체제 마련이 필요하다. 특히, 개인정보보호법의 집행을 위한 국제적 협력 체계가 마련되는 경우에는 개인의 지리적 위치에 상관

---

753) 유럽평의회는 개인정보의 불공정한 수집과 처리를 방지하기 위한 원칙을 마련하고, 1973년과 1974년에 민간부문과 공공부문에서 개인정보보호를 위한 결의 (73)22와 (74)29를 채택하였다. *Supra* notes. 533, 534 참조.

없이 효과적으로 개인정보보호 목적을 달성할 수 있게 될 것이다.

개인정보가 국경 간 이동하는 경우에 이를 어떻게 보호할 것인지에 관한 문제에 관해서 국가들은 많은 우려를 해 오고 있었다. 세계적으로도 OECD, 유럽평의회, UN, EU, APEC과 같은 국제기구를 통해 개인정보보호를 위한 노력을 해 오고 있다. 하지만 인터넷의 성장과 개인정보의 이동의 증가로 개인정보가 위협받을 수 있는 경우가 더욱 빈번해지게 되었으며,[754] 이러한 변화에 대응하여 개인정보를 보호하기 위해서는 보다 체계화된 전 세계적 협력이 필요하게 되었다. 하지만 개인정보보호를 위해 설치된 각국의 집행기관의 권한과 기능이 국가 간의 관계에서 협력을 달성하기에 충분하지 않을 뿐만 아니라 국제적 협력을 요구하는 국제기구들의 문서도 효과적인 협력을 달성하기에는 문제점을 노출하고 있다.

개인정보보호를 위해 설치된 각국의 집행기관들은 위반에 대한 집행조치-피해자에 대한 법적 구제, 위반에 대한 감사와 조사, 행정적, 민사적, 형사적 조치 등-를 함에 있어 서로 간에 차이점을 가지고 있으며,[755] 이러한 차이는 집행기관 간 협력에서 장애로 나타날 수 있다. 또한 개인정보보호를 위한 기본법 또는 개별법을 제정하고 있는 각국의 법 제도상의 차이와 정보보호 집행기관의 독립성 여부도 국가 간 협력에 있어 또 다른 장애요인이 될 수 있다.[756] 개인정보 침해와 관련된 민원을 제기함에 있어서도 국가별로 민원신청 자격, 방법, 내용에 있어서 차이가 있으며, 우선시되는 신청사항-금융, 방송·통신, 신분도용 등-에서도 차이가 있다.[757] 개인정보 침해에 대한 제재와 구제에 있어서도 개인정보 집행기관이 직접 제재를 하거나, 검사 또는 법원을 통해 제재를 하는 경우도 있다.[758] 또한 1980년 OECD 가이드라인의 보호원칙을 국내법에 반영한 범위도

---

754) 제2장 제2절 참조.
755) OECD, *Report*, *supra* note 7, annex A.
756) OECD, *Report*, *supra* note 7, annex B.
757) *Supra* note 754.
758) *Ibid.*

국가마다 차이가 있으며,[759] 이는 곧 개인정보 집행기관의 권한의 범위와도 직결될 수 있는 문제이다.

각국 개인정보 집행기관의 초국경적인 협력 가능성에 있어서는 이들 집행기관이 외국의 정보관리자 또는 정보주체에게 위반 또는 구제에 필요한 조치를 취할 수 있는지 여부가 문제되며, 외국의 집행당국에 대하여 개인정보 침해조사의 개시를 통지하거나 이와 관련된 정보를 공유할 수 있는지도 문제된다. 이러한 문제에 대한 각국 집행기관 간 권한의 범위에는 차이가 있었으며,[760] 이와 관련된 법 체제나 가용자원의 부족, 공식적인 접촉창구의 부재, 공통적인 집행 우선사항 결정 문제도 초국경적 협력에 장애가 될 수 있다. 지금까지 언급한 바와 같이 각국 개인정보 집행기관의 국내적 측면과 초국경적 측면에서의 협력을 어렵게 하는 요인들로 인해서 개인정보 집행기관들은 국제적이거나 지역적인 협력활동에 참여하는 것을 고려해 볼 필요가 있다.

개인정보보호를 위한 국제적 또는 지역적 협력활동은 OECD, 유럽평의회, EU, APEC을 통해 이루어져 왔으며, 특히 EU 지침과 유럽평의회 108협약과 같이 유럽에서의 단일법 체제는 초국경적 성격의 위반에 대해서 집행기관 간에 협력할 수 있게 하는 광범위한 공동 집행조치를 위해 사용되고 있다. 개인정보보호를 위한 국제적 지역적 협력활동들을 통해, 개인정보보호를 위한 기본원칙을 정하고, 이러한 원칙을 각국 국내법에 반영하도록 하여, 개인정보를 보호하고자 하는 각 국가들 간에 개인정보보호와 관련된 공통의 이해관계를 형성하여 국제적인 협력의 토대를 마련할 수 있다. 특히, 동등한 수준의 보호를 하지 않는 국가로의 개인정보 이전을 금지하면서 개인정보보호와 관련된 실체적 규범의 조화를 통해 국가 간 정보 이동을 도모함으로써, 실체적 규범의 핵심원칙을 반영한 국내법을 제정하도록 하여 온라인상의 행위로 인해 발생하는 관할권 충돌 문제의 발생 가능성을 낮출 수 있다.[761] 또한 개인정보보호를 위한 국제적 지역적 협력활

---

759) Ibid.

760) Ibid.

761) 제4장 제3절 참조.

동에서 제시하는 기준에 따라 각 국가들은 정보보호 집행기관을 설치하고, 이들 기관들 간에 협력하도록 할 수 있다. 개인정보보호에 전문화된 집행기관을 설치하게 되면, 이들 기관 간에는 물론이고, 이들 기관이 참여하는 양자 간 또는 다자간 기구를 통하여 개인정보 관련 법률정보는 물론이고 집행기관과 관련된 일반정보를 교환함으로써 국가 간의 협력관계를 유지할 수 있다. 결국, 개인정보보호를 위한 국제적 지역적 협력활동의 최종적인 목적은 국가들 간에 개인정보보호에 관한 공통의 이해관계를 형성하여 국제적인 협력의 토대를 마련하고, 정보보호 집행기관 간에 협력관계를 구축하도록 하여 개인정보보호를 위한 국제적인 협력적 집행체제를 마련하기 위한 것이라고 할 수 있다.

국가 간의 협력적 집행체제 마련을 위한 노력은 국제적 지역적 차원에서 이루어져 왔다. 지역적 차원에서의 노력은 미국-EU와 미국-스위스 간에 체결한 세이프하버협정, 각국의 집행기관 간에 체결된 MOU 등 여러 분야에서 다양하게 이루어지고 있다. 국제적 차원에서의 노력은 현재까지는 OECD를 중심으로 국경 간 사기와 스팸 방지, 개인정보보호 분야에서 이루어져왔다. OECD 차원에서의 국제적인 협력적 집행체제 마련을 위한 노력은 국경 간 사기와 스팸 방지 분야와 같이 대다수 국가들이 집행 문제에 있어 공통적인 관심사항으로 하는 분야에서 먼저 이루어졌다. 이 분야에서는 국제적인 협력체제 마련을 위해서 집행기관의 권한, 정보수집, 공유, 협력결과의 집행여부, 집행우선순위 등과 관련된 협력 정책의 지침을 규정하고 있다. 이와 유사한 지침이 개인정보보호 분야의 OECD 국경 간 협력권고에 반영되었다. 개인정보보호 분야의 국경 간 협력권고에 관한 OECD의 지침은 국제적 협력체제 마련을 위해 국내에서 필요한 조치와 초국경적 관계에서 필요한 조치에 관한 내용을 담고 있다.

국경 간 협력권고에 관한 OECD 지침이 담고 있는 국제적인 협력적 집행체제 마련을 위해 가장 필요한 방안으로 요구되는 것은 국내에서는 물론이고 초국경적인 관계에서 개인정보를 보호하고 개인정보의 국경 간 이동을 보장할 수 있도록 적절하고 동등한 권한을 행사할 수 있는 개인정보보호를 전문으로 하는 독립된 집행기관을 각 국가들이 설치하는 것이다. 또한 설치된 집행기관들에게 초국경적인 관계에서 서로 협력할 수 있는 충분한 권한을 법률로서 부여하여, 협력권한의 행사와 관련해서 투명성과 신속성, 공정성을 확보할 수 있다. 특히, 인터넷 환경에서 발생하는 침해의 특성은 각 국가들의 대응에 신속성과 효율성을 요하는 것들이 많다. 따라서 초국경적인 협력 절차상에 일정계획(time frames)을 도입함으로써 신속성을 확보할 수 있는데, 이를 위해서는 협력기준에 관한 양자협정이나 다자간 협정을 고려해 볼 수도 있다.

개인정보보호를 위한 국제적인 협력적 집행체제라는 것은 그 자체로 국가들에게 긍정적인 의미를 줄 수 있다. 정보와 통신 기술이 발달과 융합을 거치는 과정에서 개인정보에 대한 침해위험이 계속해서 증가하는 경향을 보이고 있다. 국제적인 협력적 집행체제는 정보의 자유로운 이동에 기반한 세계 경제에 필요한 신뢰성을 증진할 수 있을 뿐만 아니라 개인정보 침해위험을 경감할 수 있다. 보다 강화된 국제적인 협력적 집행체제를 구축하기 위해서는 개인정보보호에 관한 포괄적인 국제조약이나 국제적 협력 기준에 관한 국제조약의 체결이 필요할 것이나, 국제조약의 체결이 어려운 현 상황에서는 각국 정보보호 집행기관에 의한 협력적 집행체제 구축이 그 대안이 될 수 있다. 집행기관간의 협력을 위해서는 실무단계에서 필요한 사항에 대한 추가적 고려 사항에 대한 조사도 필요할 것이다.

RECOMMENDATION OF THE COUNCIL CONCERNING GUIDELINES GOVERNING THE PROTECTION OF PRIVACY AND TRANSBORDER FLOWS OF PERSONAL DATA(1980. 9. 23.)

THE COUNCIL,

Having regard to articles 1(c), 3(a) and 5(b) of the Convention on the Organisation for Economic Co-operation and Development of 14th December, 1960;

RECOGNISING:

that, although national laws and policies may differ, Member countries have a common interest in protecting privacy and individual liberties, and in reconciling fundamental but competing values such as privacy and the free flow of information;

that automatic processing and transborder flows of personal data create new forms of relationships among countries and require the development of compatible rules and practices;

that transborder flows of personal data contribute to economic and social development;

that domestic legislation concerning privacy protection and transborder flows of personal data may hinder such transborder flows;

Determined to advance the free flow of information between Member countries and to avoid the creation of unjustified obstacles to the development of economic and social relations among Member countries;

RECOMMENDS:

That Member countries take into account in their domestic legislation the principles concerning the protection of privacy and individual liberties set forth in the Guidelines contained in the Annex to this Recommendation which is an integral part thereof;

That Member countries endeavour to remove or avoid creating, in the name of privacy protection, unjustified obstacles to transborder flows of personal data;

That Member countries co-operate in the implementation of the Guidelines set forth in the Annex;

That Member countries agree as soon as possible on specific procedures of consultation and co-operation for the application of these Guidelines.

Annex

GUIDELINES GOVERNING THE PROTECTION OF PRIVACY AND TRANSBORDER FLOWS OF PERSONAL DATA

PART ONE.

GENERAL DEFINITIONS.

1. For the purposes of these Guidelines:

a) "data controller" means a party who, according to domestic law, is competent to decide about the contents and use of personal data regardless of whether or not such data are collected, stored, processed or disseminated by that party or by an agent on its behalf;

b) "personal data" means any information relating to an identified or identifiable individual(data subject);

c) "transborder flows of personal data" means movements of personal data across national borders.

Scope of Guidelines

2. These Guidelines apply to personal data, whether in the public or private sectors, which, because of the manner in which they are processed, or because of their nature or the context in which they are used, pose a danger to privacy and individual liberties.

3. These Guidelines should not be interpreted as preventing:

a) the application, to different categories of personal data, of different protective measures depending upon their nature and the context in which they are collected, stored, processed or disseminated;

b) the exclusion from the application of the Guidelines of personal data which obviously do not contain any risk to privacy and individual liberties; or

c) the application of the Guidelines only to automatic processing of personal data.

4. Exceptions to the Principles contained in Parts Two and Three of these Guidelines, including those relating to national sovereignty, national security and public policy("ordre public"), should be:

a) as few as possible, and,

b) made known to the public.

5. In the particular case of Federal countries the observance of these Guidelines may be affected by the division of powers in the Federation.

6. These Guidelines should be regarded as minimum standards which are capable of being supplemented by additional measures for the protection of privacy and individual liberties.

PART TWO.

BASIC PRINCIPLES OF NATIONAL APPLICATION.

Collection Limitation Principle
7. There should be limits to the collection of personal data and any such data should be obtained by lawful and fair means and, where appropriate, with the knowledge or consent of the data subject.

Data Quality Principle

8. Personal data should be relevant to the purposes for which they are to be used, and, to the extent necessary for those purposes, should be accurate, complete and kept up-to-date.

Purpose Specification Principle

9. The purposes for which personal data are collected should be specified not later than at the time of data collection and the subsequent use limited to the fulfilment of those purposes or such others as are not incompatible with those purposes and as are specified on each occasion of change of purpose.

Use Limitation Principle

10. Personal data should not be disclosed, made available or otherwise used for purposes other than those specified in accordance with Paragraph 9 except:

a) with the consent of the data subject; or.

b) by the authority of law.

Security Safeguards Principle

11. Personal data should be protected by reasonable security safeguards against such risks as loss or unauthorised access, destruction, use, modification or disclosure of data.

Openness Principle

12. There should be a general policy of openness about developments, practices

and policies with respect to personal data. Means should be readily available of establishing the existence and nature of personal data, and the main purposes of their use, as well as the identity and usual residence of the data controller.

Individual Participation Principle

13. An individual should have the right:

a) to obtain from a data controller, or otherwise, confirmation of whether or not the data controller has data relating to him;

b) to have communicated to him, data relating to him
within a reasonable time;
at a charge, if any, that is not excessive;
in a reasonable manner; and
in a form that is readily intelligible to him;

c) to be given reasons if a request made under subparagraphs (a) and (b) is denied, and to be able to challenge such denial; and

d) to challenge data relating to him and, if the challenge is successful to have the data erased, rectified, completed or amended.

Accountability Principle

14. A data controller should be accountable for complying with measures which give effect to the principles stated above.

PART THREE.

BASIC PRINCIPLES OF INTERNATIONAL APPLICATION: FREE FLOW AND
LEGITIMATE RESTRICTIONS

15. Member countries should take into consideration the implications for other
Member countries of domestic processing and re-export of personal data.

16. Member countries should take all reasonable and appropriate steps to ensure that
transborder flows of personal data, including transit through a Member country, are
uninterrupted and secure.

17. A Member country should refrain from restricting transborder flows of personal
data between itself and another Member country except where the latter does not
yet substantially observe these Guidelines or where the re-export of such data would
circumvent its domestic privacy legislation. A Member country may also impose
restrictions in respect of certain categories of personal data for which its domestic
privacy legislation includes specific regulations in view of the nature of those data and
for which the other Member country provides no equivalent protection.

18. Member countries should avoid developing laws, policies and practices in the
name of the protection of privacy and individual liberties, which would create
obstacles to transborder flows of personal data that would exceed requirements for
such protection.

PART FOUR.

NATIONAL IMPLEMENTATION

19. In implementing domestically the principles set forth in Parts Two and Three, Member countries should establish legal, administrative or other procedures or institutions for the protection of privacy and individual liberties in respect of personal data. Member countries should in particular endeavour to:

a) adopt appropriate domestic legislation;

b) encourage and support self-regulation, whether in the form of codes of conduct or otherwise;

c) provide for reasonable means for individuals to exercise their rights;

d) provide for adequate sanctions and remedies in case of failures to comply with measures which implement the principles set forth in Parts Two and Three; and

e) ensure that there is no unfair discrimination against data subjects.

PART FIVE.

INTERNATIONAL CO-OPERATION

20. Member countries should, where requested, make known to other Member countries details of the observance of the principles set forth in these Guidelines. Member countries should also ensure that procedures for transborder flows of personal data and for the protection of privacy and individual liberties are simple

and compatible with those of other Member countries which comply with these Guidelines.

21. Member countries should establish procedures to facilitate:

information exchange related to these Guidelines, and

mutual assistance in the procedural and investigative matters involved.

22. Member countries should work towards the development of principles, domestic and international, to govern the applicable law in the case of transborder flows of personal data.

부록 - II

RECOMMENDATION OF THE COUNCIL ON CROSS-BORDER CO-OPERATION IN THE ENFORCEMENT OF LAWS PROTECTING PRIVACY(2007. 6. 12.)

THE COUNCIL, Having regard to articles 1, 3, and 5 b) of the Convention on the Organisation for Economic Co-operation and Development of 14th December 1960;

Having regard to the Recommendation of the Council concerning Guidelines Governing the Protection of Privacy and Transborder Flows of Personal Data[C(80)58/FINAL], which recognises that Member countries have a common interest in protecting individuals' privacy without unduly impeding transborder data flows, and states that Member countries should establish procedures to facilitate "mutual assistance in the procedural and investigative matters involved"

Having regard to the Declaration on the Protection of Privacy on Global Networks[C(98)177, Annex 1], which recognises that different effective approaches to privacy protection can work together to achieve effective privacy protection on global networks and states that Member countries will take steps to "ensure that effective enforcement mechanisms" are available both to address non-compliance with privacy principles and to ensure access to redress

Having regard to the Recommendation of the Council concerning Guidelines for Protecting Consumers from Fraudulent and Deceptive Commercial Practices Across Borders[C(2003)116] and the Recommendation of the Council on Cross-border Co-operation in the Enforcement of Laws against Spam[C(2006)57], which set forth principles for international law enforcement co-operation in combating cross-border fraud and deception and illegal spam, respectively, and which illustrate how cross-border co-operation among Member countries can be improved;

Recognising the benefits in terms of business efficiency and user convenience that the increase in transborder flows of data has brought to organisations and individuals;

Recognising that the increase in these flows, which include personal data, has also raised new challenges and concerns with respect to the protection of privacy;

Recognising that, while there are differences in their laws and enforcement mechanisms, Member countries share an interest in fostering closer international co-operation among their privacy law enforcement authorities as a means of better safeguarding personal data and minimising disruptions to transborder data flows;

Recognising that, although there are regional instruments and other arrangements under which such co-operation will continue to take place, a more global and comprehensive approach to this co-operation is desirable;

On the proposal of the Committee for Information, Computer and Communications Policy:

RECOMMENDS: That Member countries co-operate across borders in the enforcement of laws protecting privacy, taking appropriate steps to:

a) Improve their domestic frameworks for privacy law enforcement to better enable their authorities to co-operate with foreign authorities.

b) Develop effective international mechanisms to facilitate cross-border privacy law enforcement co-operation.

c) Provide mutual assistance to one another in the enforcement of laws protecting privacy, including through notification, complaint referral, investigative assistance and information sharing, subject to appropriate safeguards.

d) Engage relevant stakeholders in discussion and activities aimed at furthering co-operation in the enforcement of laws protecting privacy.

That Member countries implement this Recommendation, as set forth in greater detail in the Annex, of which it forms an integral part.

INVITES non-Member economies to take account of the Recommendation and collaborate with Member countries in its implementation.

INSTRUCTS the Committee for Information, Computer and Communications Policy to exchange information on progress and experiences with respect to the implementation of this Recommendation, review that information, and report to the Council within three years of its adoption and thereafter as appropriate.

Annex

Ⅰ. Definitions

1. For the purposes of this Recommendation:

a) "Laws Protecting Privacy" means national laws or regulations, the enforcement of which has the effect of protecting personal data consistent with the OECD Privacy Guidelines.

b) "Privacy Enforcement Authority" means any public body, as determined by each Member country, that is responsible for enforcing Laws Protecting Privacy, and that has powers to conduct investigations or pursue enforcement proceedings.

Ⅱ. Objectives and scope

2. This Recommendation is intended to foster international co-operation among Privacy Enforcement Authorities to address the challenges of protecting the personal information of individuals wherever the information or individuals may be located. It reflects a commitment by Member countries to improve their enforcement systems and laws where needed to increase their effectiveness in protecting privacy.

3. The main focus of this Recommendation is the authority and enforcement activity of Privacy Enforcement Authorities. However, it is recognised that other entities, such as criminal law enforcement authorities, privacy officers in public and private organisations and private sector oversight groups, also play an important role in the effective protection of privacy across borders, and appropriate co-operation with these entities is encouraged.

4. Given that cross-border co-operation can be complex and resource-intensive, this Recommendation is focused on co-operation with respect to those violations of Laws Protecting Privacy that are most serious in nature. Important factors to consider include the nature of the violation, the magnitude of the harms or risks as well as the number of individuals affected.

5. Although this Recommendation is primarily aimed at facilitating co-operation in the enforcement of Laws Protecting Privacy governing the private sector, Member countries may also wish to co-operate on matters involving the processing of personal data in the public sector.

6. This Recommendation is not intended to interfere with governmental activities

relating to national sovereignty, national security, and public policy("ordre public").

III. Domestic measures to enable co-operation

7. In order to improve cross-border co-operation in the enforcement of Laws Protecting Privacy, Member countries should work to develop and maintain effective domestic measures that enable Privacy Enforcement Authorities to co-operate effectively both with foreign and other domestic Privacy Enforcement Authorities.

8. Member countries should review as needed, and where appropriate adjust, their domestic frameworks to ensure their effectiveness for cross-border co-operation in the enforcement of Laws Protecting Privacy.

9. Member countries should consider ways to improve remedies, including redress where appropriate, available to individuals who suffer harm from actions that violate Laws Protecting Privacy wherever they may be located.

10. Member countries should consider how, in cases of mutual concern, their own Privacy Enforcement Authorities might use evidence, judgments, and enforceable orders obtained by a Privacy Enforcement Authority in another country to improve their ability to address the same or related conduct in their own countries.

A. Providing effective powers and authority

11. Member countries should take steps to ensure that Privacy Enforcement Authorities

have the necessary authority to prevent and act in a timely manner against violations of Laws Protecting Privacy that are committed from their territory or cause effects in their territory. In particular, such authority should include effective measures to:

a) Deter and sanction violations of Laws Protecting Privacy;

b) Permit effective investigations, including the ability to obtain access to relevant information, relating to possible violations of Laws Protecting Privacy;

c) Permit corrective action to be taken against data controllers engaged in violations of Laws Protecting Privacy.

B. Improving the ability to co-operate

12. Member countries should take steps to improve the ability of their Privacy Enforcement Authorities to co-operate, upon request and subject to appropriate safeguards, with foreign Privacy Enforcement Authorities, including by:

a) Providing their Privacy Enforcement Authorities with mechanisms to share relevant information with foreign authorities relating to possible violations of Laws Protecting Privacy;

b) Enabling their Privacy Enforcement Authorities to provide assistance to foreign authorities relating to possible violations of their Laws Protecting Privacy, in particular with regard to obtaining information from persons; obtaining documents or records;

or locating or identifying organisations or persons involved or things.

IV. International co-operation

13. Member countries and their Privacy Enforcement Authorities should co-operate with each other, consistent with the provisions of this Recommendation and national law, to address cross-border aspects arising out of the enforcement of Laws Protecting Privacy. Such co-operation may be facilitated by appropriate bilateral or multilateral enforcement arrangements.

A. Mutual assistance

14. Privacy Enforcement Authorities requesting assistance from Privacy Enforcement Authorities in other Member countries in procedural, investigative and other matters involved in the enforcement of Laws Protecting Privacy across borders should take the following into account:

a) Requests for assistance should include sufficient information for the requested Privacy Enforcement Authority to take action. Such information may include a description of the facts underlying the request and the type of assistance sought, as well as an indication of any special precautions that should be taken in the course of fulfilling the request.

b) Requests for assistance should specify the purpose for which the information requested will be used.

개인정보보호를 위한 국제적 협력에 관한 연구

c) Prior to requesting assistance, a Privacy Enforcement Authority should perform a preliminary inquiry to ensure that the request is consistent with the scope of this Recommendation and does not impose an excessive burden on the requested Privacy Enforcement Authority.

15. The requested Privacy Enforcement Authority may exercise its discretion to decline the request for assistance, or limit or condition its co-operation, in particular where it is outside the scope of this Recommendation, or more generally where it would be inconsistent with domestic laws, or important interests or priorities. The reasons for declining or limiting assistance should be communicated to the requesting authority.

16. Privacy Enforcement Authorities requesting and receiving assistance on enforcement matters should communicate with each other about matters that may assist ongoing investigations.

17. Privacy Enforcement Authorities should, as appropriate, refer complaints or provide notice of possible violations of the Laws Protecting Privacy of other Member countries to the relevant Privacy Enforcement Authority.

18. In providing mutual assistance, Privacy Enforcement Authorities should:

a) Refrain from using non-public information obtained from another Privacy Enforcement Authority for purposes other than those specified in the request for assistance;

b) Take appropriate steps to maintain the confidentiality of non-public information exchanged and respect any safeguards requested by the Privacy Enforcement Authority that provided the information;

c) Co-ordinate their investigations and enforcement activity with that of Privacy Enforcement Authorities in other member countries to promote more effective enforcement and avoid interference with ongoing investigations;

d) Use their best efforts to resolve any disagreements related to co-operation that may arise.

B. Engaging in collective initiatives to support mutual assistance

19. Member countries should designate a national contact point for co-operation and mutual assistance under this Recommendation and provide this information to the OECD Secretary-General. The designation of the contact point is intended to complement rather than replace other channels for co-operation. Updated information regarding Laws Protecting Privacy should also be provided to the OECD Secretary-General, who will maintain a record of information about the laws and contact points for the benefit of all Member countries.

20. Privacy Enforcement Authorities should share information on enforcement outcomes to improve their collective understanding of how privacy law enforcement is conducted.

21. Member countries should foster the establishment of an informal network of Privacy Enforcement Authorities and other appropriate stakeholders to discuss the practical aspects of privacy law enforcement co-operation, share best practices in addressing cross-border challenges, work to develop shared enforcement priorities, and support joint enforcement initiatives and awareness raising campaigns.

C. Co-operating with other authorities and stakeholders

22. Member countries should encourage Privacy Enforcement Authorities to consult with:

a) Criminal law enforcement authorities to identify how best to co-operate in relation to privacy matters of a criminal nature for the purpose of protecting privacy across borders most effectively;

b) Privacy officers in public and private organisations and private sector oversight groups on how they could help resolve privacy-related complaints at an early stage with maximum ease and effectiveness;

c) Civil society and business on their respective roles in facilitating cross-border enforcement of Laws Protecting Privacy, and in particular in helping raise awareness among individuals on how to submit complaints and obtain remedies, with special attention to the cross-border context.

참고문헌

국내문헌

〈단행본〉

김국진·최성진, 『IPTV』(나남, 2008).

백선기 외, 『인터넷공간의 진화와 미디어콘텐츠』(커뮤니케이션북스, 2007).

한국정보보호진흥원, 『정보시스템 해킹 현황과 대응』(1996).

한국정보사회진흥원(NIA), 『국가정보화백서』(2007).

Garfinkel, Simson, 한국데이터베이스진흥센터 옮김, 『데이터베이스 제국』(한빛미디어, 2001).

Jones, Steve, 이재현 옮김, 『디지털시대의 문화와 예술과 법률의 최신지식』(커뮤니케이션북스, 2006).

〈논문 및 발표자료〉

고영국, 「사이버 공간에서 국가관할권 문제의 해결방안」, 외법논집, 제23집(2006. 8.).

김일환, 「개인정보보호기구의 법적 지위와 권한에 관한 헌법적 고찰」, 공법연구, 제33집 제3호(2005. 5.).

김일환, 「개인정보보호감독기구의 설치에 관한 연구-외국사례를 중심으로-」, 전자정부법제연구, 제1권 (2006. 7.).

박노형, 「IP주소의 개인정보로서의 보호 문제: 최근 독일 법원의 판결을 중심으로」, 제13회 정보보호심포지엄, 한국정보보호진흥원(2008. 11. 18.).

장신, 「야후(Yahoo!) 사건으로 본 사이버공간과 국제재판관할」, 법학논총, 제24집(2004. 12.).

장신 「사이버공간과 국제재판관할권」, 법학연구, 제48권 제1호(2007. 8.).

국외문헌

〈단행본〉

Aust, Anthony, 『Modern Treaty Law and Practice』(Cambridge Univ. Press, 2000).

Brownlie, Ian, 『Principles of Public International Law』(7th ed., Oxford Univ. Press, 2008).

Carey, Peter, 『Data Protection: A Practical Guide to UK and EU Law』(2nd ed., Oxford Univ. Press, 2004).

Carey, Peter, 『E-Privacy and Online Data Protection』(Reed Elsevier Ltd, 2002).

Coppel, Philip et al., 『Information Rights』(Sweet&Maxwell, 2004).

Davies, Simon, 『Big Brother: Britain's Web of Surveillance and the New Technological Order』(Pan Books, London, 1996).

Goldsmith, Jack and Tim Wu, 『Who Controls the Internet?: Illusions of a Borderless World』(Oxford Univ. Press, 2008).

Rosalyn, Higgins, 『Problems and Process: International Law and How We Use It』(Oxford: Clarendon, 1994).

Jay, Rosemary and Angus Hamilton, 『Data Protection: Law and Practice』(2nd ed., Sweet&Maxwell, 2003).

Kohl, Uta, 『Jurisdiction and the Internet: A Study of Regulatory Competence over Online Activity』(Cambridge Univ. Press, 2007).

Lloyd, Ian J., 『Information Technology Law』(4th ed., Oxford Univ. Press, 2004).

Merkow, Mark S. and James Breithaupt, 『The E-Privacy Imperative: Protect Your Customers' Internet Privacy and Ensure Your Company's Survival in the Electronic Age』(Amacon, 2002).

Morgan, Richard and Ruth Boardman, 『Data Protection Strategy: Implementing Data Protection Compliance』(Sweet&Maxwell, 2003).

Nuechterlein, Jonathan E.&Philip J. Weiser, 『Digital Crossroads-American Telecommunications Policy in the Internet Age』(M.I.T., 2005).

Rowe, Heather, 『Tolley's Data Protection Act 1998: A Practical Guide』(Reed Elsevier plc, 2003).

Wadham, John and Jonathan Griffiths, 『Blackstone's Guide to The Freedom of Information Act 2000』(2nd ed., Oxford Univ. Press, 2005).

〈논문 및 발표자료〉

Akehurst, Michael, 「Jurisdiction in International Law」, British Yearbook of International Law, Vol. 46, 1972.

Babcock, Matthew E., et al., 「Internet Jurisdiction, Choice of Law Issues」, Media Law Research Center, 2002. 7.

Banisar, David and Simon Davies, 「Global Trends in Privacy Protection: An International Survey of Privacy, Data Protection, and Surveillance Laws and Developments」, John Marshall Journal of

Computer&Information Law, Fall, 1999.

Berman, Paul Schiff, 「The Globalisation of Jurisdiction」, *University of Pennsylvania Law Review*, Vol. 151, 2002.

Brennan, Katherine, *et al.*, 「The 40th Session of the UN Sub-Commission on Prevention of Discrimination and Protection of Minorities」, *Human Rights Quarterly*, Vol. 11, 1989.

Bloustein, Edward, 「Privacy as an Aspect of Human Dignity」, *N. Y. U. Law Review*, Vol. 39, 1964.

Dawson, Cherie, 「Creating Borders on the Internet: Free Speech, the United States, and International Jurisdiction」, *VA. J. INT'L L.*, Vol. 44, 2004.

Eko, Lyombe, 「Many Spiders, One Worldwide Web: Towards a Typology of Internet Regulation」, *Communication Law and Policy*, Vol. 6, No. 3, 2001.

Foley, Mark F., 「FTC Lessons to Avoid Unfair and Deceptive Trade Practices when Conducting Internet Commerce」, *Wisconsin Lawyer*, Vol. 81, No. 3, March 2008.

Gerlach, Tim, 「Using Internet Content Filters to Create E-Borders to Aid International Choice of Law and Jurisdiction」, *WHITTIER L. REV.*, Vol. 26, 2005.

Goldsmith, John, 「Jurisdiction: Building Confidence in a Borderless Medium」, *Internet Law&Policy Forum*, 1999 Annual Conference Summary of Proceedings.

Goode, Matthew, 「The Tortured Tale of Criminal Jurisdiction」, *Melbourne University Law Review*, Vol. 21, 1997.

Heaven, Catherine P, 「A Proposal for Removing Road Blocks from the Information Superhighway by Using Integrated International Approach to Internet Jurisdiction」, *MINN. J. GLOBAL TRADE*, Vol. 10, No. 373, 2001.

Hestermeyer, Holger, 「Personal Jurisdiction for Internet Torts」, *NW. J. INT'L L.&BUS.*, Vol. 26, 2006.

Johnson, David R., and David Post, 「Law and Borders - The Rise of Law in Cyberspace」, *Stanford Law Review*, Vol. 48, 1996.

Love, Michelle, 「International Jurisdiction over the Internet」, *TEMP. INT'L&COMP. L. J.*, Vol. 17, No. 261, 2003.

Mann, F. A., 「The Doctrine of International Jurisdiction Revisited After Twenty Years」, *Recueil des Cours*, Vol. 186, No. 9, 1984.

McConnaughay, Philip J., 「Reviving the Public Law Taboo in International Conflict of Laws」, *Stanford Journal of International Law*, Vol. 35, 1999.

Meehan, Kevin A., 「The Continuing Conundrum of International Internet Jurisdiction」, *Boston College International and Comparative Law Review*, Spring, 2008.

Negrin, Katy, 「Collecting Ethnic Data: An Old Dilemma, The New Challenges, EUMAP: EU Monitoring and Advocacy Program」, *Online Journal*, April 3, 2003.

Netanel, Neil Weinstock, 「Cyberspace Self-Governance: A Skeptical View from Liberal Democratic Theory」, *California Law Review*, Vol. 88, 2000.

Oren, Joakim S. T., 「International Jurisdiction over Consumer Contracts in e-Europe」, *International and Comparative Law Quarterly*, Vol. 52, 2003.

Rice, Denis, 「2001: A Cyberspace Odyssey Through U.S. and E.U. Internet Jurisdiction over E-Commerce」, *PLI/PAT*, Vol. 661, 2001.

Steinberger, Helmut, 「Sovereignty」, in Rudolf Bernhardt(ed.), *Encyclopaedia of Public International Law*, Vol. 10, No. 397, 1987.

Stewart, Blair, 「A Comparative Survey of Data Protection Authorities-Part 1: Form and Structure」, *Privacy Law and Policy Reporter*, Vol. 11, No. 2, 2004.

Stewart, Blair, 「A comparative survey of data protection authorities-Part 2: Independence and functions」, *Privacy Law and Policy Reporter*, Vol. 11, No. 3, 2004.

Stewart, Blair, 「Cross-Border Cooperation On Enforcement Matters」, *Privacy Law and Policy Reporter*, Vol. 11, No. 5, 2005.

Svantesson, Dan Jerker B., 「Geo-Location Technologies and other Means of Placing Borders on the Borderless Internet」, *John Marshall Journal of Computer and Information Law*, Vol. 23, 2004.

Wugmeister, Miriam, *et al.*, 「Global Solution for Cross-Border Data Transfers: Making the Case for Corporate Privacy Rules」, *Georgetown Journal of International Law*, Spring, 2007.

국제기구문서

〈APEC〉

APEC Cross-Border Privacy Rules.

APEC Data Privacy Pathfinder, 2007/CSOM/019, Agenda Item: Ⅱ.

APEC Data Privacy Pathfinder Initiative.

APEC Privacy Framework, issued by the APEC Electronic Commerce Steering Group, APEC Data Privacy

Pathfinder, 2007/CSOM/019.

〈유럽평의회〉

Additional protocol to Convention 108 regarding supervisory authorities and transborder data flows(ETS No. 181).

Convention for the Protection of Individuals with regard to Automatic Processing of Personal Data(ETS No. 108), January 28, 1981 in Strasbourg.

Explanatory Report to Convention for the Protection of Individuals with regard to Automatic Processing of Personal Data(ETS No. 108).

European Convention on the Service Abroad of Documents relating to Administrative Matters of November 24, 1977.

European Convention on the Obtaining Abroad of Information and Evidence in Administrative Matters of March 15, 1978.

Resolution (73)22 on the protection of the privacy of individuals vis-à-vis electronic data banks in the private sector.

Resolution (74)29 on the protection of the privacy of individuals vis-à-vis electronic data banks in the public sector.

Recommendation No. R(81) 1 on regulations for automated medical data banks(January 23, 1981).

Recommendation No. R(83) 10 on the protection of personal data used for scientific research and statistics(September 23, 1983).

Recommendation No. R(85) 20 on the protection of personal data used for the purposes of direct marketing(October 25, 1985).

Recommendation No. R(86) 1 on the protection of personal data for social security purposes(January 23, 1986).

Recommendation No. R(87) 15 regulating the use of personal data in the police sector(September 17, 1987).

Recommendation No. R(89) 2 on the protection of personal data used for employment purposes(January 18, 1989).

Recommendation No. R(90) 19 on the protection of personal data used for payment and other operations(September 13, 1990).

Recommendation No. R(91) 10 on the communication to third parties of personal data held by public bodies(September 9, 1991).

Recommendation No. R(95) 4 on the protection of personal data in the area of telecommunication services, with particular reference to telephone services(February 7, 1995).

Recommendation No. R(97) 5 on the protection of medical data(February 13, 1997).

Recommendation No. R(97) 18 on the protection of personal data collected and processed for statistical purposes(September 30, 1997).

Recommendation No. R(99) 5 for the protection of privacy on the Internet(February 23, 1999).

Recommendation No. R(2002) 9 on the protection of personal data collected and processed for insurance purposes(September 18, 2002).

〈EU〉

Article 29 Working Party, Opinion 8/2001 on the processing of personal data in the employment context, Adopted on September 13, 2001.

Article 29 Working Party, Working Document, First orientations of the Article 29 Working Party concerning on-line authentication services, 11203/02/EN/final, WP 60, Adopted on July 2, 2002.

Commission Decision of 27 December 2004 amending Decision 2001/497/EC as regards the introduction of an alternative set of standard contractual clauses for the transfer of personal data to third countries, and Commission Decision of 27 December 2001 on standard contractual clauses for the transfer of personal data to processors established in third countries, under Directive 95/46/EC.

DG XV D/5025/98, WP 12, Working Party on the Protection of Individuals with regard to the Processing of Personal Data, Working Document, Transfers of personal data to third countries : Applying Articles 25 and 26 of the EU data protection directive, Adopted by the Working Party on July 24, 1998.

Directive 95/46/EC of the European Parliament and of the Council of 24 October 1995 on the protection of individuals with regard to the processing of personal data and on the free movement of such data.

Information Commissioner's Office, Data protection guidelines, International transfers of personal information, General advice on how to comply with the eighth data protection principle.

Working Party on the Protection of Individuals with regard to the processing of Personal Data, OPINION 1/98, Platform for Privacy Preferences(P3P) and the Open Profiling Standard(OPS), Adopted by tile Working Party on June 16, 1998.

<OECD>

Declaration on the Protection of Privacy on Global Networks[C(98)177, Annex 1].

Explanatory Memorandum of OECD Guidelines on the Protection of Privacy and Transborder Flows of Personal Data, 1980.

Ministerial Declaration on Consumer Protection in the Context of Electronic Commerce of October 8, 1998[C(98)177(Annex 2)].

Ministerial Declaration on the Protection of Privacy on Global Networks[C(98)177].

OECD, The Future of the Internet Economy: A statistical profile, OECD Ministerial meeting on the Future of the Internet Economy, in Seoul on June 17-18, 2008.

OECD Report on the Cross-Border Enforcement of Privacy Laws, 2006.

Recommendation of the Council concerning Guidelines Governing the Protection of Privacy and Transborder Flows of Personal Data[C(80)58].

Recommendation of the Council Concerning Guidelines for Protecting Consumers from Fraudulent and Deceptive Commercial Practices across Borders, June 11, 2003.

Recommendation of the Council concerning Guidelines for Protecting Consumers from Fraudulent and Deceptive Commercial Practices Across Borders[C(2003)116].

Recommendation of the Council on Cross-border Co-operation in the Enforcement of Laws against Spam[C(2006)57].

Recommendation of the Council on Cross-border Co-operation in the Enforcement of Laws Protecting Privacy, June 13, 2007.

Recommendation of the Council concerning Guidelines for Consumer Protection in the Context of Electronic Commerce, adopted on December 9, 1999[C(99)184/FINAL].

The London Action Plan on International Spam Enforcement Cooperation, October 11, 2004.

Working Party on Information Security and Privacy(WPISP), DSTI/ICCP/REG(2002)3/FINAL, Privacy Online: Policy and Practical Guidance, Jan 21, 2003.

<UN>

A/RES/44/25, Convention on the Rights of the Child.

A/RES/45/95, Guidelines for the Regulation of Computerized Personal Data Files.

A/RES/45/158, International Convention on the Protection of the Rights of All Migrant Workers and Members of Their Families.

A/RES/217(Ⅲ), Universal Declaration of Human Rights(December 10, 1948).

A/RES/2200(ⅩⅩⅠ), International Covenant on Economic, Social and Cultural Rights(December 16, 1966).

A/RES/48/134, National institutions for the promotion and protection of human rights(Paris Principles).

UN, Criteria and rules for Credentials Committee and the Accreditation Principles, Adopted on September 25, 2001.

UN, E-Commerce and Development Report 2004.

판례 및 결정

대법원 2005. 1. 27. 선고[2002다59788 판결].

FTC v. Toysmart. U.S. District Court, Massachusetts, Case No. 00-11341-RGS.

Gaskin v. United Kingdom, Series A, No. 160, Application No. 10454/83(Access to Personal Files), European Court of Human Rights.

Halford v. United Kingdom, Application No. 20605/92, European Court of Human Rights.

Hanson v. Denckla, 357 U.S. 235(1958).

Hartford Fire Insurance Co. et al. v. California et al. (91-1111), 509 U.S. 764(1993).

Int'l Shoe v. Washington, 326 U.S. 310, 316(1945).

In re GeoCities(F.T.C. Feb. 5, 1999)(No. C-3850).

Leander v. Sweden, 9 E.H.R.R. 433(Mar. 26, 1987).

Michael John Durant v. Financial Services Authority, UK Court of Appeal, Case No. B2/2002/2636(Dec. 8, 2003).

PCIJ, The Lotus Case(Fr. v. Turk.), 1927.

People ex rel. Vacco v. World Interactive Gaming Corp., 714 N.Y.S.2d 844(Sup. 1999).

R v. Stephane Laurent Perrin, [2002] EWCA Crim 747.

US, Civil Action No. 03 C 00880.

U.S. Supreme Court, Calder v. Jones, 465 U.S. 783(1984).

WT/DS285/R, Nov. 10, 2004.

WT/DS285/AB/R, Apr. 7, 2005.

World-Wide Volkwagen Corp. v. Woodson, 444 U.S. 286(1980).

Yahoo! Case, Tribunal de Grande Instance de Paris, Interim Court Order, May. 20, 2000.

Yahoo! Case, Tribunal de Grande Instance de Paris, The Judge's Decision, Nov. 22, 2000.

Yahoo!, Inc. v. La Ligue Contre Le Racisme et L'Antisemitisme, 169 F. Supp. 2d 1181, 1192(N.D. Cal. 2001).

Zippo Manufacturing Co. v. Zippo Dot Com, Inc., 952 F.Supp. 1119(W.D.Pa. 1997).

국내법령

뉴질랜드, Privacy Act 1993.

대만, Computer-Processed personal Data Protection Law(Unofficial Translation).

모리셔스, The Data Protection Act 2004.

미국, Cable Privacy Protection Act of 1984, Pub. L. No. 98-549.

Drivers Privacy Protection Act, Pub. L. No. 103-322.

Fair Credit Reporting Act, Pub. L. No. 91-508.

Family Educational Rights and Privacy Act, Pub. L. No. 93-380.

Right to Financial Privacy Act, Pub. L. No. 95-630.

Privacy Act of 1974, Pub. L. No. 93-579.

PUBLIC LAW 109-455—DEC. 22, 2006(S. 1608), the "Undertaking Spam, Spyware, And Fraud Enforcement with Enforcers beyond Borders Act of 2006," (U.S. SAFE WEB Act of 2006).

Telephone Consumer Protection Act, Pub. L. No. 102-243.

Video Privacy Protection Act of 1988, Pub. L. No. 100-618.

아르헨티나, Personal Data Protection Act.

영국, Data Protection Act 1998.

Human Rights Act 1998.

일본, 個人情報の保護に関する法律.

個人情報の保護に関する法律施行令.

金融分野における個人情報保護に関するガイドライン, 金融分野における個人情報保護に関するガイドラインの安全管理措置等についての実務指針.

칠레, Act on the Protection of Personal Data.

캐나다, Privacy Act.

C.C.S.M. c. F175, The Freedom of Information and Protection of Privacy Act(매니토바).

Protection of Personal Information Act(뉴브런즈윅).

튀니지, Loi portant sur la Protection des Données à Caractère Personnel.

한국, 공공기관의개인정보보호에관한법률.

개인정보보호법제정안(입법예고), 행정안전부.

신용정보의이용및보호에관한법률.

정보통신망이용촉진및정보보호등에관한법률.

정보통신망이용촉진및정보보호등에관한법률.

정보통신망이용촉진및정보보호등에관한법률시행령.

호주, Privacy Act 1988.

홍콩, Personal Data(Privacy) Ordinance.

협력협정

Memorandum of Understanding On Mutual Enforcement Assistance In Commercial Email Matters Between the Federal Trade Commission of the United States of America and the Agencia Española de Protección de Datos(February. 24, 2005).

Memorandum of Understanding On Mutual Assistance In Consumer Protection Matters Between the Federal Trade Commission of the United States of America and the Procuraduría Federal del Consumidor(Office of the Federal Attorney for Consumer Protection) of the United Mexican States(January. 27, 2005).

Memorandum of Understanding between Internet Society of China and eBay, Microsoft, America Online and Yahoo(September. 2, 2004).

Memorandum of Understanding On Mutual Enforcement Assistance in Commercial E-mail Matters among the Following Agencies of the United States, the United Kingdom and Australia: the United States Federal Trade Commission, the United Kingdom's Office of Fair Trading, the United Kingdom's Information Commissioner, Her Majesty's Secretary of State For Trade and Industry in the United Kingdom, the Australian Competition and Consumer Commission and the Australian Communications Authority(July. 2, 2004).

Memorandum of Understanding Between the Korea Information Security Agency and the Australian Communications Authority and the National Office for the Information Economy of Australia Concerning cooperation in the Regulation of Spam(October. 20, 2003).

Memorandum Of Understanding On Mutual Enforcement Assistance In Consumer Protection Matters Between The United States Federal Trade Commission and Ireland's Office of the Director of Consumer Affairs(October. 9, 2003).

Seoul-Melbourne Multilateral Memorandum of Understanding on Cooperation in Countering Spam(April. 27, 2005).

The London Action Plan on International Spam Enforcement Cooperation(October. 12, 2004).

기사

고객정보 유출 관련 옥션, 413억 소송당해, 조선일보(2008. 6. 20.).

구글 엔 주민번호가 '우글', 조선일보(2008. 9. 22.).

'리니지' 개인정보 유출경로 추측만 난무, 조선일보(2006. 2. 14.).

옥션 해킹사고 정보유출, 무려 '1081만명', 조선일보(2008. 4. 17.).

옥션 해킹사고 … 주민번호·환불정보도 유출 추정, 조선일보(2008. 4. 5.).

포털들, 중국발 괴해커 몸살, 조선일보(2008. 7. 9.).

Banks at risk of ID theft charges, thisismoney(2005. 6. 24.).

Breaches Put Residents At Risk for Identity Fraud, Monterey County Herald(2006. 6. 28.).

Equifax laptop with employee data stolen, msnbc(2006. 6. 20.).

Naval Safety Center Finds Personal Data on Web Site, US Navy(2006. 7. 7.).

기타

Amnesty International, Rwanda: Mass murder by government supporters and troops in April and May 1994, Section 2.1, AFR/47/11/94.

Australian Privacy Charter Group, The Australian Privacy Charter, University of New South Wales Law School, 1994.

Australian Law Reform Commission, Legal Risk in International Transactions, Report No. 80(1996).

Computer and Data Theft Victims, California Computer Thefts/Breaches Put Residents at Risk in Los Angeles Country(2006. 7. 28.).

Cooperation and Cross-Border Privacy Rules: Building Confidence in an Accountable System for Personal Information Moving Between Economies A Background Paper for the Seminar, Technical Assistance Seminar on International Implementation of the APEC Privacy Framework, Lima, Peru, February 19-20, 2008.

Final Safe Harbor Documents, July 21, 2000.

Final European Commission Decision and Supporting Documentation, July 28, 2000.

Implementation of the APEC Privacy Framework: Global Privacy Solutions for Cross Border Data Transfers, Discussion Paper Presented by the United States Delegation to the APEC ECSG, Privacy Sub-Group Meeting, February 2005, First Data Privacy Subgroup Meeting, Seoul, Korea, February 23-24, 2005.

Letter from the Federal Trade Commission concerning its jurisdiction over privacy issues.

President William J. Clinton Vice President Albert Gore, Jr., Framework for Global Electronic Commerce, Washington, D.C. July 1, 1997.

Safe Harbor Workbook, Export.gov, June 8, 2007.

US FTC, Commission Enforcement Actions Involving the Internet and Online Services, para. 12, Coordinated U.S./Australian action against deceptive domain name registrar.

US FTC, FTC, Canada, and Mexico Officials Crack Down on Foreign Companies That Offer Bogus Cancer Treatment.